Lucien Rebatet &
Pierre-Antoine Cousteau

Dialogue de "vaincus"

Lucien Rebatet
(1903-1972)

Pierre-Antoine Cousteau
(1906-1958)

Dialogues de « vaincus »
prison de Clairvaux
Janvier-décembre 1950

Publié par
Omnia Veritas Ltd

*O*MNIA VERITAS

www.omnia-veritas.com

DIALOGUE PRÉLIMINAIRE	7
DIALOGUE N° 1	**17**
LE DRAPEAU NOIR ET LA CROIX GAMMÉE	17
DIALOGUE N° 2	**38**
LA RAISON DU PLUS FORT	38
DIALOGUE N° 3	**50**
RULE BRITANNIA	50
DIALOGUE N° 4	**67**
SAÜL LE BALUCHONNEUR	67
DIALOGUE N° 5	**78**
DE SOCRATE À BOUSSELAIRE	78
DIALOGUE N° 6	**96**
LE SIXIÈME COMMANDEMENT	96
DIALOGUE N° 7	**111**
DEVANT L'ALLEMAGNE ÉTERNELLE	111
DIALOGUE N° 8	**131**
CROIRE ET COMPRENDRE	131
DIALOGUE N° 9	**141**
LE TROISIÈME SEXE	141
DIALOGUE N° 10	**154**
L'OBSCURANTISME	154
DIALOGUE N° 11	**169**
LE CONFORT CARCÉRAL	169
DIALOGUE N° 12	**188**
ROOSEVELT, NOUS VOICI	188
DIALOGUE N° 13	**204**
AU SECOURS DE CLIO	204
DIALOGUE N° 14	**223**

L'ESCARPOLETTE 223
DIALOGUE N° 15 .... **233**
   LES PIEDS SALES 233
      APPENDICE DU DIALOGUE n° 15 .... *247*
      PETIT PASTICHE ANODIN DES CHEMINS DE LA LIBERTÉ *247*
DIALOGUE N° 16 .... **248**
   C'EST RATÉ 248
DIALOGUE N° 17 .... **259**
   LITTÉRATURE 259
DIALOGUE N° 18 .... **289**
   LE PASSÉ DE L'INTELLIGENCE 289
DIALOGUE N° 19 .... **303**
   LE FLÉAU DE DIEU 303
DIALOGUE N° 20 .... **318**
   AMOUR SACRÉ DE LA PATRIE... 318
DÉJÀ PARUS **333**

DIALOGUE PRÉLIMINAIRE[1]

Cousteau – C'était d'ailleurs une fort bonne manière de passer le temps.

Rebatet – Du moment que c'était toi qui avais inventé le divertissement, on pouvait être sûr qu'il serait bon. Tu as toujours su jouer beaucoup mieux que moi.

Cousteau – N'exagérons rien. Je n'ai pas que de bonnes idées... Mais il n'était pas déplaisant d'essayer de dresser de conserve une sorte d'inventaire des vérités premières qui avaient survécu à notre désastre.

Rebatet – Et puis, dis-donc, pour des gens réduits au *Pèlerin*, à *Hommes et Mondes* et à *France-Illustration* en matière de lecture politique, c'était tout de même un fameux soulagement de mettre au moins noir sur blanc ces vérités rescapées.

Cousteau – Tu cites des machins dont le conformisme est garanti sur facture. Mais, rappelle-toi, lorsqu'on nous baluchonnait des feuilles subversives, des feuilles d'opposition, *Le Canard enchaîné*, *Aspects de la France* ou l'*Observateur*, c'était tout aussi consternant de respect, de prosternation.

Rebatet – L'*Observateur* n'est pas tellement prosterné.

Cousteau – Pas prosterné devant la république bourgeoise, devant les capitalistes mais prosterné devant les prolos, devant le mythe du progrès. Ces gens de gauche qui se croient si affranchis ne sont pas moins

---

[1] Ce dialogue n'a pas été rédigé en 1950, contrairement à l'ensemble des vingt « dialogues », mais après la libération des deux auteurs, lorsque ceux-ci envisageaient une publication.

empêtrés que les autres dans leurs tabous sociaux...

Rebatet – Et *Rivarol* ?

Cousteau – Je n'oublie pas *Rivarol*[2]. C'est un journal de copains, le seul qui nous ait vraiment défendus. Bien souvent, en le lisant, je me suis senti vengé et je lui en serai toujours reconnaissant. Il a mené, dans des conditions financières impossibles, un combat magnifique.

Rebatet – Seulement dès qu'il s'agit de l'Église, fini, plus de liberté.

Cousteau – Hélas...

Rebatet – En somme, il n'y avait que le *Crapouillot*[3] qui restait vraiment libre dans tous les domaines à la fois pourfendant indifféremment tous les grotesques, qu'ils fussent de la Résistance, de la Collaboration, du Papisme, de la Banque ou de la Maçonnerie.

Cousteau – Oui, mais le *Crapouillot* ne franchissait que rarement les portes du bagne, et en matière de vérités premières nous en étions réduits à vivre en économie fermée.

Rebatet – Enfin, ils vont paraître ces dialogues impubliables. C'est tout de même le signe que cet univers a marché pendant que nous étions à

---

[2] Hebdomadaire d'extrême droite, né en janvier 1951 à l'initiative notamment de René Malliavin (alias Michel Darcier), qui s'autoproclame « hebdomadaire de l'opposition nationale ». C'est, à l'origine, une structure d'accueil des rescapés à la fois du vichysme et du collaborationnisme. Cousteau et Rebatet y écriront, avec le statut de « vedettes ».

[3] *Le Crapouillot* est une revue mensuelle fondée au front en 1915 par Jean Galtier-Boissière, orientée alors à gauche et qualifiée de « non-conformiste ». Proche avant-guerre des néo-socialistes, il participa sous l'Occupation au lancement de l'éphémère et collaborationniste *Aujourd'hui*, avant de faire reparaître *Le Crapouillot* après la guerre. Il épousa alors la cause et les valeurs des « vaincus ». Galtier-Boissière alla jusqu'à soutenir la campagne négationniste de Paul Rassinier. Il publia un article important de Rebatet après sa libération, article-témoignage dans lequel Rebatet raconte sa vie en prison (« On ne fusille pas le dimanche », juin 1953) et qui sera repris dans *Les Mémoires d'un fasciste*, *op. cit.*

l'ombre. Mais pas dans le sens des matins triomphants de la prospérité républicaine et de la grande paix démocratique. Oh ! que non pas.

Cousteau – Remarque qu'on ne peut pas encore tout dire. Il y a des tas de vérités horrifiantes et blasphématoires qui eussent déchaîné, il y a quatre ans le bras séculier de la Conscience Universelle, et qui sont maintenant admirée par tout le monde, presque comme des lapalissades.

Rebatet – La malfaisance de Roosevelt par exemple...

Cousteau – D'autres sujets par contre restent tabous.

Rebatet – A propos, qu'est-ce que nous faisons du dialogue sur les Juifs ?

Cousteau – Pas question. Nous le reléguons dans le tréfonds de nos archives.

Rebatet – C'est dommage. Pour une fois que nous disions presque du bien du peuple élu.

Cousteau – Oui, mais on ne peut même pas en dire du bien puisqu'une bonne fois pour toutes, il est entendu que les Juifs n'existent pas, qu'ils n'ont jamais existé, qu'ils sont une création purement imaginaire des cynocéphales de l'antisémitisme[4], et que le seul fait de prononcer leur nom est une présomption de génocide.

Rebatet – Alors n'en parlons plus. Je n'ai pas tellement envie de

---

[4] Cousteau fait allusion à l'ouvrage de Jean-Paul Sartre, paru en 1946 (puis Gallimard, 1954), *Réflexions sur la question juive*. Dans ce livre, Sartre dresse une sorte de portrait psycho-social de l'antisémite (la « haine » de l'antisémite ne serait qu'une « attirance profonde et sexuelle pour les Juifs ») ; il y émet l'hypothèse, critiquée aujourd'hui, selon laquelle le Juif existe d'abord au travers du regard des autres, et de l'antijuif. Il accuse Céline d'avoir été « payé ». Sartre devint alors la tête de turc des intellectuels épurés. Céline lui consacra une réplique violente et scatologique dans un petit pamphlet, *A l'agité du bocal*.

retourner en prison. Autre question : le dialogue sur les nègres ?

Cousteau – Nous le laissons, lui aussi, de côté. C'est trop dangereux. On fait trop vite figure de criminel lorsqu'on s'offusque des coïts franco-bambaras. L'autre jour j'ai rencontré une dame fort orthodoxement « issue » qui menait grand tapage parce qu'une jeune Allemande avait trouvé à Paris une place de dactylo : « Ces Boches ne peuvent donc pas rester chez eux ! » disait-elle au comble de l'exaspération. Et comme, cinq minutes plus tard, je lui faisais remarquer qu'il y avait vraiment beaucoup de nègres sur le boul'Mich, j'aurais voulu que tu visses avec quelle superbe elle m'a cloué le bec : « Ce sont des Français comme les autres. » Alors n'en parlons plus.

Rebatet – Justement, je prenais le parti des nègres contre les imbéciles, contre le cornichon Guéhenno. Ils vont foutre des véroles effroyables à ces pauvres nègres. Ils les syndiquent. Ils les font voter. Ça va se terminer par un massacre affreux de nègres. Je leur veux du bien, aux nègres, moi.

Cousteau – Moi aussi. Mais nous n'avons le droit de leur vouloir du bien que dans une perspective démocratique. Sorti de là, tu retombes dans le génocide.

Rebatet – Horrible ! Résignons-nous, biffons les nègres.

Cousteau – Bon. Le déchet n'est tout de même pas énorme. Et puisque nous publions les autres dialogues, il faudrait peut-être expliquer aux lecteurs dans quelles conditions ils ont été rédigés... Pour commencer, faisons-leur remarquer que c'est la première fois dans l'histoire de la littérature que des dialogues sont composés par deux auteurs différents. Jusqu'à ce jour, l'auteur s'était contenté de dialoguer avec soi-même, de dialoguer un monologue, ce qui constitue en somme un abus de confiance, une tricherie sur le label de la marchandise. Platon, Tacite, Lucien, Estienne, Fénelon, Montesquieu, Renan n'ont pas opéré autrement ? Nous, nous sommes vraiment deux. Nos dialogues sont de vrais dialogues. C'est une innovation révolutionnaire.

Rebatet – Tu es d'une prétention inouïe. Tu seras toujours aussi satisfait de toi-même.

Cousteau – Non. Je suis équitable. Et lorsqu'on est « *the first in the world* » à faire quelque chose, il faut que ça se sache. Regarde la littérature contemporaine. La palme n'est pas accordée aux trouvailles du style ou de la psychologie mais à l'écrivain qui a le premier gravi une montagne ou atteint un abîme sous-marin.

Rebatet – Ou traversé l'Australie en patinette...

Cousteau – La bicéphalité...

Rebatet – Pour un type qui fait la pige à Montesquieu et à Renan, tu parles une jolie langue aujourd'hui.

Cousteau – Tant pis. Je ne trouve pas d'autres mots... Donc la bicéphalité de nos dialogues est notre manière à nous de faire quelque chose de sans précédent.

Rebatet – C'est assez pour le chapitre de ta suffisance. Il faut éclairer le lecteur...

Cousteau – Rappelons-lui d'abord que nous avons fait quelque bruit de notre temps...

Rebatet – Encore ta suffisance !

Cousteau – Appelle ça comme tu voudras... Je rappelle donc au lecteur que tu as écrit les *Décombres* qui furent, de très loin, le *best-seller* des années de guerre. Or, si tant de gens achetèrent les *Décombres*, ce n'est pas par peur de la Gestapo, c'est parce qu'ils étaient d'accord : la « petite poignée de traîtres » était plutôt dense...[5]

Rebatet – Et les 300 000 Français qui, rien que dans la zone nord, achetaient *Je Suis Partout* chaque semaine n'y étaient, eux aussi, contraints par personne. Trois cent mille numéros, cela fait un million de lecteurs. C'est à eux que nous nous sommes vendus. S'ils avaient « résisté » au plaisir de nous lire, nous n'eussions eu qu'à disparaître... Et, politesse pour politesse, à mon tour de rappeler au lecteur que tu fus, après la retraite de Brasillach, le directeur politique de ce *best-seller*...

Cousteau – À la suite de quoi, nous avons eu de gros ennuis. Nous avons été arrêtés en 1945, condamnés à mort le 23 novembre 1946, graciés à Pâques 1947.

Rebatet – Nous sommes arrivés au bagne de Clairvaux, avec une peine de perpétuité à la fin de mai 1947, je ne me souviens plus du jour exact.

Cousteau – Peu importe. Pour la compréhension de ce qu'on va lire, précisons que dans ce cadre pénitentiaire, nos destinées commencèrent par diverger.

Rebatet – Toi, tu as tout de suite été classé comptable à l'atelier de Lingerie.

Cousteau – Le lecteur sait-il ce que c'est qu'un comptable de bagne ?

---

[5] Je pense avoir démontré, à travers l'analyse des lettres que Rebatet a reçues à la suite de la publication des *Décombres*, que ses lecteurs n'adhéraient pas forcément au contenu politique de ce livre. 65 000 exemplaires en ont effectivement été vendus – chiffre considérable compte tenu des circonstances et de la pénurie de papier, l'éditeur Denoël estimant qu'il y avait un niveau de commandes d'environ 200 000 exemplaires. *Cf.*, R. Belot, « Les lecteurs des *Décombres* de L. Rebatet : un témoignage inédit du sentiment fasciste sous l'Occupation », *Guerres mondiales et conflits contemporains*, n° 163, Paris, P.U.F., 1991, pp. 3-30.

Rebatet – C'est le type qui administre sur le papier le salaire et les autres subsides des détenus puisque l'argent liquide n'est pas autorisé en prison. C'est le job le plus envié en Centrale, car il comporte de nombreux privilèges, on ne travaille pas de ses mains, on possède un petit bureau qui vous isole un peu de la troupe. Et, par chance, le bureau de la Lingerie était le plus agréable de toute la Maison.

Cousteau – Toi, par contre, tu as mis du temps à faire ton trou !

Rebatet – Je suis resté deux ans au Quartier des inoccupés. Là, il n'était pas question de privilèges, on était au-dessous du minimum vital du taulard manœuvre léger.

Cousteau – C'est bien de ta faute. Si tu n'avais pas eu une aussi grande gueule, si tu avais été un peu plus diplomate...

Rebatet – Je ne peux pas me faire couper les cordes vocales. Pour éviter les ennuis que ma gueule m'amènera toujours. Et puis, Clairvaux me mettait de trop mauvaise humeur... J'avais besoin d'extérioriser cette humeur.

Cousteau – Et naturellement les mouchards rapportaient tes moindres propos, ce qui n'incitait guère la direction à t'accorder une planque.

Rebatet – Enfin, j'ai été libéré de l'Ino., je suis devenu comptable-adjoint, dans ton bureau à la Lingerie.

Cousteau – Et c'est de ce jour-là qu'a commencé notre vie inimitable.

Rebatet – Voilà un adjectif un peu gros, puisque nous parlons au lecteur qui n'est pas obligé de juger de toutes choses, comme nous, en valeur relative.

Cousteau – Ce havre du bureau de la Lingerie où nous étions assis sur des chaises bancales, devant une table vermoulue, entre des cartons verdâtres et poussiéreux, c'était le paradis du bagne. Mais je voudrais voir la tête que feraient tels de nos éminents confrères actuels qui parlèrent avec des bouches en cul de poule des faiblesses de l'épuration, si on les y transportait.

Rebatet – Ils n'en ramèneraient pas les dialogues ! Ce n'est pas pour nous casser l'encensoir sur le nez, nous avons tout de même eu notre petite force de caractère.

Cousteau – Vois-tu, après relecture de nos textes, je crains que le lecteur ne se fasse une idée assez fausse du climat de notre expiation, qu'il ne s'imagine une sorte de sanatorium pour intellectuels distingués.

Rebatet – Espérons que le lecteur comprendra qu'il n'est pas dans notre tempérament de gémir et que la littérature, les idées générales ont été notre chance, notre baume, notre soutien quotidien. Je n'aurais jamais toléré de publier sur le quartier des condamnés à mort de Fresnes une jérémiade à la façon de Groussard[6] qui a voisiné avec moi dans le *Crapouillot* sur les prisons. Mais nous avons le droit de dire au lecteur que nous aurions bien pu, nous aussi, écrire *Les Jours de notre mort*[7]. La matière ne nous aurait pas manqué, avec les 141 jours de chaînes, les premières années de Clairvaux...

Cousteau – Il est de fait que la vie fut atroce dans les bagnes français pendant les premières années de l'épuration, aussi atroce que dans

---

[6] Le colonel Georges Groussard était un officier évoluant au sein des services secrets français qui, après avoir organisé dans le régime de Vichy la répression antigaulliste, a tenté de mettre en œuvre une résistance à Vichy en liaison avec les Britanniques et hors de la mouvance gaulliste. Arrêté en mai 1942 par les autorités vichystes, il fut interné à Vals-les-Bains.

[7] *Les Jours de notre mort*, Paris, Editions du Pavois, 1947, (rééd. Paris, Hachette, 1993) est un témoignage de David Rousset sur l'expérience concentrationnaire. Résistant trotskiste, David Rousset a été déporté en Allemagne. Il a écrit un deuxième livre sur les camps nazis, *L'Univers concentrationnaire*, prix Renaudot en 1946, (rééd. Paris, Hachette, 1998). Il s'engagea, à la faveur de l'affaire Kravchenko, dans la dénonciation des camps en URSS.

n'importe quel autre bagne du monde... Ensuite, la discipline s'est quelque peu relâchée, et c'est alors que nous avons pu nous organiser, toi et moi, pour accéder à un certain confort carcéral. Mais même alors, les contraintes restaient rudes. Comme toi, je n'ai pas le goût de pleurnicher et j'aime mieux laisser de côté cet aspect de notre expiation.

Rebatet – Disons encore au lecteur qu'au milieu de cette année 1950 qui est celle de nos dialogues, nous avons été mutés, toi au service de la Traduction, moi à la bibliothèque dont les locaux étaient contigus. Alors là, nous pouvons le reconnaître, les *Jours de notre mort* étaient tout à fait derrière nous. Mais nous avions déjà cinq années de prison, trois ans de cage à poules, douze heures sur vingt-quatre.

Cousteau – Donc, toujours pour l'édification du lecteur, nos dialogues furent rédigés par moitié au bureau de l'atelier de Lingerie et par moitié à la bibliothèque de la Centrale. Nous commencions par parler un peu du sujet que nous avions choisi, en tournant comme tous les détenus du monde, autour d'une des cours de la prison. Puis nous nous installions à une table commune, et le jeu commençait, un jeu qui ressemblait dans une certaine mesure aux « petits papiers » de notre enfance. J'écrivais une phrase, je te passais la feuille, tu me répondais et ainsi de suite...

Rebatet – Ça a bientôt constitué un monceau de papiers terriblement compromettants. Nous aurions eu de jolis ennuis, si au cours d'une fouille, on avait saisi ce manuscrit.

Cousteau – Heureusement que les matons étaient surtout occupés à rechercher les pierres à briquet et les bouts de cuir chapardés dans les ateliers...

Rebatet – Je m'arrachais à mes lectures exégétiques et théologiques, je quittais Origène pour retrouver Staline, car ce fut aussi pour moi une époque de grandes études pieuses, mon scholasticat. C'est que j'avais à corriger tous les laïus religieux des *Deux Étendards*.

Cousteau – J'avais aussi mes petites recherches personnelles qui ont abouti à l'accumulation de dix bons kilos de paperasses dont nous reparlerons peut-être un jour. Mais c'est une autre histoire. Revenons à la technique des dialogues.

Rebatet – Rappelle-toi notre soupir de soulagement quand tu eus terminé la dactylographie de notre texte, sur la machine de la traduction, et qu'elle eut pris, par des moyens prohibés le chemin du monde libre...

Cousteau – Reste à savoir maintenant quel accueil le monde libre va faire à ces dialogues du bagne, et si les citoyens qui ne furent jamais détenus auront, pour lire nos textes, autant de liberté d'esprit que nous en eûmes, nous prisonniers, pour les écrire.

DIALOGUE n° 1

LE DRAPEAU NOIR ET LA CROIX GAMMÉE

> « On mènera toujours les peuples avec ces deux mots : *ordre* et *liberté* ; mais l'ordre vise au despotisme et la liberté à l'anarchie. Fatigués du despotisme, les hommes crient à la liberté ; froissés par l'anarchie, ils crient à l'ordre. »
>
> Rivarol, *De la Philosophie moderne*

Ce jour-là, Rebatet s'était plongé dans les *Actes des Apôtres* de Loisy, ouvrage diabolique entre tous, et Cousteau se faisait les ongles. L'un et l'autre accordaient à leur besogne une extrême attention. Rebatet s'occupait à collationner les trois récits de la conversion de Saül. Cousteau rectifiait d'une lime experte l'ovale de ses ongles, repoussait les peaux, éliminait les menues excroissances de chair. Si absorbés qu'ils fussent, chacun était vaguement conscient de ce que faisait l'autre, et chacun éprouvait une sorte de dédain pour une activité aussi frivole. C'est Cousteau qui rompit le silence :

Cousteau – Dis-donc, affreuse créature, t'es-tu jamais rendu compte de l'humour qui se dégage de nos entretiens ?

Rebatet maugréa une inintelligible onomatopée. Ce pouvait être une invitation à s'expliquer. Cousteau le prit ainsi :

Cousteau – Comprends-moi : nos propos ne sont peut-être pas très drôles, mais que ce soit nous qui les tenions, c'est tout de même assez cocasse. En tout cas, il y a pas mal de gens, dehors, qui seraient plutôt éberlués par la tournure que prennent nos conversations.

Rebatet n'était qu'à demi dégagé des *Actes des Apôtres*. Son visage restait fermé, son regard absent. Cousteau comprit qu'il fallait insister :

Cousteau – Toi et moi, nous sommes étiquetés « fascistes ». Non sans raison, d'ailleurs. Et nous avons fait tout ce qu'il fallait pour justifier cette réputation...

Rebatet – Jusqu'à et y compris la condamnation à mort...

Cousteau – Or pour le farfelu moyen – et même pour le farfelu supérieur – qu'est-ce qu'un fasciste ? C'est d'abord un énergumène éructant et botté, l'âme damnée de la plus noire réaction, le suppôt du sabre et du goupillon... Et de même qu'on attend d'un nihiliste qu'il ait des bombes dans sa poche, d'un socialiste qu'il ait les pieds sales et d'un séminariste qu'il soit boutonneux, on doit nous imaginer figés dans un garde-à-vous permanent devant les épinaleries dèroulédiennes.

Rebatet – J'en connais en effet, sans aller les chercher très loin qui sont au garde-à-vous vingt-quatre heures sur vingt-quatre, mais ça n'est pas notre cas.

Cousteau – Je crois même que nous sommes parvenus à un degré d'anarchie assez sensationnel. Nous sommes beaucoup plus anarchistes que les anarchistes homologués qui sont en réalité de pauvres types d'un conformisme pénible. Car c'est bien la peine de se débarrasser des vieux mythes pour donner dans le mythe du progrès, dans le mythe de la société sans État.

Rebatet approuvait d'un hochement de tête :

Rebatet – Il n'est pas douteux que nous sommes plus affranchis que ces gars-là. Nos moindres propos l'attestent.

Cousteau – Alors comment expliques-tu qu'avec de pareils tempéraments, nous nous soyons honnêtement et délibérément imbriqués dans un système politique dont les conformismes auraient dû nous rebuter ? Et comment expliques-tu que cette contradiction ne nous inspire aucune gêne ?

Rebatet s'était tout à fait rouvert :

Rebatet – C'est intéressant ce que tu dis là. À première vue, ça me fait saigner le cœur. Ça me rappellera toujours ce que j'étais à vingt ans : le petit bonhomme le plus apte à franchir ce siècle sans le moindre accident. J'avais toutes mes idées sur la religion, l'éthique, la politique, j'avais décidé une fois pour toutes que je ne mettrais jamais le bout du petit doigt dans ces cloaques. Le qualificatif le plus répugnant que je pouvais appliquer à un être ou à une chose, c'était celui de social : un curé social, une atmosphère sociale...

À l'évocation de ce vocable, Cousteau eut une moue écœurée. Il allait lui aussi piétiner le social. Mais Rebatet ne se laissa pas interrompre :

Rebatet – ... L'activité la plus imbécile de l'homme, pour moi, c'était l'apostolat, quelque forme qu'il prît. La contamination progressive par autrui d'un petit type qui, dans son état premier, était d'une santé parfaite, les sacrifices aux préjugés, aux convenances, ça pourrait très bien être mon histoire... Et, tiens, il ne me déplairait pas de l'écrire sous cette forme, une espèce de conte antisartrien. Mais la réalité n'est tout de même pas aussi simple et consternante. Je l'espère, du moins.

Cousteau – Je t'arrête, cher Lucien. Ça n'est pas consternant du tout... Non seulement je ne regrette rien, mais je me félicite chaque jour d'avoir vécu cette aventure fasciste...

Rebatet – Même ici, même au bagne ?

Cousteau – Oui même ici. Cette aventure fut magnifique et passionnante. Mon « engagement » – comme disent les francs-tireurs et partisans des Deux Magots[8] – m'a conduit avec une sorte de fatalité à des expériences, à des sensations, à des satisfactions d'orgueil que j'eusse toujours ignorées sans cela et que les plus fortunés ne peuvent s'offrir. Rappelle-toi ce que Stendhal fait dire à Mathilde de la Mole de la peine de mort : « Il n'y a que cela qui ne s'achète pas. »

Rebatet – Tu parles si je m'en souviens ! Tu ne sais donc pas que je l'avais écrit dans ma cellule pendant que nous étions aux chaînes...

Cousteau – Possible, mais comme nous étions forcés de rester chacun chez nous, tu me l'apprends... En tout cas, en ce qui concerne l'engagement, point de regret. Mais tout de même un peu de surprise. Car si, à vingt ans tu t'étais décrassé des conventions civiques, morales et religieuses, à cet âge-là, moi aussi, je ne respectais plus grand-chose. Pas tout à fait de la même manière que toi, cependant. Tu étais plus anarchiste que moi. Je donnais – je m'en excuse – dans le gauchisme...

Rebatet – C'est une manière d'engagement...

Cousteau – Mais les négations l'emportaient de loin, chez moi, sur le zèle constructif. Mon socialisme restait vague. Par contre je savais très bien de quoi je ne voulais plus être dupe, sous aucun prétexte. Plus de *sursum corda* pour notre sainte mère l'Église, la Ligne Bleue des Vosges et la Propriété Bâtie. Et sais-tu, puisque nous en sommes aux confidences

---

[8] Allusion à Jean-Paul Sartre, qui fréquenta plus les cafés de Saint-Germain-des-Prés (où il aimait écrire) que les maquis, pendant l'Occupation, tout en se faisant, après la Libération, le chantre de l'épuration et de l'engagement à gauche.

comment j'en avais eu la révélation : en lisant, à seize ans, *L'Île des Pingouins*[9] de cette vieille barbe d'Anatole France. Partir de là pour aboutir à *Mein Kampf*, c'est tout de même comique...

Rebatet – Moi ce sont les curés et *L'Écho de Paris* de la guerre de 1914-1918 qui m'ont rendu anarchiste. Quand je fréquentais les Juifs et les hommes de gauche, à mes débuts dans le journalisme, ils avaient tout de suite trouvé la formule pour concilier mes propos et mon appartenance à l'A.F.[10] : j'étais pour eux un anarchiste de droite. Malgré tout, cette anarchie cohabitait avec une admiration très vive pour Mussolini. J'étais donc de droite pour la même raison que les barbeaux :

Cousteau eut un sourire d'indulgence :

Cousteau – Je connais ta théorie : les barbeaux et les artistes ont besoin d'ordre pour prospérer.

Rebatet – Exprimé sous cette forme, c'est classique, c'est assez plat, et tout de même insuffisant. Il me semble que nous avons le droit de revendiquer notre aristocratie dont la marque est d'abord la liberté de l'esprit, ensuite l'horreur des mythes égalitaires, ce qui nous distingue de l'anarchiste sentimental, toujours plus ou moins nazaréen. Une certaine forme d'aristocratie cousinerait nécessairement avec l'anarchie.

Cousteau – C'est évident. Mais pour être sincère, je n'ai accédé à cette évidence que beaucoup plus tard. Ma « conversion » – puisque conversion il y eut – se fit dans des conditions assez confuses. Elle fut plus sentimentale que rationnelle, et l'ascendant personnel d'un homme

---

[9] *L'Île des pingouins* (1907), d'Anatole France, fait partie de ses livres où il exprime une espèce de socialisme saint-simonien : un saint aveugle y baptise des pingouins qui deviennent ainsi des hommes...

[10] Abréviation d'« Action Française », le mouvement de l'extrême droite nationaliste et monarchiste dont Charles Maurras était à la fois le leader et le théoricien.

fut déterminant. Tu sais bien comment je suis entré à *Je Suis Partout* ?

Rebatet – Je ne me rappelle plus les détails. Je sais que tu étais dans la maison quand j'y suis arrivé moi-même, vers la fin de 1932. Tu avais déjà écrit dans *Candide*...[11]

Cousteau – Non, *Candide* vint après... Rue du Saint-Gothard, j'ai commencé par *Je Suis Partout*, et dans des conditions assez pittoresques... Je ne crois pas que je te les aie jamais racontées...

Rebatet – Vas-y...

Cousteau – A l'époque, j'étais au Journal, où je gagnais obscurément ma vie comme secrétaire de rédaction. En même temps, je rédigeais en douce – parce que si ça s'était su, on m'aurait foutu à la porte du Journal – la page d'échos du *Monde* de Barbusse[12]. Soit dit en passant, c'est Georges Altman qui m'avait accueilli dans cette maison où l'on ne me payait guère. Mais ça me soulageait d'engueuler les têtes cerclées et les deux cents familles... Et puis, pour arrondir un peu mes mensualités, je tenais au *Coup de patte* d'Augustin Martini une rubrique humoristique – ou supposée telle – que je signais Albert London... C'est de là que vint le grabuge... Un jour, on m'invite au banquet du *Coup de patte* et le hasard veut que je me trouve à la droite de Gaxotte[13]. Gaxotte signait ses chroniques : « L'Idiot du Village ». Ni lui ni moi n'avions mis jusque-là un visage sur nos pseudonymes respectifs. Nous faisons connaissance.

---

[11] *Candide* appartenait jusqu'en 1936, comme *Je Suis Partout*, à la maison Fayard.

[12] L'hebdomadaire *Monde*, créé en 1928, était de gauche. Son directeur, Henri Barbusse, pacifiste très proche des communistes français (il deviendra directeur littéraire de *L'Humanité* à partir de 1926), relate son expérience de la guerre dans *Le Feu* (1916).

[13] Initialement maurrassien, Pierre Gaxotte fut l'homme de confiance de la maison Fayard jusqu'en 1936. Normalien, historien de l'ancien régime, il était l'éditeur de la célèbre collection « Les Grandes Études Historiques ». C'est lui qui dirigea *Candide* et *Je Suis Partout*. Doué d'un certain charisme et d'une grande intelligence, il influença l'évolution politique de Rebatet et de Cousteau. Mais, la défaite consommée, il ne suivra pas ses jeunes émules dans la voie de la collaboration, d'où la hargne qu'ils lui vouèrent, renforcée plus tard par son élection à l'Académie française (1953).

Gaxotte me passe de la pommade, déclare mes papiers excellents, et m'invite à collaborer à *Je Suis Partout*. Tu te rappelles ce qu'était ce journal en 1932...

Rebatet – Le canard le plus conservateur de France, plein de topos sur la phynance [sic], une espèce de Temps hebdomadaire, à l'usage des colonels de l'A.F., des professeurs d'histoire et des banquiers catholiques.

Cousteau – Alors tu penses bien que lorsque Gaxotte m'offrit d'y insérer ma prose, je manquai m'évanouir de saisissement. J'allais refuser avec quelque hauteur, mais l'idée me vint subitement qu'il serait drôle de bafouer les suppôts de la réaction, et j'acceptai. Seulement, l'article que j'apportai à Gaxotte était une véritable provocation. Dans mon idée, il ne faisait pas de doute qu'il serait refusé.

Rebatet – Qu'est-ce que tu avais encore inventé ?

Cousteau – Je n'avais rien inventé du tout. Je m'étais contenté de pêcher dans les journaux américains une vieille histoire qui y traînait depuis plusieurs années déjà et qui réapparaissait périodiquement sur les front pages. Une sombre histoire – c'est le cas de le dire – puisqu'il s'agissait de sept nègres de l'Alabama condamnés à mort pour avoir violé deux femmes blanches. La défense prétendait que ces blanches étaient consentantes, et prostituées, par surcroît. En foi de quoi, la Cour suprême avait cassé le jugement. Mais les jurés de l'Alabama avaient recondamné les nègres à mort, et la Cour suprême avait recassé le jugement. Alors les jurés avaient re-re-condamné. Il n'y avait aucune raison pour que cela se terminât... C'est cette histoire qui fut mon premier papier de *Je Suis Partout*. Je l'avais intitulée : « Une affaire Dreyfus américaine. Sept nègres innocents vont-ils périr ? ».

Rebatet – Nom de Dieu, tu allais fort. Dans un canard inféodé à l'A.F., il ne fallait pas mettre en doute la culpabilité de Dreyfus.

Cousteau – Ça, encore, ça n'est rien. Si tu avais vu le texte. Je prenais fait et cause sans la moindre réserve pour le black boys, de sorte que mon entrée à *Je Suis Partout* s'est faite sur un hymne à la négritude tellement délirant que Sartre lui-même l'eût sans doute trouvé excessif.

Rebatet – Et Gaxotte t'a pris ce papier ?

Cousteau – Sans hésitation ni murmure. Dès la semaine suivante, ma prose négrophile était imprimée en bonne place avec son titre intact. J'en étais soufflé.

Rebatet – Alors ?

Cousteau – Alors Gaxotte me demande d'autres papiers, je retourne rue du Saint-Gothard[14] je fais la connaissance des autres rédacteurs, je prends l'habitude d'aller vider des pots dans le bistrot crasseux de la place Denfert-Rochereau que tu connais bien...

Rebatet – Il y avait en permanence un vieil habitué qui ressemblait à Victor Hugo.

Cousteau – Mais nos propos ne ressemblaient guère à ceux du regretté pontife... C'est que Gaxotte avait complètement remanié son équipe...

Rebatet – Je sais. Il avait éliminé les octogénaires d'origine. Peu à peu, il les avait remplacés par de jeunes énergumènes dans notre genre...

Cousteau – Au début, je me sentais un peu gêné parmi ces bouillants génocides qui piétinaient à pleins talons la conscience universelle... Et puis je m'y suis fait. Je subissais l'ascendant de Gaxotte. J'étais sous le

---

[14] Adresse du premier siège de *Je Suis Partout*.

charme. Il suffisait qu'il s'attaquât à un problème quelconque pour que ce qui, la veille, m'eût paru inadmissible, me devînt aussitôt acceptable. Bref si je suis devenu fasciste, c'est d'abord à l'enseignement de Pierre Gaxotte que je le dois.

Rebatet – Si tu es entré à *Je Suis Partout*, par les nègres, moi, c'est grâce au piston du Juif Lévinson...[15]

Cousteau – Nous étions vraiment prédestinés.

Rebatet – Le premier pot que nous avons vidé en tête à tête à Montparnasse, au Dôme ou à la Rotonde, doit se situer au début de 1933... Et un an plus tard, nous étions tous les deux des disciples dévots de Gaxotte. Nous ne le rappellerons jamais assez haut pour sa courte honte...

Cousteau – Ne t'en fais pas, nous sommes son remords de chaque jour...

Rebatet – Oh ! évidemment, si Gaxotte n'avait pas existé, nous en aurions sans doute trouvé un autre, puisque nous cherchions un Gaxotte. Il n'empêche que c'est d'abord à cause de Gaxotte que nous avons été condamnés à mort...

Cousteau – Bon sang, j'ai encore dans les oreilles ses tirades sur Hitler et sur la croisade antirusse... Nous n'avons fait, en somme, que continuer Gaxotte...

Rebatet – Et c'est par son truchement que toi, anarchiste de gauche, et moi, anarchiste de droite, nous nous sommes retrouvés sous le drapeau

---

[15] André Lévinson, Juif d'origine russe, est également un homme de Fayard pour qui il dirigea la collection « Univers ». Ancien professeur de littérature à l'université de Saint-Pétersbourg, c'était également un grand critique : critique littéraire aux *Nouvelles Littéraires*, de chorégraphie à *Candide*, de cinéma à *Comédia*, à *Radio-Magazine* et à *Je Suis Partout*. C'est Rebatet qui, à sa mort en 1933, le remplaça dans ces deux derniers hebdomadaires.

de l'Hyper-archie, du fascisme, de la dictature. Tous les deux ennemis des croyances, nous avons retrouvé une foi, nous l'avons répandue... Ne faisons pas d'explication après coup, voyons comment les choses se sont passées. Nous pouvions vivre, en somme, l'un et l'autre en dehors des bagarres politiques. Nous y avons mis un doigt, deux doigts...

Cousteau – Et puis tout y a passé...

Rebatet – Parce que nous étions trop renseignés dès 1936. Nous savions que tout était suspendu à l'avenir politique de notre patelin et de l'Europe. Je ne sais pas quels étaient exactement tes états d'âme. Mais moi, à 25 ans, j'aurais passé six mois dans un musée, une discothèque ou la chambre d'une fille – puisque ce sont décidément les trois choses que j'ai le plus aimées dans la vie – mais à partir du Front Popu, je ne trouvais plus de goût à la peinture, je bâclais mes topos de musique, je ne chassais plus, je n'étais plus capable de lire un livre sur l'amour. Ni toi ni moi, nous ne pourrions dire la date de notre engagement.

Cousteau – Il est bien rare qu'on soit capable de le dire...

Rebatet – Toujours est-il qu'en 1938, nous étions engagés jusqu'aux sourcils, engagés si foncièrement que reculer, à ce moment-là, c'était se dédire ignominieusement ou stupidement, ce qui n'était pas notre genre.

Cousteau – Pourquoi, d'ailleurs, se dédire ? Nous avons peut-être eu tort de choisir, mais puisque choix il y avait, le nôtre fut de loin le plus intelligent et le plus honorable.

Rebatet – Nous en avons chaque jour des preuves nouvelles.

Cousteau – C'est que si le fascisme nous avait envoûtés ça n'était pas seulement à cause de la séduction personnelle de Gaxotte. Le fascisme, c'était tout de même autre chose qu'un jeu de l'esprit.

Rebatet – C'était une chose très sérieuse. Il ne s'agissait plus d'une critique intellectuelle de la démocratie comme chez Maurras, mais d'un système complet, viable, réalisable, réalisé déjà par Mussolini. Après cent cinquante années de fariboles égalitaires, on restaurait l'ordre, la hiérarchie, l'autorité, sans craindre de les appeler par leur nom et de déclarer qu'on ne gouvernera jamais les hommes autrement. On se passait enfin, pour cette grande tâche, du concours des églises...

Cousteau – Et ça, ça ne devait pas te déplaire...

Rebatet – ... On affirmait les droits du travail, les limites et les devoirs du capital... Je rougis presque d'employer ces formules depuis qu'elles ont été reprises par le général de la Perche[16]. Mais ces mots qui ne sont plus qu'une blague démagogique dans sa bouche avaient un sens très concret dans la Rome de 1933.

Cousteau – Il y avait là tous les éléments indispensables à une refonte totale de la société... Il y avait aussi la possibilité de renverser ce que les progressistes appellent le courant de l'histoire.

Rebatet – Oui, c'était une espérance qui a parfaitement justifié notre action. Pourtant, je n'ai pas trouvé dans la bagarre les mêmes satisfactions que toi, mes ambitions étaient ailleurs, le succès même des *Décombres* m'a laissé assez froid. Depuis le 6 février 1934, je suis un homme qui attend que la planète se calme pour lui permettre enfin de s'occuper d'autre chose. Je suis heureux d'avoir été condamné à mort, encore qu'à tout prendre, je n'y ai pas trouvé les sensations que j'attendais : rien à voir, je l'ai déjà écrit à l'ami Galtier[17], quant à l'intensité, avec l'initiation à Wagner, par exemple, ou la première nuit

---

[16] Cette formule désigne le général de Gaulle.
[17] Il s'agit bien sûr de Jean Galtier-Boissière, avec qui Rebatet entretenait à cette époque une correspondance suivie.

avec quelques filles très désirées.

Cousteau – Tu ne vas pas me dire que tu as des regrets !

Rebatet – Non ! Je ne regrette rien. Je me dis simplement ceci : j'ai eu raison de vitupérer les fuyards, les taupes bourgeoises, tous ceux qui se sont tapis chez eux à l'heure des coups durs, je suis satisfait de ne pas être de leur espèce. Mais sur un plan supérieur, j'ai dit « non » à la société à l'âge de vingt ans. L'idéal de la fermeté, de la virilité même, n'aurait-ce pas été de résister mordicus aux poussées de fureur, d'enthousiasme, de dégoût qui ont fait de nous les partisans d'une foi politique ?

Cousteau – Pour cela il aurait vraiment fallu être un surhomme.

Rebatet – En tout cas, j'ai dressé, pour ce qui me concerne, la comptabilité que voici : pendant les quatre ou cinq années que j'ai vécues en véritable anarchiste j'ai amassé toutes les connaissances qui m'ont fait ce que je suis. Si tant est que je vaux quelque chose, je sors tout entier de ces cinq années-là. À la vie sociale, je dois : cinq ans de bagne clérical, deux années de caserne, deux ans de bagne capitaliste[18], dix ans de journalisme politique où j'ai remisé mes vrais travaux, ceux pour lesquels je me sentais fait ; enfin 141 jours de chaînes et maintenant cinq ans de prison. Cette expérience m'autorise à répéter mon NON à toute espèce de société, à toute espèce d'agrégat d'hommes, à le hurler, à le cracher jusqu'à la fin de mes jours.

Cousteau jugea superflu de contredire Rebatet. Il savait la frivolité des grands serments solennels dont sont prodigues les bagnards, les vaincus et les ivrognes. Lui-même jurait trop souvent qu'on ne l'y reprendrait plus – tout

---

[18] Le « bagne clérical » désigne les années de scolarité de Rebatet chez les Maristes de Saint-Chamond, les « deux années de caserne » son service militaire effectué en Allemagne au sein des troupes d'occupation et les « deux ans de bagne capitaliste » les années 1928-1930, quand il était simple salarié de deux compagnies d'assurance à Paris.

en pressentant qu'on l'y reprendrait – pour manifester une sévérité excessive. Et avec un bon sourire il revint au thème de la conversation :

Cousteau – C'est très amusant de nous confesser l'un à l'autre comme nous le faisons, très instructif... Car en somme, bien que je te pratique depuis dix-sept années – et quelles années ! – je ne m'étais encore jamais rendu compte aussi clairement à quel point furent différents les mobiles qui nous ont amenés à faire de la même manière la même politique. Tu as fait de la politique à contrecœur, la rage au ventre, conscient de sacrifier l'essentiel à l'accessoire. Moi, c'est tout le contraire. La politique m'amusait en soi, et elle continue à m'amuser, quoique je puisse prétendre à mes heures d'anathèmes. Sans doute parce que je n'ai pas la chance d'être comme toi un artiste avisé et délicat.

Rebatet – Tu me fais chier, sale con, rugit Rebatet avec une modestie tonitruante.

Cousteau – Ne te fâche pas. Je sais ce que je dis. Tu viens de m'expliquer toi-même que tu ne mets rien au-dessus des plaisirs que te procurent Wagner, Rembrandt ou Dostoïevski. Ça n'a rien de déshonorant. Je ne te le reproche pas. Je n'insinue pas que tu as tort. Mais je constate que je ne suis pas fait du même métal. Je n'arrive pas à imaginer l'œuvre d'art qui provoquerait en moi la même exaltation, la même intensité de vie que, par exemple... euh... eh, bien mettons cet article intitulé « Pas une veuve, pas un orphelin pour les Tchèques » que j'écrivis au moment de Munich, entre quatre et six heures du matin, au comble de l'exaspération... Je vais sans doute te faire bondir en te disant qu'un des meilleurs souvenirs de mon existence fut peut-être notre procès.

Rebatet ne bondit pas. Mais il jeta à son ami un regard noir. Cousteau poursuivit :

Cousteau – Parfaitement ! Notre procès. Six jours devant les guignols à faire de la corde raide entre l'arrogance et le dégonflage. Et de la corde raide sans filet, avec la certitude de la mort ou du déshonneur au moindre faux pas. Ne rien renier et rentrer néanmoins toutes les injures que j'avais longuement remâchées et que ma mère et ma femme m'avait fait jurer de ne pas cracher à la gueule du président. Etre ferme et digne, et tâcher toutefois de sauver ma tête... À côté de ces heures-là, toutes les autres heures de ma vie antérieure m'apparaissaient d'une déplorable fadeur... J'ai noté quelque part, dans mon cahier d'aphorismes que la vie ne vaut que lorsqu'on la risque. L'action politique est une manière de la risquer. De nos jours, du moins. Rebatet était narquois :

Rebatet – Alors tu as fait de la politique pour te faire condamner à mort ?

Cousteau – Ne me fais pas dire de sottises... Mais comme tu le remarquais tout à l'heure, lorsque nous avons rencontré Gaxotte, nous étions mûrs pour l'engagement. J'ajoute que, bien que venant de la gauche, j'y étais prédisposé bien plus nettement que toi. Je n'avais pas dit non à la société. J'avais dit non à un certain nombre de mythes. Ça n'est pas la même chose. Je n'avais pas compris la vanité de l'apostolat, j'acceptais qu'il fût légitime de vouloir modifier la structure de la société.

Rebatet – Dans ce cas, bien sûr, ça n'a pas dû être trop difficile. Il est plus aisé à un militant de passer à l'ennemi qu'à un sceptique d'entrer dans la bagarre.

Cousteau – Quant à savoir pourquoi j'ai penché plutôt du côté des fascistes que du côté des marxistes, je te répète qu'il y eut d'abord l'influence de Gaxotte. Et j'ajouterai qu'une autre influence dut jouer aussi. Te rappelles-tu ce bouquin d'un certain Maulvault, *El Requete* publié aux environs de 37 ?

Rebatet – Bien médiocre ce bouquin...

Cousteau – Sans doute, mais il tourne autour d'une idée intéressante. C'est l'histoire d'un Espagnol résidant en France qui regagne son pays dès qu'éclate le Movimiento, sans qu'aucune foi politique ne l'anime. Il n'a pas plus de raisons d'aller chez les Blancs que chez les Rouges. Simplement, il sait que, puisque ses compatriotes se battent, il doit se battre aussi. Finalement, c'est chez Franco qu'il s'engage. Et lorsqu'on lui en demande la raison, il répond : « *Cuestion de estetica* ». Il y a de ça, sûrement dans mon engagement, à moi. Entre les fastes wagnériens des congrès de Nuremberg, et les défilés marmiteux du Front Popu, de la Bastille à la Nation, pas d'hésitation : l'esthétique est dans le camp fasciste.

Rebatet – Il y a de ça, chez moi aussi, et même beaucoup. J'aimais déjà un certain style mussolinien, cet air désinvolte et renaissant qu'on trouvait dans la jeunesse italienne. Mais ma première grande sensation fasciste, ce fut le 30 juin 1934. J'étais encore tout gluant des vaseux complots de février[19], de notre misérable fascisme parisien, berné, divisé, châtré par les vieillards, les théoriciens à la gomme et les vendus. Je me reverrai toujours, sur la place Denfert, lisant dans la liasse de journaux que je venais d'acheter l'expédition punitive du Führer. Les plumitifs de l'*Intran*[20] et des autres feuilles s'égosillaient d'horreur.

Cousteau – C'était en effet, en contradiction flagrante avec l'esthétique d'une répression démocratique. Les répressions démocratiques sont tout aussi féroces, plus même parfois, mais elles ont toujours un alibi juridique...

Rebatet – Moi, je voyais ce chef fondant comme l'aigle sur les coupables, opérant lui-même. Et j'entendais les trombones de la

---

[19] Rebatet fait allusion aux émeutes d'extrême droite du 6 février 1934, auxquelles participèrent les ligues antiparlementaires et fascistes.

[20] Il s'agit du quotidien *L'Intransigeant*.

Walkyrie. Jusqu'à ce moment-là, les moustaches de Dudule[21], les lorgnons sans regard de Himmler m'inspiraient surtout du dégoût. Mais du moment qu'il existait un wagnérisme hitlérien, il était bien difficile d'y rester insensible. Les premières séquences du *Triomphe de la Volonté*[22], le leitmotiv de Nuremberg, pendant que l'avion blanc du Fürher arrive à travers les nuages sur les vieux toits que les nègres américains ont brûlés, ah ! comme j'ai aimé ça ! Ce qui m'autorise à dire que ce sont en partie les Jésuites qui m'ont rendu hitlérien, puisque c'est un futur jésuite qui m'a appris Wagner à 18 ans...[23]

Cousteau – Il y a eu beaucoup de jésuites dans ta vie...

Rebatet – Encore plus que tu ne l'imagines... Mais il me semble que je suis en train de te réciter les *Décombres*. Je crois bien que j'y ai tout dit à propos de Wagner et de Dudule. L'hitlérisme m'a fait participer, pour la première fois de ma vie à ce que les Dominicains progressistes appellent une esthétique communautaire. Je ne renierai jamais ces sensations-là. Mais la *Naissance de Vénus*, la *Kleine Nacht Musik* de Mozart, les Greco de l'Escorial, le portail royal de Chartres, ou Odette de Crécy descendant l'avenue du Bois, ça n'est pas moins beau. Et chez Mozart ou chez Proust, on ne rencontre pas des Topaze, des Herriot, des Bevin, des Le Trocquer...

Cousteau – Lorsqu'on fait de la politique, il faut bien se résigner à se salir un peu les mains. Et il y a des moments où ça en vaut la peine. Il

---

[21] C'est sous ce vocable irrévérencieux que les rédacteurs de *Je Suis Partout* désignaient le maître du Troisième Reich.

[22] Film documentaire de L. Riefenstahl sur le congrès de Nuremberg en 1934.

[23] Rebatet fait ici allusion à François Varillon, son ami d'enfance, qui aurait pu devenir musicien si la vocation religieuse n'avait fait de lui un Jésuite. Varillon choisira un tout autre itinéraire que celui de son ami : il participera à la fondation du mouvement de résistance spirituelle Témoignage Chrétien et deviendra président de l'A.C.J.F. avant d'écrire des ouvrages religieux très lus. C'est une grande figure du renouveau chrétien. Je me permets de renvoyer à mon livre : Robert Belot, *Le Journal d'une passion de François Varillon*, Paris, Le Centurion/Bayard, 1994.

n'était pas inutile d'essayer d'empêcher la guerre.

Rebatet – Notre bagarre de septembre 1938[24], sans un sou, la colère au cœur, pour la paix et pour notre pays, oui, ce fut magnifique, tu viens de me le rappeler tout à l'heure. C'est mon plus beau souvenir politique, bien plus excitant que le succès des *Décombres*. Mais quel cloaque que la politique : les chefs du P.P.F., les mouchards, les agents doubles, le cabinet du Maréchal, le brain trust gaulliste ou la Maison Blanche... Et faire de la politique, c'est entrer dans ce cloaque. Sinon, on reste un homme de lettres, ce qui fut d'ailleurs avant tout notre cas ; je parle tout au moins de Robert[25], de nous deux.

Cousteau – Le mot politique est en effet ambigu. Ou plus exactement, il s'est dégradé. Il a fini par désigner une certaine aptitude tout à fait répugnante aux combines, aux rouerie, aux marchandages, aux compromissions, aux duperies. Aptitude dont Laval, par exemple fut comblé dès le berceau. Tout le monde reconnaît, même ses pires ennemis, que Laval fut par excellence un esprit politique.

Rebatet – Après tout ce que tu as écrit contre lui, j'aime à te l'entendre dire...

Cousteau – Mais à ce compte-là, nous, nous n'avons jamais fait de politique, puisque la notion d'efficience nous était indifférente, puisque nous refusions de transiger, et que nous nous bornions à dire les choses comme elles sont, et à préconiser non point ce qui pouvait être marchandé, mais ce qui DEVAIT être... Si j'ai tant aimé cette chose nauséabonde qu'on appelle la politique, ce n'est pas par ambition ou par

---

[24] La « bagarre de septembre 1938 » fait référence aux positions pacifistes qui furent celles de *Je Suis Partout* au moment de la crise de Munich.
[25] Il s'agit de Robert Brasillach, nommé rédacteur en chef de *Je Suis Partout* en 1937. Refusant de quitter la France pour l'Allemagne, en 1944, contrairement à Rebatet et à Cousteau, il se constitua prisonnier à la Libération et sera fusillé le 6 février 1945.

goût du cloaque, c'est pour le plaisir de me battre... Mais nous voici très loin de ce que nous avions commencé à débattre : il s'agissait de savoir comment les négations de notre adolescence ont pu se concilier avec les affirmations de notre fascisme.

Rebatet – Eh bien, explique-toi !

Cousteau – Pour moi, je te le répète, ce fut plus aisé que je ne l'eusse imaginé, puisque j'étais prédisposé à l'apostolat. Il n'empêche que malgré toute ma dévotion à Gaxotte, je me suis senti, bien des fois, gêné aux entournures. Je m'en suis tiré en me refusant par principe, par système, à m'arrêter aux questions accessoires. Je m'étais imposé de ne voir que l'ensemble du problème et de tenir tout le reste pour négligeable.

Rebatet – Je faisais de même, c'est typique de toute foi, qu'elle soit religieuse ou non.

Cousteau – Tiens, je me rappelle une discussion assez aigre que j'eus aux environs de 1936-1937 avec Thierry Maulnier[26]. Ce brave défenseur de syllogismes m'avait attaqué dans mes sympathies franquistes. Puisque j'étais affranchi de tout souci confessionnel, puisque j'étais franchement hostile à la dictature des curés, comment pouvais-je prendre tant à cœur la cause de Franco dont la victoire serait de toute évidence celle de la calotte et de la sabretache...

Rebatet – C'est en effet ce qui est arrivé. Hélas, infortunée Phalange néantisée par le parti-prêtre...

Cousteau – En tout cas, au moment de ma discussion avec Maulnier, j'acceptais ce risque. Je lui répondis avec humeur qu'il serait pénible

---

[26] Thierry Maulnier, qui fut normalien avec Brasillach et Bardèche, est à l'origine un maurrassien de stricte obédience, refusant la dérive nazifiante d'un Rebatet, par exemple. Il écrira des articles brillants dans la revue théorique de l'Action Française, *La Revue universelle*.

qu'on exigeât de moi un bulletin de confession, mais qu'il me serait encore bien plus pénible d'être contrôlé par le Guépéou[27], et que même la démocratie capitaliste la plus bénigne me dégoûtait davantage que la théocratie espagnole. Donc Franco était de loin le moindre mal et il fallait le soutenir à fond.

Rebatet – Tu n'y as pas manqué...

Cousteau – Et c'est en vertu du même impératif qu'à partir du 22 juin 1941, à partir de la guerre contre la Russie, j'ai été pour l'Allemagne sans réserve et sans nuances, et que je me suis imposé de fermer les yeux sur ce qu'il pouvait y avoir de ridicule ou même de monstrueux dans le comportement des gens de notre bord.

Rebatet – Mais tout cela n'explique pas comment, pour ton usage strictement personnel, tu pouvais concilier tes négations intimes avec nos affirmations collectives. Par exemple, ceux de chez nous rabâchaient qu'ils défendaient la civilisation chrétienne. Tu la défendais toi, la civilisation chrétienne ?

Cousteau – Oui, je la défendais, par la force des choses, mais accessoirement, par surcroît comme on défend la partie d'un tout. Et pour moi, c'était une partie tout à fait minime de l'ensemble qui me tenait à cœur. J'avais sans doute tort, mais je n'arrivais pas à prendre ça au sérieux. Ça me paraissait sans importance. Je n'avais pas l'impression de me déjuger en côtoyant des gens qui assaisonnaient notre croisade d'un vocabulaire chrétien.

Rebatet – Et le patriotisme ?

---

[27] La « Guépéou » est un des nombreux noms (N.K.V.D., M.V.D. et K.G.B.) que prit la police politique de l'URSS, « bras armé de la dictature du prolétariat » qui s'appelait à l'origine Tcheka. Elle symbolise ce que ce régime a eu de plus répressif.

Cousteau – C'était un obstacle autrement redoutable. Le fascisme était nationaliste. Cela me gênait énormément. Cela me gêna moins lorsque s'amorça vaguement, honteusement, cette internationale blanche que Maurras excommuniait quotidiennement en cinq colonnes. Là, je retrouvais un terrain solide. Je crois que j'étais beaucoup plus apte à cet internationalisme de droite que nos autres camarades de J.S.P.[28] élevés dans un chauvinisme étroit... Et lorsqu'il s'agit de se refuser à la guéguerre franco-allemande, alors je fus tout à fait à mon aise, je retrouvai mes jambes de vingt ans.

Rebatet – Mais la guerre contre les Russes ?

Cousteau – Je te répondrai en citant un auteur peu répandu mais qui a tout de même enrichi notre littérature de pas mal d'aphorismes percutants : « L'objecteur de conscience », a écrit Jean Paulhan, « n'est pas un homme qui refuse de se battre, c'est un homme qui attend la guerre dont il a fait choix. » Or la guerre contre les Russes n'était pas une guerre nationale, c'était une guerre civile.

Rebatet – Pour un homme façonné par les penseurs de gauche, c'est la seule sorte de guerre honorable.

Cousteau – Anatole France l'a proclamé avec éclat, et il est de fait que cette guerre-là me convenait, si l'on peut dire, parfaitement... Quant aux autres aspects de notre croisade qui pouvaient choquer mes convictions de jeunesse, je ne m'y arrêtais guère. Le lapinisme vichyssois, le paternalisme du Maréchal, le puritanisme des censeurs de zone sud, le gangstérisme des chefs de bande de zone nord, tout cela était accessoire. Nous défendions, avec toutes ses tares, une forme de civilisation aristocratique, la seule qui donnât des chances à l'anarchiste de qualité, nous défendions ça contre la dictature des balayeurs et des voyous.

---

[28] Sigle, pour les intimes, de *Je Suis Partout*.

C'était cela l'essentiel. Et cela valait la peine d'être tenté. Nous sommes vaincus. Soit. Mais ça m'embêterait aujourd'hui d'avoir succombé sans combattre.

Rebatet – Ce n'est pas notre cas. Nous avons bagarré dix ans. Nous avons proposé à cet univers nos solutions. Je ne dis pas qu'elles étaient idéales, mais elles avaient une autre gueule que le merdoiement contemporain. On n'en a pas voulu, de nos solutions. On a même déclenché une guerre mondiale pour les rendre impossibles. Alors maintenant, hein ! c'est fini, nous avons le droit de lui dire un *Scheiss* ![29] vigoureux à la société occidentale...

Encore une fois, Cousteau s'abstint de douter tout haut du caractère définitif d'une résolution aussi solennelle. Rebatet, cependant, se laissait aller à son péché mignon qui est, comme chacun sait, d'imaginer la transsubstantiation du moindre propos en un torrent de feuilles manuscrites.

Rebatet – Il y aurait peut-être une façon assez sensationnelle d'exprimer ce *Scheiss* ! C'est notre confabulation qui vient de m'en donner l'idée. L'ennuyeux, c'est que mes idées se présentent toujours sous la forme de 3000 pages. Mais après tout, nous ne devons être libérés qu'en 1965, et la prison est la mère de la littérature. En tout cas, si jamais j'accouche un jour de ce bouquin, tu en auras la dédicace. Ce sera bien la moindre des choses.

Atelier de Lingerie de la maison centrale de Clairvaux, janvier 1950

---

[29] C'est-à-dire « merde ».

Lucien Rebatet & Pierre-Antoine Cousteau

DIALOGUE n° 2

LA RAISON DU PLUS FORT

« Ne pouvant faire que ce qui est juste fût fort, on a fait que ce qui est fort fût juste. »

Pascal, *Pensées*

C'était un de ces jours fastes qui échappent pour les comptables à la servitude des fins de mois. Le vain peuple ignore combien ces jours-là sont rares. Seuls les initiés connaissent l'élasticité démoralisante des fins de mois, la tyrannie des comptes récapitulatifs qui s'amorcent aux environs du vingt et traînent jusqu'au-delà du dix. Entre ces deux étendues calamiteuses, se situe le mois proprement dit, contracté, rétréci aux dimensions d'une toute petite semaine. Mais quelle semaine ! Dépouillée de toute obligation, riche de toutes les virtualités du loisir distingué. L'oisiveté étant la mère de tous les arts, Cousteau et Rebatet se trouvaient aptes et idoines aux spéculations les plus substantielles. Et Cousteau tentait de profiter de la trêve pour aiguillonner Rebatet vers quelque controverse qui les arrachât à la médiocrité pénitentiaire. Mais Rebatet esquivait l'invitation. Il semblait remâcher un vieux problème. Et enfin :

Rebatet – Je gamberge. Je me demande, vois-tu, ce que nous avons bien pu faire pour ne pas être fusillés. Ça me donne des inquiétudes, sur moi comme sur toi. Nous n'avons été vendus à personne, ils l'ont reconnu eux-mêmes, ce qui était du reste salement inquiétant. Nous n'avons pas livré de copains. Nous ne collaborions pas de la main droite avec les Chleuhs et de la main gauche avec l'Intelligence Service. Nous n'avons pas raconté que nous écrivions sous l'empire de la boisson ou de l'éther, que nous étions rongés de tréponèmes. Nous avions des dossiers judiciaires ridiculement vierges : pas un carambouillage, pas une escroquerie, pas même un petit attentat aux mœurs. Nous ne sommes ni barbeaux ni tantes, pour notre malheur.

Cousteau – Et cependant nous sommes vivants.

Rebatet – Ne trouves-tu pas que c'est grave ? C'est entendu, nous ne leur avons pas craché leurs vérités à la tête, dans leur cour d'assises, nous n'avons pas récusé leur jury de terrassiers, et nous avons d'ailleurs bien fait. Mais ça ne suffit pas à expliquer notre survie. Nous devons avoir quelque tare qu'ils ont reniflée. Comme les types qui sentent des pieds mais qui sont les seuls à l'ignorer.

À mesure que Rebatet parlait, Cousteau s'enfonçait dans la consternation. Il retrouvait là un des thèmes de ses propres méditations :

Cousteau – C'est terrible ce que tu dis là, il y aurait de quoi m'ôter le sommeil.

Rebatet gloussa. Il avait coutume d'accabler Cousteau de sarcasmes pointus, de railler sa prodigieuse capacité de sommeil que rien, semblait-il, ne pouvait entamer.

Cousteau – Rassure-toi, je ne perdrai pas le sommeil. Mais je suis comme toi, je suis inquiet. Ou bien notre grâce est un accident (les plus belles mécaniques, parfois, ont des défaillances) ou bien la magistrature française s'est abusée sur notre compte, elle a cru distinguer en nous une de ces tares qui sont à ses yeux les seules circonstances atténuantes concevables. Mais je crois plutôt qu'il s'agit d'un accident.

Rebatet – Tu es optimiste !

Cousteau – Lorsque nos dossiers ont été soumis à Tauriol[30], il inaugurait ses fonctions. Nous étions ses premiers condamnés à mort. Il n'a pas voulu débuter dans son job par un carnage. Et puis, nous étions trois journalistes. D'habitude, on gracie à 50 %. Impossible d'en flinguer un et demi. Difficile de massacrer à 100 %, surtout pour un avènement. Alors Tauriol nous a graciés tous les trois[31]. Mais il doit le regretter. Plus j'y réfléchis, plus je me persuade que c'est bien un accident de leur machine judiciaire et que Dieu merci, notre honorabilité n'est pas en cause.

Rebatet – Il ne faut pas oublier non plus nos relations qui étaient nombreuses, qui se sont tout de même manifestées à 30 %, proportion remarquable. Sans parler des types qui ne nous connaissaient pas et qui ont réclamé notre grâce. Il y avait réellement beaucoup de gens opposés à notre trépas. Cela constituait un dossier propre à faire réfléchir le cyclope[32] de l'Élysée. Mais deux mois après, le cyclope envoyait très sereinement au poteau le brave petit Radici[33]...

Cousteau – Pourtant, de leur point de vue même, ce malheureux n'avait pas le quart de nos responsabilités.

Rebatet – Mais il manquait de relations mondaines. Où est la justice, mon bon ?

Cousteau – Il n'y a pas de justice. Et cette absence n'est pas limitée à notre cas. Il n'y a jamais de justice. Il n'y en a jamais eu. Il n'y en aura jamais. Du moins sur cette terre. Et comme nous n'avons pas l'infantilisme de donner dans les fables nazaréennes qui relèguent la justice dans l'au-delà, autant se faire une raison. Le Droit et la Justice

---

[30] Il s'agit de Vincent Auriol, premier président de la IVe République.
[31] C'est à dire eux deux et Claude Jeantet.
[32] Il s'agit de Vincent Auriol, appelé page suivante « le borgne S.F.I.O. ».
[33] Jeune milicien d'une honorabilité parfaite fusillé pour avoir exécuté les ordres de ses supérieurs.

sont des constructions métaphysiques. Pour peu qu'on décortique un peu le système, on retrouve toujours la vieille loi de la jungle, c'est-à-dire le droit du plus fort. Ça, c'est solide. La société organisée élimine ses ennemis. Les possédants défendent leur bifteck. Le gang régnant anéantit les individus ou les groupes qui l'inquiètent.

Rebatet – Ce sont là des opérations légitimes.

Cousteau – Mais elles se font avec plus ou moins d'hypocrisie. C'est toute la différence entre l'arbitraire et la légalité. Pour ma part, je pardonne beaucoup aux cyniques, rien aux hypocrites. Or, en fait d'hypocrisie, nous n'avons pas à nous plaindre : on nous a fait bonne mesure.

Rebatet – Donc, encore une fois, préférence pour les communistes qui, eux, n'ont jamais varié dans leur thèse : nous étions à détruire en qualité de chiens enragés. Entre parenthèses, je crois que les communistes ne tenaient pas tellement à notre mort, sinon ils l'auraient exigée et ils l'auraient obtenue.

Cousteau – Il est vrai qu'ils obtiennent encore dans cet ordre de choses tout ce qu'ils veulent, aujourd'hui même, malgré toutes les bagarres et injures spectaculaires.

Rebatet – Question : à qui revient la palme de la plus pure hypocrisie au magistrat M.R.P. qui flingue son prochain en lui déléguant son curé ou au plus haut magistrat, le borgne S.F.I.O., en étant foncièrement adversaire de la peine de mort ?

Cousteau – Je te répète que ces personnages ne m'inspirent de l'horreur que dans la mesure où ils n'ont pas le courage intellectuel de leur férocité. Les démocrates bondieusards et les socialistes pelliculeux qui se sont acharnés sur nous et qui portent toute la responsabilité de l'épuration –

car les communistes, eux, se sont contentés de hurler à la mort, mais aucun d'eux n'a jamais été président du Conseil ou Garde des Sceaux – ces gens-là, donc, avaient sans doute de bonnes raisons de nous éliminer. Ce qui est abject, c'est qu'ils prétendent avoir agi au nom du Droit.

Rebatet – Ils ne se sont pas contentés d'être les plus forts : ils ont voulu aussi avoir raison...

Cousteau – Et remarque que dans une certaine mesure, ils ont réussi à s'en donner les apparences. Le fin du fin de cette épuration a été d'obtenir que presque tous les accusés plaident coupables.

Rebatet – Quand ils se jugent innocents, ils continuent du reste à faire du Droit. Parce qu'ils fondent leur innocence sur la culpabilité d'autrui. Ou du moins ils tendent à raisonner d'après l'échelle des peines prononcées. Le condamné a une merveilleuse facilité à s'identifier avec les décisions de la Justice, lorsqu'elles lui ont été favorables pour des mobiles toujours assez bourbeux. La Justice ayant décidé d'oublier qu'A.[34] avait écrit quelque cent cinquante articles exactement du même tonneau que les émissions de Paquis, il a totalement oublié lui-même qu'il en était l'auteur. Ce qui lui permet de répondre à ceux qui s'affligent de mon sort : « Oui, bien sûr, mais avec ce que Rebatet a signé... »

Cousteau – Ne me parle pas de cet abject ! La pire engeance en prison, ce sont les innocents. Car de deux choses l'une : ou bien ils sont vraiment innocents, et alors je me désintéresse de leur sort puisque ce ne sont pas des copains à nous, ou bien ils sont faussement innocents et c'est bien pire. Car ils sont entrés ainsi dans le jeu de l'ennemi, ils ont accepté l'échelle des valeurs de l'ennemi, et en se proclamant innocents, ils admettent implicitement que les autres condamnations sont légitimes. La

---

[34] « A » est Pierre Gaxotte. Il convient de souligner que si Gaxotte a effectivement écrit des articles très engagés avant la guerre, dans *Je Suis Partout* notamment, il refusera de se commettre pendant la durée de l'Occupation.

seule réaction honorable est de répudier ce mythe dégradant de l'innocence et de la culpabilité, et de n'accepter que des vainqueurs et des vaincus. Tout le reste est fariboles et fumisteries.

Rebatet – Oui, il faudrait extirper du Français la manie juridique, la religion juridique. Tous ces abrutis qui ont perpétuellement à la bouche : « J'ai le droit de... Il n'a pas le droit de... » Les rognes que je pique encore, quand j'entends ça ! Chaque fois, ici-même, les gars triqués, laminés par l'Injustice sont persuadés que je suis fou, que je fais un gag.

Cousteau – Peu importe ce que pensent ces pauvres types. Ce serait toute une éducation à refaire et nous n'avons pas le goût de nous atteler à cette besogne.

Rebatet – Ah ! foutre non !

Cousteau – C'est déjà bien beau d'accéder individuellement, égoïstement à un certain nombre de vérités et, pour ma part, l'envie m'a passé de faire partager ces vérités à mes contemporains. Quoiqu'on fasse, d'ailleurs, je ne crois pas qu'il soit possible d'arracher les masses à l'imposture juridique.

Rebatet – Les masses ont besoin d'illusions.

Cousteau – Elles ont besoin du mythe juridique comme elles ont besoin de métaphysique, et elles se fâchent dès qu'on prétend les ramener à la réalité. Les guignols qui administrent le simulacre de la justice le savent bien, d'ailleurs. Ils jouent de la naïveté populaire et ils jouent à coup sûr. L'essentiel est de ne pas être dupe.

Rebatet – Comment le serions-nous après l'expérience de ces dernières années ?

Cousteau – Je t'avoue qu'avant de débarquer à la gare de l'Est, menottes aux mains, je n'avais que des idées assez vagues sur la justice... Mais par principe, je me refusais de prendre le parti des mauvais garçons contre les magistrats, de donner dans la démagogie hugolesque et les attendrissements à la Carco...[35] Eh bien, lorsque j'ai vu comment les magistrats nous traitaient, ces mêmes magistrats qui condamnaient d'habitude les voleurs de poules, j'ai senti aussitôt qu'il me fallait réviser toutes mes idées sur les voleurs de poules... Et la première fois qu'on m'a amené à l'instruction, rue Boissy-d'Anglas, et que j'ai pu revoir par les fentes du panier à salade des citoyens libres dans les rues de Paris, j'ai noté sur mon calepin : « Oh ! la sale gueule des honnêtes gens. »

Rebatet – Moi aussi, je connaissais mal la justice avant de venir en prison, mais je la méprisais sans la connaître. Cela tenait à mon horreur du droit et aux traditions de l'A.F. J'en avais aussi une vive crainte et je m'étais donné pour principe de ne jamais me mettre dans le cas de tomber dans d'aussi dangereuses pattes que celles des juges.

Cousteau – Tel que je te connais, ce principe tu devais lui faire violence plus souvent qu'à son tour.

Rebatet – En général je le foulais aux pieds deux fois par semaine quand j'étais devant du papier blanc. Mais cela dit, je soutenais la justice contre les jérémiades humanitaires. Tu sais qu'un de mes gags fut de louer jadis, de nuit, un appartement, pour m'apercevoir le lendemain, le contrat signé, qu'il donnait sur la Santé.

Cousteau – Voilà un avantage que tu as sur moi. J'eusse été bien incapable de dire, jadis, où se trouvait la Santé, et je suis passé des milliers de fois sur la route d'Orléans, devant Fresnes, sans savoir de quoi

---

[35] Francis Carco, romancier populaire de la bohème artiste de Montmartre.

il s'agissait... Rien ne me préparait à la vie carcérale.

Rebatet – Eh bien, moi, j'ai vécu deux ans en face d'une prison avant d'être au trou. C'était au début de mon mariage. Véronique, avocate pour ainsi dire de naissance – il y avait environ 6 000 avocats à Bucarest en 1939 – s'affligeait souvent sur le sort des malheureux confinés derrière ces terribles murs. Je blaguais cette sensiblerie.

Cousteau – Je reconnais bien là ton cœur de pierre.

Rebatet – J'étais beaucoup plus satisfait de savoir ces « malheureux » à l'ombre qu'en train de fracturer ma serrure. Je ne sortais pas de là. Les juges étaient utiles, comme les vidangeurs. Je conserve du reste cette opinion.

Cousteau – Oui, mais à condition qu'on n'ait point la prétention dérisoire d'infliger des « châtiments ». Une société bien organisée est obligée d'éliminer les individus nuisibles, les éléments asociaux, mais elle devient burlesque lorsqu'elle transpose en années de prison la notion mythique du bien et du mal.

Rebatet – En tout cas, le métier de juge est le plus repoussant des métiers, beaucoup plus repoussant que celui de flic ou de geôlier. La réputation de servilité de la magistrature française est bien établie depuis de longs siècles. Il y aurait un joli petit manuel à écrire sur ce sujet.

Cousteau – Je veux bien mais, en dehors des généralités désagréables que l'on peux dire sur le compte de ces gens-là, il conviendrait d'insister sur leur conception de la circonstance atténuante. C'est là que se révèle leur vilaine nature. C'est là leur abjection caractéristique. On peut dire que, systématiquement, la sévérité des condamnations a été proportionnelle à l'intégrité, à la loyauté, à l'honorabilité des prévenus, et que les juges de l'épuration ont réservé leur indulgence aux seuls personnages tarés ou, du moins, à ceux dont les défaillances de caractère étaient évidentes.

Rebatet – Je me rappelle mon premier entretien avec Sariac[36] à Fresnes, en octobre 1945. C'était un excellent ami, j'étais assez ému de le revoir ainsi. Il tenait à me défendre lui-même, je tenais surtout, pour ma part, à lui montrer l'extrême gravité de mon cas et la quasi-certitude de la promenade matinale à Montrouge[37]. « Non, me dit-il, tu n'as pas tué, tu n'as pas volé, tu n'as fait de tort à personne. Tu n'as jamais touché d'argent de qui que ce soit ? C'est bien certain ? Alors tu ne seras pas fusillé. Nous allons sauver ta tête sans difficulté, et avant deux ans tu seras dehors. » J'avais encore mon pucelage judiciaire à cette époque. Je ne dis pas que j'ai cru Sariac sur parole, mais je me suis couché ce soir-là avec un certain optimisme.

Cousteau – J'avais les mêmes illusions que toi. Mon honnêteté me rassurait.

Rebatet – Quels corniauds nous étions. Et cent fois plus corniaud ce brave Bernard qui, lui, était du bâtiment. Affranchi comme je le suis aujourd'hui, je sais bien ce que je lui aurais répondu : « Malheureux ! Mais tu tiens absolument à me faire buter ! Plaider l'honnêteté ! Autant me passer tout de suite une boulette de cyanure. Avec ces fumiers-là, c'est du tout cuit. Ne vois-tu pas que pour eux, le seul ennemi, c'est l'homme propre ? Mon vieux, je ne tiens pas tant que ça à claquer, j'aimerais bien tirer encore quelques coups et écrire quelques petites fantaisies. Alors, voilà ce que tu vas faire : tu vas me goupiller illico un dossier bidon de casseur, à tout le moins de carambouilleur et de proxénète. Tu te démerdes pour faire attester que je pratiquais l'exhibition à la porte des pensionnats, que j'ai violé la petite fille de mon

---

[36] Avocat de Rebatet.
[37] Le fort de Montrouge est le lieu où les condamnés à mort étaient fusillés. Brasillach, par exemple, y fut exécuté.

épicière, que je rouais ma mère de coups dès l'âge de seize ans. Ajoutes-y un peu de pédale, c'est indispensable aujourd'hui. Tu me composes ensuite un autre dossier de mouchard : depuis 1943 j'ai livré aux Fifis[38] et à l'Intelligence Service une cinquantaine de miliciens. Et naturellement, j'ai toujours été vendu. J'ai été vendu dès 1929 : à l'A.F., je touchais en sous-main de l'argent des maçons. J'ai touché aussi d'Abetz, de l'Abwehr[39], de l'Organisation Todt, j'ai touché des chèques énormes que j'ai dépensés en orgies chez Tonton. Je n'ai jamais écrit une ligne sans palper. Mais j'ai palpé également des Anglais, parce qu'il est évident que mes outrances de vocabulaire ne pouvaient que ridiculiser la collaboration. Débrouille-toi pour me réunir les pièces justificatives. Si tu ne sers pas à faire fabriquer de faux papiers et à susciter de faux témoins, à quoi sers-tu ? Si tu fais le boulot convenablement, nous nous en tirerons avec dix-huit mois. Dommage que je n'aie pas deux ou trois millions à mettre dans l'opération : nous pourrions obtenir la liberté provisoire. »

Cousteau – Oui, seulement nous étions jeunes et nous ne savions pas. Maintenant nous savons et c'est un peu tard pour entrer dans la truandaille. D'ailleurs, tout bien réfléchi, je crains de n'avoir pas de dispositions...

Rebatet – Dommage. Aujourd'hui, tu serais dehors avec tes babies.

Cousteau – A moins, bien sûr, d'avoir été maintenu en taule comme « truand- témoin ». Parce que dans cette épuration dirigée uniquement contre les adversaires honnêtes qui ont refusé de se mettre à plat ventre, il y a tout de même eu des individus peu recommandables qui ont trinqué. Pas par hasard. Pour la propagande. Pour qu'on puisse dire : « Voyez ces immondes ! Nous sommes bien obligés d'être impitoyables ! ». Et

---

[38] « Fifis » : membres des F.F.I.
[39] Services secrets de l'armée allemande.

malgré les grâces individuelles presque exclusivement octroyées aux collabos de moralité douteuse – tu connais la proportion des « liberté immédiate » de l'an dernier : huit repris de justice sur dix ! – il reste encore un certain nombre de voyous que le Conseil Supérieur de la Magistrature n'a pas encore remis en circulation. Des voyous qui, en d'autres circonstances, auraient déjà bénéficié des plus larges mesures de clémence, mais qu'on garde pour justifier le maintien au bagne de Béraud et de Maurras. Pauvres voyous ! Ils n'ont pas de veine d'être en si mauvaise compagnie...

Rebatet était retombé dans un mutisme orageux. Des images très désagréables passaient devant ses yeux.

Rebatet – Je me demande, finit-il par dire, s'il ne faudrait pas placer neuf avocats sur dix encore au-dessous des juges. Ces auxiliaires de la justice ! Ces juges camouflés !... Ah ! bah ! à quoi bon s'occuper de tous ces merdeux ? Le mépris des robins est vieux comme le monde. Ça n'empêche pas que des millions de bourgeois en auront toujours plein la bouche en disant : « La magistrature... mon oncle le magistrat » et que les avocats sont mis sur le même pied que les hommes de lettres, quand il n'y en a pas vingt dans tout le barreau de Paris qui seraient capables de faire les chiens écrasés à *Libé-Soir*. Des sous-cabots dont les huissiers de village ne voudraient pas comme copistes... Mais inutile de se faire bouillir le sang à cause de ces macaques, avocats ou juges. Les gens qui ont besoin des juges ou qui s'en foutent seront toujours beaucoup plus nombreux que ceux qui reçoivent les coups de la justice.

Deux jours après ces propos, une vingtaine de grâces étaient refusées à des miliciens, à des policiers qui n'avaient eu d'autre tort que de pourchasser les communistes cinq ans avant M. Jules Moch[40], à des pères de famille, au

---

[40] Jules Moch était ministre de l'Intérieur en 1947.

secrétaire de rédaction de l'*Écho de Nancy*. En revanche le roi[41] des tatoués de la Centrale où il avait déjà fait un séjour de huit ans pour meurtre, fort avant la guerre, bénéficiait d'une confortable commutation de peine.

Il y avait toujours des juges à Paris.

Atelier de Lingerie de la maison centrale de Clairvaux, février 1950.

---

[41] Ce tatoué, assassin, voleur, barbeau, personnage éminemment asocial, était d'ailleurs fort sympathique, d'une régularité irréprochable dans le monde pénitentiaire.

DIALOGUE n° 3

RULE BRITANNIA

« *Every true Englishman detests the English. We are the wickedest nation on earth; and our success is a moral horror* ».

Bernard Shaw, *Major Barbara*

Ce jour-là, Cousteau avait arraché Rebatet aux exercices de Saint Ignace en mettant sous ses yeux une page d'Aldous Huxley :

Cousteau – Dommage que tu ne lises pas l'anglais couramment. Il y a là une évocation d'un menuet de Mozart qui doit être tout à fait épatante. Je dis « qui doit... », parce que moi, tu sais, la musique...

Sa curiosité piquée au vif, Rebatet s'était bravement armé d'un dictionnaire et il progressait de façon satisfaisante parmi les métaphores et les ingénieux néologismes d'*Antic Hay*. C'était un texte excitant et mélancolique. Huxley parlait du *Quintette en sol mineur* de Mozart. Rebatet l'avait entendu plusieurs fois, jadis, avec les plus parfaits interprètes du monde. Mais il ne se rappelait plus les thèmes que l'Anglais paraphrasait avec tant de justesse et de goût. Il était condamné depuis cinq ans par la République à ne plus entendre de musique. « Charognes ! Fumiers ambulants. Jamais je ne leur pardonnerai, jamais ! ». Juste au moment où il commençait peut-être, après 25 ans de mélomanie à comprendre ce que c'était que la musique, et spécialement celle-ci, à la comprendre comme Huxley. Enfin, malgré le juge Didier[42], malgré Tauriol le Borgne, malgré la vigilance de la Conscience Universelle réclamant toujours le bagne exemplaire pour les monstres fascistes, on pouvait encore s'entretenir avec un Huxley ou un Proust, et mieux, peut-être qu'au temps de la liberté. La prison ne deviendrait réellement impossible que si la littérature en était bannie. Heureusement Huxley avait eu le *nihil obstat* d'un maton[43] alsacien qui ne comprenait ni l'anglais, ni l'allemand, ni le français. Rebatet avait proposé à Cousteau sa traduction approximative de deux pages... *and from water the music has modulated up into a rainbow*. Quelles images charmantes et si exactes.

Rebatet – Cette fois, fit-il, c'est décidé. Cette année ne se terminera pas que je ne me mette à l'anglais sérieusement[44]. Il me suffira d'y employer le quart du temps que j'ai donné depuis trois ans aux Pères de l'Église et j'en aurai un peu plus de plaisir ! L'Angleterre, c'est la moitié de la littérature. Je suis en sympathie avec cette langue que je ne connais pas. J'ai dans mes paperasses des ballades de Kipling, des morceaux de Shelley que j'ai copiés à Fresnes et à l'Ino[45]. Je ne comprends pas un mot sur deux, je ne sais même pas à quels sons correspondent ces mots, mais je devine que c'est très bien. Je n'ai ressenti ça que devant les poèmes de Nietzsche. Mais personne n'a écrit l'allemand comme Nietzsche... Quelle ampleur de registre chez ces Anglais ! C'est tout de même bizarre. Je n'ai pour ainsi dire jamais connu d'Anglais, je ne suis même pas allé à Londres, et sitôt que je fourre le nez dans un bouquin de Shaw, de Wilde, d'Huxley, même si c'est pour les traduire misérablement, j'ai

---

[42] Magistrat crypto-communiste, président de la cour de Justice de Paris qui condamna Cousteau et Rebatet à la peine de mort, le 23 novembre 1946.

[43] Gardien de maison centrale, le « gaffe » étant le gardien des maisons d'arrêt.

[44] Rebatet est sorti de prison ne sachant pas plus d'anglais que lorsqu'il y était entré.

[45] « Quartier des Inoccupés : dépotoir des maisons centrales où sont rassemblés les détenus qui ne travaillent pas. L'inconfort y est systématiquement organisé afin de donner à ses hôtes le désir de s'en évader en acceptant d'aller raboter des planches ou de vider des tinettes. Rebatet y était resté deux ans.

l'impression d'être chez moi.

Cousteau – J'éprouve exactement la même impression. Bien que je connaisse l'Angleterre mieux que toi, bien que j'y sois allé assez souvent, je ne me sens guère plus proche de ce peuple hermétique, mais tout aussi à mon aise parmi ses grands écrivains. Entre les Anglais et nous, l'incompatibilité d'humeur est totale : le soi-disant fossé qui nous sépare des Fridolins n'est rien à côté du Channel.

Rebatet – Il ne s'agit pas seulement d'incompatibilité ! Il devrait être normal pour tous les Européens sans exception de haïr d'abord les Anglais. Car si l'Europe ne s'est jamais faite alors qu'elle était inscrite dans la géographie de ce continent, c'est que sa création s'est toujours heurtée à l'implacable volonté de l'Angleterre. Elle a employé toute sa puissance et tout son génie à diviser les nations continentales...

Cousteau – Et aussi à les vassaliser ! Pour les Anglais, de ce côté-ci de la Manche, nous restons, quoi que nous fassions, des sous-hommes. Ah ! le peuple des Seigneurs, le *Herrenvolk*, ça n'est pas le peuple allemand, c'est le peuple anglais.

Rebatet – On peut certes estimer les Anglais de s'imaginer supérieurs au reste de l'univers, mais que penser alors des abrutis du continent et d'ailleurs qui s'inclinent respectueusement devant l'image que les Anglais donnent d'eux.

Cousteau – On peut penser que ces branquignoles souvent fort distingués, sont essentiellement méprisables. Mais nous n'y pouvons rien, n'est-ce pas, mon bon ?

Rebatet – On a fait ce qu'on a pu... Mais nous nous écartons de la littérature Nous nous demandions je crois, comment il se faisait que les grands écrivains de ce peuple si étranger et si haïssable, nous étaient tellement accessibles.

Cousteau – Cela tient peut-être – je dis « peut-être » parce que je n'en suis pas sûr – à la survivance d'un climat aristocratique en Angleterre. Le propre de l'aristocratie est d'être internationale. C'est la canaille, toujours et partout, qui est chauvine. Les écrivains anglais, même ceux qui semblent les plus patriotes, participent consciemment ou non de cet universalisme aristocratique. Ils ont accédé à un humanisme véritable qui rend leur commerce aisé aux lettrés des autres pays.

Rebatet – Je crois que l'Angleterre est en effet le dernier pays qui ait conservé une élite, sans doute parce qu'elle a été très riche, que le monde entier a travaillé pour elle, ce qui a permis à un assez grand nombre de jeunes Anglais, d'avoir de vastes loisirs, pour leurs études, leurs voyages, leurs œuvres. Mais il y a un autre aspect de ce mystère insulaire : c'est que les Anglais civilisés soient si différents de tout ce que l'on sait sur le peuple anglais en général. Ils sont ouverts au monde extérieur, psychologues, sceptiques, anticonformistes. Je n'ai jamais entendu dire que l'on retrouve ces traits-là, même très affaiblis, chez l'Anglais quelconque qui semble être au contraire plus fermé dans ses préjugés que n'importe quel autre Européen moyen.

Cousteau – Tu as raison. Pris individuellement, les Anglais sont plus stupides que les gens du continent, plus stupides même que les Allemands, ce qui n'est pas peu dire et certainement plus stupides que les Français qui donnent, dès qu'on les isole de leurs compatriotes, une déconcertante illusion d'intelligence.

Rebatet – Illusion, certes, mais c'est tout de même vrai : on a l'impression que le Français pense, qu'il a des idées, parfois même qu'il en a trop et sur trop de choses.

Cousteau – Voilà au moins un reproche qu'on ne pourra jamais faire à l'Anglais. L'Anglais de la rue est une sorte de brute limitée à des routines mécaniques, incapable d'initiative, privée de curiosité. Mais ce peuple qui ne pense pas ne contrarie pas ceux qui pensent pour lui. En France lorsque par aventure – c'est rare, mais ça arrive – des individus convenables accèdent au gouvernement, ils sont toujours contraints de gouverner d'abord contre la France, contre les désirs, contre les aspirations des Français.

Rebatet – Les exemples ne manquent pas. De Louis XI à Laval, tous les hommes d'État de quelque mérite ont été haïs par le peuple.

Cousteau – Rien de semblable en Angleterre. Les contemporains de la reine Elizabeth, de William Pitt et de Disraeli ne se sont point indignés. Non certes qu'ils eussent compris les desseins de leurs dirigeants, mais ils acceptaient, plutôt inconsciemment que consciemment que le domaine des hautes spéculations politiques leur fût inaccessible. Ces choses-là ne les concernaient pas. Aussi le peuple le plus stupide a-t-il eu, jusqu'à ces dernières années du moins, la politique la plus intelligente.

Rebatet – Intelligente ? D'accord pour la politique extérieure. Mais l'Angleterre a tout de même été la Mère des Parlements, la première nation à inscrire dans ses Chartes d'État les principes démocratiques, c'est elle qui fournissait d'exemples tous les démocrates au XVIIIe siècle. Ça ne me paraît pas une contribution très avantageuse à l'essor de l'intelligence humaine.

Cousteau – D'accord. La démocratie est un fléau répugnant. Et je ne pardonnerai jamais à l'Angleterre de nous avoir collé cette vérole-là. Mais il y a de vieux vérolés qui se portent à merveille et ce sont ceux ou celles qu'ils contaminent qui en crèvent. La démocratie n'a pas sérieusement compromis la santé anglaise, parce que, jusqu'à ces dernières années du moins, son fonctionnement a été constamment truqué, parce qu'elle est demeurée, comme à Athènes ou à Rome, le divertissement d'une élite, le privilège d'une caste.

Rebatet – C'était en somme une démocratie-bidon.

Cousteau – La véritable tradition de la démocratie anglaise, c'est celle des « bourgs pourris » : dix-sept électeurs envoyant au Parlement autant de représentants que la ville de Manchester. Lorsque le truquage atteint de telles proportions, la loi du nombre cesse d'être vraiment malfaisante.

Rebatet – Cependant les dégâts ont été limités. Limités d'une part par l'incapacité des électeurs anglais à se hisser jusqu'aux idées générales. Limités aussi par la volonté des dirigeants réels de la Grande-Bretagne (cinq cents bonshommes peut-être en tout) de ne tenir aucun compte de la volonté (comme on dit) du peuple souverain... Je vais t'en citer un exemple qui me paraît tout à fait significatif. En 1935, tu t'en souviens peut-être, j'ai suivi pour *J.S.P.* la campagne électorale qui s'acheva par le triomphe des conservateurs. Campagne sans incidents, d'une déconcertante correction. Du moins pour ceux qui ont l'habitude des pugilats à la française. Des messieurs-dames très dignes se bombardant sur l'estrade d'hommages réciproques. Des électeurs corrects, flegmatiques, disciplinés, attendant que l'orateur eût fini son discours pour poser des questions, le doigt levé, comme des écoliers bien sages et ne parlant qu'à leur tour, avec l'autorisation préalable du président. S'abstenant à plus forte raison de gueuler « Tue-le ! Salaud ! Vendu ! ». Bref, un spectacle très édifiant.

Rebatet qui se flattait d'être fasciste depuis le biberon, eut un sourire goguenard.

Rebatet – Et tu n'as pas été tenté de devenir démocrate ?

Cousteau – J'étais averti. Je savais que ça ne pouvait pas ne pas être une fumisterie. Pourtant, je n'arrivais pas à distinguer clairement l'imposture.

Elle ne fut évidente qu'au lendemain des élections. Toute la campagne s'était faite, du côté conservateur aussi bien que du côté travailliste sur un programme de paix à tout prix par le désarmement et la Société des Nations. Même le cannibale Duff Cooper dont le bellicisme n'a pas peu contribué à déclencher la dernière guerre, y allait de son couplet sur le désarmement. Je l'ai entendu de mes oreilles dans un préau d'école du comté de Westminster. Et par ailleurs, aucune fausse note : désarmement ! désarmement ! désarmement !... Mais sitôt la campagne terminée, dans les quinze jours qui suivirent l'installation du gouvernement Baldwin, la première décision de ce parlement librement élu sur un programme de désarmement, fut de voter 150 milliards de francs de crédits militaires supplémentaires.

Rebatet eut une moue de dédain. Ces milliards ne l'impressionnaient guère. Ses facultés d'évaluation financière, déjà médiocres par nature, avaient été émoussées par les chutes successives du franc libéré.

Rebatet – Pas plus que ça ? dit-il.

Cousteau – Minute mon petit bonhomme. Des milliards de francs 35. C'est-à- dire 5 500 milliards Tauriol pour des canons tout neufs. Comme un député de l'opposition demandait pourquoi les conservateurs n'avaient soufflé mot d'un pareil projet devant leurs électeurs, Baldwin répondit très simplement : *C'est parce qu'on n'aurait pas voté pour nous.* En réalité, les maîtres réels de l'Angleterre avaient, dès ce moment-là, opté pour la croisade antihitlérienne. Mais ça ne regardait pas le peuple. Et l'on ne pouvait avouer plus cyniquement que le vieux Baldwin le peu de cas qu'il convenait de faire des règles du jeu démocratique.

Rebatet – En somme, l'Angleterre aurait été protégée longtemps par l'impeccable stupidité du citoyen anglais. J'aime assez cette vue. D'abord c'est une petite revanche morale contre la morgue britannique. Ensuite, c'est la confirmation que les vertus sociales sont toujours d'une assez basse espèce : conformisme, absence de discernement, de sens critique. Les grandes choses historiques se font avec des troupeaux de cons. Mais aujourd'hui, il est certain que l'Angleterre dégringole la pente, que sa puissance n'est plus qu'un mythe. J'en suis du reste très satisfait. Ce n'est tout de même pas, j'imagine, parce que les Anglais sont devenus moins bêtes.

Cousteau – Non, mais parce qu'ils participent plus réellement, plus activement au gouvernement de leur île (je n'ose plus dire « de leur empire »). C'est le propre de la démocratie de venir à bout, à la longue, des organismes les plus sains. On a beau fausser les règles du jeu, l'affirmation répétée d'un certain nombre de niaiseries finit par porter ses fruits. L'électeur le plus inoffensif en arrive à se prendre au sérieux, à vouloir exercer ses droits, véritablement. Il ne se contente plus d'une fiction. Il exige un gouvernement qui soit à son image et il prétend contrôler ce gouvernement. Vois ce que ça donne aujourd'hui en Angleterre !

Rebatet – En effet, ça n'est pas joli-joli.

Cousteau – Ils sont hideux, ces bonshommes à ventres flasques et à pantalons tirebouchonnés, qui composent le ministère travailliste. Pas un qui soit un véritable gentleman. De tout petits messieurs étriqués issus de la plus basse stratification de la *middle class*, pétris de préjugés égalitaires, animé d'un fanatisme glacé comme les têtes rondes de feu Cromwell, et poursuivant, sans égard pour la casse, les chimères saugrenues qui se sont substituées pour eux à l'intérêt national... J'ai rencontré Attlee une fois en 1933 ou 1934. Il était le secrétaire du vieux leader travailliste Lansbury que je venais interviewer. C'est lui qui m'a conduit, après notre entretien, dans une tribune de la Chambre des Communes. Je l'avais pris pour un garçon de bureau et c'est tout juste si je ne lui ai pas offert de pourboire. Que l'Angleterre en soit réduite à être gouvernée par ce petit homme, ça explique pas mal de choses... Et les politiciens conservateurs ne valent guère mieux. Ils donnent eux aussi dans la démagogie la plus vulgaire.

Rebatet – Alors, c'est bien foutu. Le peuple anglais est aussi incapable que le peuple français d'enfanter un parti révolutionnaire ; il serait surprenant que l'on vît surgir une personnalité de l'honorable famille royale.

À l'idée que quelque chose de décent pourrait surgir de la collection de mannequins de la royal family, Cousteau éclata d'un bon rire.

Rebatet – Donc l'Angleterre est vouée à descendre avec dignité dans la merde. C'est dommage pour une certaine civilisation, la seule chose qui m'intéresse encore, ce que représente notre ami Aldous Huxley. C'en est fini des loisirs, des privilèges, du capital esthétique qui avaient permis cette civilisation. Si mes renseignements sont exacts d'ailleurs, Huxley s'est fixé aux États-Unis.

Cousteau – En Californie.

Rebatet – Il y a été précédé par les bibliothèques et les tableaux des grandes collections anglaises qui étaient encore jusqu'en 1920 les plus riches du monde et qui sont passées aux fabriquants des bas Kayser, du Coca-Cola, de la soupe en conserve.

Cousteau – Après tout, ce n'est qu'un déplacement géographique.

Rebatet – En effet, on voit très bien une nouvelle Athènes se constituant à Santa Monica. La nature doit y être plus agréable que dans le Yorkshire, et les talents les plus distingués de la planète tendent, semble-t-il, à s'y réunir. Il y a une phrase des *Décombres* qui me satisfait assez. Elle dit en substance que l'Angleterre est désormais réduite à l'état d'une île charbonneuse et brumeuse. Parmi beaucoup d'autres prophéties...

regrettables ou à trop longue échéance (le côté apocalyptique qu'il y a chez nous, il faudra qu'on en reparle !). Celle-ci est du moins en train de se réaliser et ce serait à la plus grande satisfaction de la morale internationale, si celle- ci existait. L'Angleterre a été gravement responsable des deux guerres du XXe siècle. Or, elle a subi des pertes incalculables dans ces deux fléaux. Ma plus grande jouissance serait que Churchill en fut conscient.

Cousteau – C'est peu probable...

Rebatet – Churchill, voilà encore une belle énigme, un fameux modèle, pour les historiens du XXIe siècle, s'il existe encore des historiens au XXIe siècle. Je ne l'ai pas pratiqué autant que toi. Je ne peux guère qu'énumérer les traits de sa personne qui me paraissent évidents : une vitalité magnifique, un grand tempérament d'homme de guerre, une capacité dans la mauvaise foi qui recule toutes les limites connues de l'indécence, beaucoup d'imagination, certainement un grand mépris des hommes. Mais cela n'explique ni le personnage ni son action. Tout compte fait, Churchill a les qualités essentielles d'un grand homme politique.

Cousteau – Et cependant le premier responsable de la décadence anglaise, c'est lui.

Rebatet – Tu sais que j'ai une théorie des préférences au sens le plus organique, le plus primitif du mot. Le pape Ratti [46] était pour la démocratie, parce qu'il préférait les vicaires démocrassouillards et les cardinaux syndicalistes au vieux clergé réactionnaire, lettré, comptant encore des gentilshommes tels que Merry del Val, par exemple : comme on préfère le chou rouge aux aubergines quand on est Teuton. Il n'est pas surprenant que Churchill ait refusé de traiter avec Hitler parce que

---

[46] Contrairement à son successeur, Pie XII (1939-1958), Achille Ratti, pape sous le nom de Pie XI (1922- 1939), condamna sans appel le nazisme dans son encyclique *Mit brennender Sorge*.

Churchill préfère la guerre à la paix. Il vit mieux quand on se bat, de même qu'on respire mieux à Saint-Moritz qu'à Aubervilliers.

Cousteau – Ce serait tout de même trop simplifier Churchill que de le voir sous ce seul angle.

Rebatet – Évidemment, ce personnage est aussi complexe que monstrueux. J'ai lu le premier tome de ses Mémoires. J'en avais la tête fumante d'indignation, pendant toute une nuit, dans ma cage à poules[47]. On sait que sans conteste Churchill est un mortel de la grande espèce et tout à coup, on se trouve en face de la malhonnêteté incarnée. Je veux bien que Churchill décide qu'il fait lui-même la vérité. Mais à ce point-là ! Et quand l'espèce d'épopée qu'il raconte a eu la fin que nous voyons aujourd'hui... Je me pose deux questions : Churchill est-il intelligent, est-il patriote ?

Cousteau se gratta la tête. Churchill avait figuré avant-guerre, au grand scandale de M. Bidault dans sa galerie des « Crétins Solennels de la Démocratie »[48]. Il lui était familier. Trop familier peut-être. Dès qu'on est plein d'un sujet, on s'aperçoit que les choses ne sont point aussi simples qu'il apparaît aux profanes.

Cousteau – Tu as raison, Lucien de parler d'énigme. Churchill est une énigme vivante. Intelligent ? Patriote ? Comment donc ! Ruisselant, dégoulinant d'intelligence, comblé de dons prodigieux qui le hissent hors du commun, et passionnément acharné à servir son pays. Mais incapable de comprendre des choses tout à fait simples, incapable de se plier à d'élémentaires disciplines, gâchant les plus belles occasions par des

---

[47] Cage à poule : petite cellule grillagée de deux mètres sur deux, dans laquelle la plupart des détenus des maisons centrales sont enfermés pour la nuit.
[48] Série d'articles publiés juste avant la guerre dans *Je Suis Partout* et qui eut alors un certain retentissement. Les principaux personnages de cette galerie, Kerensky, Benes, Titulescu, Roosevelt, Zamora, etc. ont eu par la suite de gros malheurs dans leur pays respectifs ou sont en assez mauvaise posture devant l'Histoire.

boutades déplacées ou des sautes d'humeur, et responsable en tout cas, malgré ou à cause de son patriotisme ombrageux, des plus folles erreurs anglaises de ce siècle...

Rebatet – Oui, il y a bien un mystère Churchill...

Cousteau – Tant de dons, tant de bonne volonté prodigués à rebours, allant à l'encontre du but poursuivi... Si Churchill était mort à la veille de cette guerre, il n'aurait laissé d'autre souvenir que celui d'un raté. Raté pittoresque, mais raté tout de même. Exactement comme Clemenceau qui, sans la boucherie de 1914-1918, fut demeuré pour l'Histoire un agent stipendié de l'Intelligence Service et l'un des plus notables chéquards[49] de Panama[50]. En 1937 et en 1938, Churchill n'était pas aussi méprisé que le Père la Victoire, on ne mettait pas en question son honorabilité. Mais personne à Londres ne le prenait plus au sérieux.

Rebatet – Tu m'avais expliqué à l'époque qu'on le tenait à Londres pour un clown.

Cousteau – C'est que Churchill, toute sa vie durant avait fait le clown. Lieutenant de Hussards, il écrivait des articles ; journaliste, il tirait des coups de fusil ; libéral, il votait avec les conservateurs ; conservateur, il votait avec les libéraux. On s'était lassé de ses extravagances. Anglais de la tête aux pieds, aussi parfaitement Anglais qu'il se peut, il avait néanmoins dans son comportement tout ce qu'il faut pour choquer les Anglais. On l'avait essayé à plusieurs reprises et le plus souvent d'une façon désastreuse.

Rebatet – L'expédition des Dardanelles, conçue, ordonnée par lui, avait

---

[49] « chéquards de Panama », allusion à l'affaire de Panama (1892), un des plus grands scandales politico- financiers de la IIIe République. Les « chéquards » sont les députés accusés d'avoir touché des pots-de- vin.

[50] Quiconque en douterait, est prié de se rapporter à *Leurs Figures* de M. Maurice Barrès.

été une des plus tragiques erreurs de 1914-1918.

Cousteau – En tout cas, on ne voulait plus de Churchill. Il était grillé. Les journalistes politiques parlaient de lui avec une indulgence un peu dédaigneuse, et aucun Premier ministre ne se souciait d'embarquer sur sa galère un olibrius aussi inquiétant. Il était autrement avantageux de l'avoir contre soi qu'avec soi...

Rebatet – La guerre lui a pourtant rendu tout son prestige, et au-delà...

Cousteau – Pourquoi ? Parce qu'au moment de Munich, il avait été avec Duff Cooper l'un des très rares politiciens anglais hostiles à l'apaisement. À l'époque, ça n'avait d'ailleurs pas tiré à conséquence : une clownerie de plus à l'actif du vieil enfant terrible. Mais cette guerre de 1939 semblait être une condamnation de la paix de 1938. Elle était pour Churchill une revanche personnelle. On le substitua au vieux monsieur à parapluie[51] et dès lors, il était aisé de prévoir qu'il la ferait, cette guerre, totalement, sans flancher, jusqu'au bout... Par amour-propre, bien sûr (c'était sa petite guéguerre à lui)... Par goût désintéressé, artistique pourrait-on dire, de la guerre (Churchill aime le casse-pipe comme d'autres aiment la musique et on peut lui rendre cette justice que toute sa vie durant, il n'a jamais raté une occasion d'aller s'exposer là où on étripait du bétail humain).

Rebatet – Tu ne crois pas qu'il a fait cette guerre, aussi, par patriotisme ?

Cousteau – Si, et c'est là qu'on distingue une faille dans son intelligence si vaste et si brillante. C'est là que le vieux clown s'est mis tout d'un coup à manquer d'imagination. Churchill a foncé sur Hitler, bien convaincu de rester dans la tradition des grands ancêtres qu'un instinct très sûr de l'équilibre européen avait dressé successivement contre

---

[51] Il s'agit de sir Arthur Neville, dit Chamberlain.

François Ier, Charles Quint, Philippe II, Louis XIV, Louis XV, Napoléon et Guillaume II. Abattre la nation dominante du continent. C'est simple. C'est classique. Seulement Hitler n'était pas le péril n° 1 pour l'Angleterre. Le péril n° 1 était et reste la Russie soviétique. Churchill a anéanti le moindre mal.

Rebatet – Il en a d'ailleurs, paraît-il, fait l'aveu le jour où il a convenu devant des intimes qu'il avait en somme « tué le mauvais cochon. »

Cousteau – Tragique erreur de tir. Il eût fallu comprendre qu'une Allemagne nazie dressée contre le bolchevisme était aussi indispensable à l'Angleterre que l'indépendance de la Belgique du temps de la reine Victoria... Et comprendre aussi que pour conserver l'Empire, les canons ne suffisaient plus, qu'il fallait une idéologie qui justifiât, qui affirmât la primauté de l'homme blanc, l'idéologie, justement que le führer offrait à l'Occident. Inspiratrice de la croisade des démocraties, l'Angleterre est victime des principes mêmes qui servirent d'alibi à cette croisade. Ces principes proclament que le dernier des pouilleux de Calcutta fait le même poids qu'un étudiant d'Oxford. Alors pourquoi les Anglais seraient-ils restés aux Indes ?

Rebatet – Ils n'y sont pas restés.

Cousteau – Et, au nom des mêmes principes, on les chassera du Kenya et de la Côte d'Or. Il était peut-être désagréable pour l'orgueil anglais de traiter avec Hitler, mais c'eût été beaucoup moins catastrophique, en définitive, que de perdre l'Empire et de rester face à face avec les avant-gardes de l'Armée rouge. Cela, Churchill ne l'a pas compris ne l'a même pas soupçonné.

Rebatet – On ne peut cependant pas imaginer qu'il a donné comme cet abruti total de Roosevelt dans les fumisteries de la conscience universelle.

Cousteau – Non, certes. Il n'a jamais été assez idiot pour croire à ces dégradantes balivernes. Son comportement ne fut inspiré que par des préoccupations d'un réalisme honorable. Seulement, je le répète, il a sous-estimé la puissance explosive des idéologies dont s'étaient imprégnés les combattants de cette guerre de religion. Et surtout, il s'est trompé d'objectif. Son *delenda est...* était mal dirigé. Avec un *delenda est Russiai* il eût été un véritable grand homme et le sauveur réel de l'Angleterre. L'histoire dira qu'il en a été le fossoyeur. *Alas, poor Yorick...*

Rebatet – Je vois que tu pourrais écrire une nouvelle monographie de Churchill... En somme le vieux pirate s'est durci dans deux ou trois idées et sentiments traditionnels. Et c'est parce que ces idées et ces sentiments étaient traditionnellement britanniques qu'il a eu en juillet 1940 toute l'Angleterre derrière lui. Il reste deux points obscurs sur l'attitude de Hitler vis-à-vis des Anglais depuis 1933. Il y a eu des négociations hitléro-britanniques. Comment se sont-elles déroulées ? Quelles ont été les responsabilités réciproques des Anglais et de Hitler dans l'échec de ces négociations qui auraient tout sauvé ?

Cousteau – Ça, mon vieux, on n'en saura jamais rien malgré les révélations des pythonisses qui font les couloirs de l'O.N.U. Tu sais bien que les documents diplomatiques sont tous truqués.

Rebatet – L'autre point obscur, c'est l'opinion de Churchill à l'endroit de la Russie, de 1939 à 1944. Il n'est pas possible que Churchill ait été complètement aveugle. Dès juillet 1945, il vociférait sur des thèmes antibolchevistes. Son rêve était-il de continuer la guerre contre les Russes, une fois l'Allemagne abattue ? Dans ce cas il était aberrant. C'est le côté pichrocolien des grands guerriers, Alexandre, Charles Quint, Guillaume II, Hitler, cette faille fatale qui n'existe pas chez Staline.

Cousteau – En tout cas, qu'il ait eu ou non des velléités de recommencer dès 1945 une nouvelle guéguerre contre les Russes, le seul fait indiscutable, c'est qu'à Yalta[52], il a froidement et consciemment livré aux Bolcheviks la moitié de l'Europe.

Rebatet – Ça c'est proprement criminel. Et voilà ce qui est scandaleux : Churchill a aujourd'hui 75 ans, il n'a plus rien à attendre de la vie, c'est un homme de lettres, il a consacré tout compte fait autant de temps à ses bouquins qu'à sa politique. Il devrait sentir qu'il nous doit la vérité sur les dessous de l'avant-guerre, de la guerre, sur ses pensées intimes, sur tout ce qu'il était obligé de cacher pendant le combat, enfin sur les erreurs qu'il a commises, puisqu'il n'est pas d'homme, si génial soit-il, qui n'en commette.

Cousteau – Ça serait évidemment une tâche grande et utile, vraiment digne d'un homme supérieur.

Rebatet – Au lieu de ça, ce ramas de mensonges, de tous les poncifs de propagande, cette apologie opiniâtre, contre toute vraisemblance qui peut émerveiller un boutiquier anglais mais ne peut même pas tromper un simple journaliste... Non, finalement, Churchill est un énergumène et un butor. La véritable histoire sera cruelle pour lui. S'il reste des historiens sérieux en 2050, ils se référeront à tes « Crétins Solennels ».

Et Rebatet se mit à siffloter une chanson de route « européenne » : *Denn wir fahren Gegen England*[53] Et on l'entendit murmurer entre ses dents :

Rebatet – Oui, mais les cons, ils sont restés en route, comme tout le monde.

---

[52] La conférence de Yalta (février 1945) a longtemps été regardée, à tort, comme le moment où Américains, Anglais et Soviétiques se seraient « partagés » le monde, en répartissant des zones d'influence.
[53] Car nous partons contre l'Angleterre.

Atelier de Lingerie de la maison centrale de Clairvaux, février 1950.

DIALOGUE n° 4

SAÜL LE BALUCHONNEUR

« Les incommodités dont souffrent les gens arrêtés inopinément découlent en majeure partie d'une fausse manœuvre de leur part vis-à-vis du geôlier. »
Ernst von Salomon, *Le Questionnaire*

Rebatet repoussait d'un air écœuré la Bible parallèle de Segond, ouverte devant lui au milieu de toute une bibliothèque religieuse. Il se tourne vers Cousteau qui le regardait, amicalement ma foi !

Rebatet – En somme tu es très tolérant, dit-il avec une espèce de soupir.

Cousteau – Tolérant ! Ne m'injurie pas, s'il te plaît ! Je ne mérite pas ça... Et je ne vois pas du tout...

Rebatet – Ta gueule ! Tu es beaucoup plus tolérant que moi. Voilà tantôt six mois que tu me vois fourré dans le fatras de ces bouquins obscurs, horripilants, répugnants, me livrant à une indéchiffrable besogne, t'interrompant dans tes comptes pour te citer Saint Augustin ou célébrer Saint Ignace. Si tu en faisais autant, il y a longtemps que je t'aurais couvert d'immondices et que j'aurais allumé le feu avec ton bazar.

Cousteau – Tu sais, Lucien, que je suis prêt à te passer beaucoup de choses, parce que c'est toi, parce que nous avons fait pas mal de bruit ensemble et que nous avons en commun des tas de souvenirs rigolos. Oui, je suis prêt à te passer ton goût pervers pour les textes nauséabonds des

Pères de l'Église. Mais de là à être tolérant !

Rebatet – Pour moi, ça se nomme quand même de la tolérance. Ne gueule pas. Écoute-moi. Je veux dire deux mots des Écritures. Il ne s'agit pas du Christ viateur ou du Christ pneumatique. Ça va t'intéresser.

Cousteau – Ça m'étonnerait.

Rebatet – Je te dis que ça va t'intéresser. On trouve beaucoup de choses dans ces histoires-là, quand on n'y croit pas, bien entendu. Je viens de faire une petite remarque sur l'Administration Pénitentiaire romaine.

À ces mots, la méfiance de Cousteau disparut :

Cousteau – S'il s'agit de l'Administration Pénitentiaire romaine, c'est différent, ça m'intéresse.

Rebatet – Je ne crois pas qu'on en ait jamais fait mention. C'est sans doute parce que les exégètes ne sont jamais allés en prison. Je ne suis même pas un exégète amateur – il faudrait au moins que je réapprenne le grec, ça viendra peut-être, d'ailleurs – mais je suis en prison. Énorme supériorité sur Renan, Loisy, Hamack et le R.P. Lagrange... Voilà. Je m'aperçois que la moitié des textes chrétiens du Ier et IIe siècles ont été écrits en cellule, au mitard, aux chaînes et passés en fraude. *L'Épître aux Éphésiens* de Paul, « le prisonnier du Seigneur »[54], les *Épîtres à Timothée*, c'était du courrier baluchonné, du parachutage, des tablettes qu'il camouflait dans la semelle de ses sandales quand il était appelé à l'avocat. Il y a aussi celles qu'il faisait passer avant, quand il était au quartier politique. Il y a les lettres d'Ignace d'Antioche, celles des condamnés de Lyon, Irénée, Blandine. Ce sont les trois quarts du temps des lettres sensationnelles, les dernières paroles des martyrs, des testaments écrits au greffe, juste avant d'aller aux lions. C'est d'une

---

[54] *Éphésiens*, IV-I.

authenticité criante. Quelquefois les balanceurs sont même désignés aux copains qui restent : « Alexandre le forgeron m'a fait beaucoup de mal. Le Seigneur lui rendra selon ses œuvres. Garde-toi aussi de lui, car il s'est fortement opposé à nos paroles. Dans ma première défense, personne ne m'a assisté, mais tous m'ont abandonné. »

Cousteau – On croirait entendre les clients de Donsimoni[55].

Rebatet – C'est la deuxième *Épître à Timothée*, IV, 14 à 17. Il est d'ailleurs gonflé, le juif Saül, un peu plus que son descendant Lopotka[56] : « Je sers déjà de libation et mon départ approche. J'ai combattu le bon combat, j'ai achevé la course, j'ai gardé la foi. » Écoute Ignace d'Antioche, mené aux lions en Colisée en 107 : « Quand serai-je en face des bêtes qui m'attendent ? Au besoin, je les flatterai... Que si elles se font prier, je les provoquerai... Viennent sur moi les plus cruels tourments du diable, pourvu que seulement j'entre en possession de Jésus-Christ. »[57] Cette lettre-là, à vrai dire est peut-être bidon. On a fabriqué de fausses lettres de martyrs. Mais il y en a eu suffisamment de véridiques pour que l'on doive accuser la Pénitentiaire romaine. Les Gardes des Sceaux romains ont très mal fait leur travail. Les directeurs n'appliquaient pas le règlement. Il est évident que les fouilles étaient conduites de façon lamentable. Les détenus convertissaient leurs matons en un clin d'œil. Résultat : on supprime physiquement, par des procédés très désagréables, et révolutionnaires, mais on leur laisse crier au monde entier qu'ils sont des héros.

Cousteau était émerveillé. Il n'avait encore jamais eu l'occasion de soupçonner que le succès du christianisme était la conséquence d'une défaillance de l'Administration Pénitentiaire. Du coup, il renchérit.

---

[55] Juge d'Instruction de la cour de Justice de Paris spécialisé dans les affaires de la Gestapo.
[56] Juif de la Gestapo fusillé au début de 1947.
[57] *Épître aux Romains*, V-VII.

Cousteau – C'est certainement vrai. C'est certainement ça... C'est épatant ! Tu viens de faire une découverte sensationnelle. Avoue que ça vaut bien le voyage de Clairvaux !

Rebatet émit quelques grognements furibonds. Il n'aimait pas qu'on lui démontrât les bienfaits du bagne. Sans y accorder autrement d'attention, Cousteau reprit :

Cousteau – Il ne suffit pas que le martyre soit exemplaire pour qu'il soit percutant, pour qu'il ait de l'efficience. Il faut encore que les suppliciés aient la possibilité de s'expliquer. Qu'un type soit buté, publiquement ou non, sous la dent du lion ou sous les balles de Fifis, ça n'est d'aucune utilité à la cause si on s'arrange pour que le type ferme sa gueule.

Rebatet – Que le martyr ferme sa gueule, en effet tout est là !

Cousteau – Regarde le génial Staline. Il ne fait pas de martyrs, lui. Ni Boukharine, ni Zinoviev, ni Kamenev ni tous les autres rats visqueux n'ont baluchonné d'épîtres aux Moscovites. Preuve que l'Administration Pénitentiaire soviétique fonctionne correctement. Alors que les gaffes[58] de Néron avaient perdu toute espèce de conscience professionnelle...

Rebatet – Ah ! nous commençons à comprendre le monde depuis que nous en sommes exclus ! Chez Staline, tout est sérieux. Et il y a eu une autre organisation d'un sérieux incomparable, celle de l'Église, au temps où elle existait vraiment. Personne n'a jamais lu les derniers hymnes à Mithra des païens condamnés à mort pour paganisme au VIe et au VIIe siècle. Les hérétiques, les ariens, les nestoriens, les monophysites, les docètes[59], on ne les connaît plus que par les comptes rendus des évêques qui les balançaient.

---

[58] Les « gaffes » sont, en terme argotique, des geôliers.

[59] Il s'agit de sectes chrétiennes qui, supplantées par Rome, furent déclarées hérétiques.

Cousteau – Pas plus que de la Loublianka, il n'est jamais sorti une seule lettre clandestine des cachots de l'Inquisition...

Rebatet – On se voile la face devant les procès moscovites. On se demande avec horreur quelles drogues les Russes inoculent à leurs prisonniers, quelles torsions inédites des couilles ils leur infligent pour obtenir leurs effarants aveux. Mais tous les brûlés et pendus de l'Inquisition sont allés au supplice en faisant amende honorable, en réclamant eux-mêmes le feu et la corde pour pénitence de leurs péchés. L'Église et le Kremlin, voilà les deux grands modèles. En dehors de ça, il n'y a que bousilleurs, légistes croyant au droit, gaffes sentimentaux, souverains qui étripent ou pardonnent à tort et à travers, selon qu'ils ont mal au foie ou qu'ils ont fait l'amour de façon plaisante.

Cousteau – Il faut d'ailleurs que les institutions soviétiques, comme celles de l'ancienne Église, soient arrivées à un degré extraordinaire de perfectionnement pour avoir réussi à modifier jusqu'à la nature même du gardien de prison. Car il existe des caractéristiques très nettement déterminées du gardien de prison que l'on retrouve à toutes les époques, dans tous les pays et sous tous les régimes – sauf bien entendu sous Torquemada[60] et sous Staline – et qui sont bien différentes de ce qu'un vain peuple imagine. Pour le couillon moyen qui n'a jamais été au trou, le gardien de prison est une sorte de monstre, un croquemitaine au cœur de granit, un Javert mâtiné d'adjudant Flik.

Rebatet – C'est en effet sous cet aspect que le gardien de prison se présente généralement.

Cousteau – Oui, mais la férocité ne dure pas. Elle ne peut pas durer. L'homme qui est pourtant un animal abject est incapable de se maintenir

---

[60] Figure emblématique de l'inquisition espagnole, popularisée par Victor Hugo, Thomas de Torquemada, confesseur d'Isabelle de Castille et de Ferdinand d'Aragon, fut nommé inquisiteur général par le pape en 1482.

dans un état de férocité permanente. Tôt ou tard, au contact de son prisonnier, le gardien de prison finit par s'humaniser. Il faut vraiment des systèmes de coercition d'un raffinement inouï – ceux dont tu parlais tout à l'heure – pour que le gardien de prison soit mis dans l'impossibilité de s'humaniser.

Rebatet – Normalement, il DOIT s'humaniser ; normalement un gardien de prison ne DOIT pas pouvoir résister à l'envoûtement de son prisonnier...

Cousteau – Lorsque j'étais gefang[61] en Thuringe, les gens de l'O.K.W.[62] qui connaissaient bien ce phénomène, prenaient la précaution de changer nos gardiens tous les mois. Et tous les mois, c'était à recommencer ! Mais il est sans exemple qu'un Unteroffizier fraîchement débarqué n'ait pas été apprivoisé en moins de huit jours. Naturellement, il arrivait en gueulant, le nouvel Unteroffizier : « Balayez sous les lits ! *Sauber machen* ! Et que ça saute ! *Das ist nicht eine Schweinerei, das ist Deutschland* ! ». « Cause toujours, mon bonhomme » ricanaient les gars que les précédentes expériences rendaient confiants. Et dès le lendemain, en rentrant des chantiers, nous organisions la mise en scène rituelle : mon ami Jean-Pierre Veber déployait une toile et commençait le portrait d'un copain. L'Unteroffizier, à l'heure de sa tournée, jetait sur la toile un regard en biais. Mais sans dire un mot. Sans abandonner son masque féroce. Le lendemain, même mise en scène. Cette fois, l'Unteroffizier s'arrêtait, regardait un instant. Le troisième jour, il disait « *schôn !* ». Le quatrième, il demandait à Veber de faire son portrait pour l'envoyer à sa Gretchen. Ça y était. Il était dans la poche. Plus de gueulantes. Ami-ami. *Krieg sehr traurig... Bald zurück zu Hause mit Madame.*

Rebatet – Vois les matons résistants, et même ceux qui ont voté

---

[61] « Gefang » : *gefangener*, c'est à dire prisonnier.
[62] Oberkommando der Wehrmacht, commandement suprême des forces armées allemandes.

communiste aux dernières élections. Ils ont toutes les raisons de nous haïr. À deux ou trois exceptions près, ils sont parmi les plus convenables.

Cousteau – C'est pourtant vrai...

Rebatet – De mai à octobre 1945, j'ai traîné dans une demi-douzaine de prisons et de camps, gardé par des sidis – très compréhensifs, les sidis – par des fifaillons[63] qui commençaient à se fatiguer de cogner. Ça ne s'était pas passé trop mal. Je suis arrivé à Fresnes, le 6 octobre. J'avais été couvert de crachats par les prolétaires de la Villette. J'étais résigné au pire. Je me disais : « Jusque-là, je n'ai eu affaire qu'à des amateurs. Maintenant, me voilà dans les pattes des professionnels. Vivement Montrouge[64]. C'est l'unique espoir. » Le 8 octobre, j'avais déjà signé un exemplaire des *Décombres* et cinq ou six cahiers d'autographes pour les gaffes de mon étage. Et je n'avais déjà plus la même hâte de courir à Montrouge.

Cousteau – Si paradoxal que cela paraisse, la vérité c'est que ce sont nos compatriotes, pris dans leur ensemble qui ont souhaité qu'on nous fît le plus de mal possible, et que c'est l'Administration Pénitentiaire, des Directeurs de taules au dernier des matons, qui a limité les dégâts, qui s'est ingéniée à rendre les choses moins insupportables. Non que les matons soient meilleurs que les autres hommes !

Rebatet – Ah ! fichtre non !

Cousteau – Mais comme je te le disais tout à l'heure, il n'est pas possible de vivre constamment avec un prisonnier sans être tenté de le comprendre et de sympathiser un peu avec lui. Rappelle-toi notre passage aux chaînes : tous les gaffes de Fresnes qui défilaient les uns après les autres

---

[63] « Fifaillons » : membres des F.F.I.
[64] Pour ceux qui l'auraient oublié, c'est dans l'enceinte de ce fort que MM. De Gaulle et Auriol faisaient fusiller les collaborateurs.

dans nos cellules pour nous prodiguer de bonnes paroles. Ils ne jouaient pas la comédie. Je suis convaincu que si on nous avait flingués, ça leur aurait fait de la peine.

Rebatet – Nous serions partis dans un déluge de larmes.

Cousteau – Lorsqu'on a vécu une pareille expérience, on comprend que Saint Paul et Saint Irénée n'aient pas eu beaucoup de mal à convertir leurs gardiens avant d'aller aux lions...

Rebatet – L'instrument pénitentiaire de la République est épouvantable. Tout est prévu pour torturer le prisonnier ou l'avilir dans la saleté, la promiscuité, les cages à hommes, les réseaux de délation, les règlements féroces. Les geôliers auraient tout en main pour nous en faire chier jusqu'à la mort. Si nous sommes vivants, si nous ne sommes pas des loques, c'est à eux et à eux seuls que nous le devons.

L'indignation de Rebatet croissait progressivement :

Rebatet – Notre survie, en tout cas, nous ne la devons pas aux avocats qui ne se sont jamais inquiétés une seconde, depuis les âges les plus reculés, de savoir à quel régime étaient soumis leurs clients. Pas aux œuvres de charité ! Tu les as vues, toi, les cornettes, les dames de la Croix-Rouge, les conférences de Saint-Vincent-de-Paul, depuis que nous sommes au bagne ? Ah ! ils m'entendront tousser les citoyens libres, quand ils me parleront des quakers, de l'Y.M.C.A.[65] et des Petites Sœurs des Pauvres « qui font tant de bien ». Les dames quêteuses qui monteront mes étages, si jamais j'habite de nouveau dans une vraie maison, elles pourront s'apprêter à les redescendre sur leurs fesses. Si nous ne sommes pas crevés au bagne, nous le devons aux matuches[66] et à leurs chefs immédiats. Je chanterai le maton jusqu'à mon dernier

---

[65] Young Men Christian Association.
[66] « Matuches » : matons.

souffle !

Cousteau – Et comme ils sont universellement méconnus, j'écrirai, moi, un livre à la gloire des geôliers que j'intitulerai « *Pitié pour les gaffes* »... Ceux qui ne connaissent la taule que par *La Chartreuse de Parme* ou *La Tulipe Noire* s'imaginent que la férocité du maton n'est tempérée que par sa vénalité...

Rebatet – Tout de même, pas mal de gardiens de Fresnes complétaient leurs mois en faisant en ville des courses rémunérées.

Cousteau – Mais c'est là un aspect secondaire du problème. Dans leur ensemble nos geôliers ont délibérément, gratuitement, choisi de demeurer en deçà de la férocité réglementaire. Il n'est pas exagéré de dire qu'en agissant ainsi, ils ont trahi la volonté des magistrats, des législateurs et des patriotes. Leur bienveillance s'est exercée à la sauvette, en fraude, honteusement. Et il ne pouvait pas en être autrement. Rappelle-toi les coups de semonce incessants des journalistes issus de la Résistance, les articles scandalisés de la presse parisienne sur « Fresnes-Palace ».

Rebatet – Pour ces avaleurs de sabres, il était impossible d'être jamais assez dur avec les collabos incarcérés. Il n'y avait jamais assez de fusillés, et jamais assez de brimades, jamais assez de sévices.

Cousteau – Pour se couvrir, l'Administration Pénitentiaire était obligée d'affirmer qu'elle était aussi féroce que l'exigeait le peuple souverain, et, pratiquement, chaque article de la presse fifi se traduisait par un resserrement – jamais très prolongé heureusement – de la discipline. Si les matons s'étaient amusés à nous couper les oreilles en pointes, personne ne le leur aurait reproché. Ce qu'on leur reprochait, c'était de n'être pas assez méchants.

Rebatet – Pendant deux ans, la Pénitentiaire a été dirigée par Madeleine Jacob[67]. Ce sont les deux années des bagnes infernaux, les descentes en fanfare, l'amiral Abrial tondu, le règne d'Ange Soleil[68], le gauche-droite même pour les vieillards et pour les mutilés, la famine pour les indigents, le scorbut comme sur les pontons anglais. Tous les Français l'ont su, leurs journaux en étaient pleins. Ils ont trouvé ça parfaitement normal.

Cousteau – On peut nous rétorquer que les camps allemands étaient bien pires.

Rebatet – Sans doute, mais la presse allemande n'en parlait jamais. Ce qui se passait à Dachau et à Buchenwald était entouré pour les Allemands du plus épais mystère.

Cousteau – Peut-être après tout, les Allemands auraient-ils approuvé Buchenwald et Dachau. C'est bien possible, mais on n'en saura jamais rien. Ils n'ont pas eu la possibilité matérielle de se faire une opinion. Par contre, tous les Français ou presque ont su qu'Henri Béraud[69], crâne tondu et sabots aux pieds, collait des étiquettes dix heures par jour dans l'enfer de Poissy. Qui a protesté, qui s'est insurgé en dehors des Français honorables que l'épuration avait négligés ?

Rebatet – Encore l'image officielle des tourments infligés aux hérétiques de la Démocratie était-elle systématiquement poussée au noir, et très sensiblement plus effroyable que la réalité (qui pourtant n'était pas belle).

---

[67] Titulaire de la chronique judiciaire de *Franc-Tireur* (et passée depuis à *Libération*), Madeleine Jacob sommait quotidiennement les cours de Justice d'être impitoyables et les directeurs de prisons d'être féroces.

[68] Mulâtre assassin dont le procès avait fait quelque bruit avant la guerre. Il était prévôt de quartier (c'est-à-dire chef-Kapo) à la centrale de Fontrevault lorsque les premiers condamnés de l'épuration y furent envoyés. Tous les témoignages concordent sur ce point qu'il fut féroce avec les nouveaux détenus.

[69] Henri Béraud, écrivain et pamphlétaire à *Gringoire*, prit parti pour la collaboration. Condamné a mort à la Libération, il sera gracié par la suite.

Cousteau – C'est cette exagération que les journaux de ce peuple spirituel ont trouvée trop douce. Moi, je veux bien... Mais alors qu'ils nous fichent la paix avec leurs jérémiades sur le respect de la personne humaine. Aucun peuple n'a le monopole des bourreaux.

Atelier de Lingerie de la maison centrale de Clairvaux, mars 1950.

DIALOGUE n° 5

DE SOCRATE À BOUSSELAIRE

> « La peine de mort est légitime, à la condition qu'on ne l'exerce ni par vertu ni par justice, mais par nécessité ou pour en tirer quelque profit. »
>
> Anatole France, *Les Dieux ont soif*

Une maison livrée au pillage offre un spectacle désolant. Mais il y a pire. Si au lieu d'une horde dévastatrice, c'est une troupe d'honnêtes plâtriers qui occupe la place, alors l'horreur devient indicible. Ce jour-là, la Lingerie était la proie des plâtriers. Les poumons gonflés de poussière, les cils frangés de blanc, repliés avec leurs paquets de hardes dans un espace vital exigu et perpétuellement menacé, Cousteau et Rebatet contemplaient le désastre d'un œil morne. Rebatet, cependant, s'était ressaisi plus vite que son ami. Pour la forme, il avait bien salué les envahisseurs d'une rafale de « bordels de Dieu ! », mais le désordre ne suffisait pas en soi à l'attrister. En fait, c'étaient surtout les rangements qui entamaient son confort intellectuel, et il avait réussi, assez rapidement, à se recréer, moralement du moins, une zone d'intimité au milieu des gravats. C'est de cette intimité que Cousteau, incapable de souffrir en silence, vint le débusquer :

Cousteau – À propos, où en es-tu de ton étude sur l'assassinat politique ?

Rebatet – À propos ? demanda Rebatet en rejetant ses lunettes sur son front.

Cousteau – Je dis « à propos » parce que ces peintres me donnent des envies de meurtre. Simple association d'idées. Rappelle-toi qu'il y a six mois ou un an (ici, on ne sait plus, le temps n'a plus de mesure) tu m'avais parlé de la nécessité d'étudier avec sérénité le mécanisme de l'assassinat politique et d'en rechercher les grandes lois. Ça m'avait vivement intéressé.

Rebatet – C'est toujours un projet en réserve. Je n'y pensais même plus. Je crains qu'il ne dépasse mes moyens. Je sais trop mal l'histoire, et dans ce genre, je crois que j'aurais la même tendance que toi pour ta *Jeanne d'Arc*[70] : écrire d'abord l'ouvrage et se documenter ensuite.

Cousteau – Vieille habitude de journaliste...

Rebatet – Cette méthode a eu les meilleurs résultats pour ta *Jehanne*, mais elle ne conviendrait guère pour mon traité, puisqu'il s'agirait de grouper, de comparer des faits aussi nombreux que possible et de voir si l'on en peut tirer des règles. La matière est d'une ampleur décourageante, sous quelque forme qu'on la considère : « *De Socrate à Bousselaire* »[71] puisque notre ami Bousselaire a été exécuté « politiquement » pour les mêmes motifs que Marie-Antoinette, que le duc d'Enghien. Il faudrait savoir exactement qui Saint Louis et Blanche de Castille ont fait assassiner, chapitre sur lequel les historiens ne sont pas bavards.

Cousteau – Pas bavards en effet. C'est tout juste s'ils consentent à reconnaître que ce pieux monarque a introduit dans la pénologie française une pittoresque innovation en faisant appliquer le fer rouge sur les lèvres des blasphémateurs.

---

[70] *Jehanne au Trou*, pièce historique de P.-A. Cousteau, inédite encore à l'heure où nous traçons ces lignes.

[71] Bousselaire, truand de la plus petite classe, homme de main du S.D. de la rue des Saussais, compagnon de Cousteau et de Rebatet au quartier des condamnés à mort de Fresnes. Fusillé en 1947 pour « intelligence avec l'ennemi ».

Rebatet – C'est un assez joli trait de charité chrétienne. Mais il s'agit d'assassinat et c'est dans cette perspective qu'il faudrait revoir toute l'histoire, notamment celle de l'Antiquité que je connais horriblement mal. Tu as une opinion, toi, sur l'assassinat de Caïus Gracchus ?

Cousteau se gratta la tête. Les circonstances de cet assassinat ne lui étaient pas familières.

Cousteau – On ne peut pas, bien sûr, se lancer dans un pareil traité sans avoir pâli auparavant sur d'énormes compilations, puisqu'il s'agit, en somme, de passer en revue toute l'histoire de l'humanité. Mais voici déjà une remarque préliminaire : il s'agit de l'histoire de l'humanité ! Le meurtre politique, que les historiens présentent comme un accident, est au contraire un phénomène d'une extrême banalité, un procédé d'un usage constant à toutes les époques, sous tous les régimes, et dont la fréquence n'est nullement diminuée par les soi-disant progrès de la civilisation. Les monarques les plus débonnaires ont du sang sur les mains, et quiconque a mis le petit doigt dans une machine politique s'est rendu complice, *ipso facto* d'un certain nombre d'assassinats.

Rebatet – La notion même de politique est inséparable de la notion de meurtre.

Cousteau – Inutile de s'en indigner, de se voiler la face, de prendre de grands airs de n'avoir-pas-voulu-ça.

Rebatet – Les choses sont ainsi.

Cousteau – Au lieu de pleurnicher, il est beaucoup plus décent, comme tu le proposes, de tâcher de savoir quand et comment il faut tuer. C'est cela qui est important. Car le meurtre n'a pas de valeur spécifique. Il ne suffit pas d'exterminer pour être un grand homme d'État. Certains massacres furent de lamentables erreurs. D'autres furent indispensables.

Je crois par exemple qu'il aurait été raisonnable de nous fusiller.

Rebatet – Je ne m'arrête pas sur l'évidence de cette constatation ! Je vois que tu as bien compris mon idée : oui, ce serait un manuel de l'assassinat à l'usage de tout homme se destinant à la politique, au gouvernement de ses semblables, en somme le mode d'emploi d'une arme que, sauf cas extraordinaire, cet homme sera obligé d'employer, de conseiller, ou dont il devra désapprouver l'emploi.

Cousteau – Quand je pense qu'il existe une École des Sciences Politiques et qu'elle n'a pas de professeur de meurtre !

Rebatet – On n'aurait pourtant que l'embarras du choix dans nos conseils des ministres pour les conférenciers ayant de la chose une bonne expérience. Je n'irai pas jusqu'à dire qu'il conviendrait d'ajouter à ces cours des exercices pratiques. On pourrait s'en tenir à quelques leçons sur la désignation du tueur, pour les opérations secrètes... Mais soyons sérieux. Notre siècle est par excellence celui de l'assassinat. Donc, nécessité d'un manuel aussi pondéré et documenté que possible. J'éliminerai d'abord, bien entendu, les assassins de hasard, ceux de Carnot, Doumer, Alexandre de Yougoslavie et autres chefs d'État. Les assassins de Sarajevo ont déclenché une fantastique catastrophe, mais ce phénomène relève de la philosophie pascalienne, comme le grain de sable de Cromwell.

Cousteau – Politiquement c'est sans intérêt.

Rebatet – Nous ne nous occupons pas non plus de l'exécution du Christ, elle est à peu près du même ordre. Pilate ne pouvait pas agir autrement, il ne pouvait pas prévoir les conséquences de cette crucifixion.

Cousteau – Si chaque fois que l'on fait couper le cou à un sidi il devait en sortir une religion !

Rebatet – Il y a trois grandes têtes de chapitres : qui doit-on tuer, quand et comment ?... Une des réponses à cette dernière question « comment tuer ? » serait bien entendu « surtout en ne faisant pas de martyrs ! ». Une des règles maîtresses est de déshonorer le supplicié. L'Église et Staline ont été les plus grands experts en la matière, nous l'avons déjà dit... Autre question, corollaire de la seconde : quand doit-on s'arrêter de tuer ? Mais je crois qu'il faudrait d'abord établir une division plus générale : l'assassinat selon la civilisation, l'assassinat selon les barbares.

Cousteau – Que veux-tu dire ?

Rebatet – Je m'explique : dans un certain état des mœurs et des idées, l'homme de gouvernement peut prouver le besoin de circonscrire les dégâts, de ne détruire que le strict nécessaire d'ennemis. C'est évidemment la méthode la plus intéressante à étudier, parce qu'elle relève de l'art, comporte toutes les nuances de l'art. Le plus grand artiste, à mon sens, a été Richelieu. Voilà un virtuose, un maître de la technique !

Cousteau – Il est la bête noire de tous les historiens vraiment démocratiques.

Rebatet – Comme toutes les autres bêtes noires de ces cocos-là, Richelieu pense à la sécurité et à la prospérité du peuple, il est l'ennemi des privilèges, il veut mettre les féodaux au pas. Aussi, deux ans après son arrivée au pouvoir, il frappe à la tête, il fait tomber celle de Chalais, grand favori du roi, un des privilégiés qui pouvaient se croire le mieux à l'abri. Ça, c'est de l'autorité, ça c'est utile. L'art est si parfait que le meurtrier n'a même pas besoin de salir sa victime, puisqu'il ne la tue pas pour ses convictions.

Cousteau – On ne saurait travailler avec plus d'élégance.

Rebatet – Richelieu récidivera parce que les aristocrates ne sont pas des prolétaires que la vue d'un pendu met à la raison mais il récidivera toujours à bon escient : Cinq-Mars, de Thou, encore deux protégés de Louis XIII, deux que les échafauds du cardinal faisaient rigoler. Il faudrait dresser une liste précise des exécutions de Richelieu.

Cousteau – Et c'est ici qu'un jeune collaborateur licencié d'histoire serait bien utile !

Rebatet – On en déduirait certainement que Richelieu a versé le minimum de sang pour le maximum d'efficacité, et toujours avec une lucidité, une tranquillité de conscience admirables. En regard, on placerait Louis XIII, le roi dévot et borné.

Cousteau – Il commence pourtant bien son règne en faisant buter Concini.

Rebatet – Mais par la suite, il ne s'entoure que de crétins d'agitateurs stupides, il se voit obligé de les trahir, de signer lui-même leur mort. Tu vois ce que j'entends par civilisation. La barbarie, c'est l'ignorance de l'art, le nettoyage par le vide, le massacre en série : la méthode de l'Église, de ses origines jusqu'à l'anéantissement des Albigeois, la dékoulakisation chez les Bolcheviks.

Cousteau – Certes, mais tout dépend du point de vue auquel on se place. Toi et moi, naturellement, nous accordons notre préjugé favorable aux artistes.

Rebatet – Les gâchis [sic] des décervellements totalitaires est affligeant.

Cousteau – Reste à savoir si leur efficience ne les justifie pas. Si fragmentaire, si incomplète qu'elle ait été, la Saint-Barthélémy a tout de même assuré définitivement la domination du catholicisme en France, et retardé de deux siècles les aspirations républicaines latentes chez les calvinistes. À tout prendre ce ne fut pas pour la France une mauvaise opération. Au lieu de commencer en 1789, la décadence aurait pu débuter beaucoup plus tôt... Mais la Saint-Barthélémy n'en est pas moins un exemple très imparfait de l'anéantissement barbare. Et les camps dits d'extermination de Dudule sont également de grossières ébauches.

Rebatet – Je vois où tu veux en venir. Tu vas me faire l'éloge de la seule méthode d'extermination vraiment efficace, vraiment respectable, à cause de sa monstruosité, même, celle du petit père Joseph Vissarionovitch...[72]

Cousteau – Bien sûr ! Là, il n'y a pas de failles, pas de bavures, pas de défaillances. On dresse des listes, froidement, sans haine, avec le seul souci de l'exactitude bureaucratique, et on massacre tout le monde, du premier jusqu'au dernier, en suivant l'ordre alphabétique. C'est la méthode de l'opération Katyn[73]. Sur les 15 000 officiers polonais prisonniers, 3 ou 4 000 pouvaient être éventuellement des réfractaires gênants. En procédant à un tri équitable, on était sûr de commettre des erreurs. En tuant indistinctement tous les officiers polonais, on était certain de ne pas se tromper, certain qu'aucun suspect n'échapperait.

Rebatet – Et avant qu'il se reconstitue une nouvelle intelligentzia de nationalistes polonais, il passera de l'eau sous les ponts de la Vistule...

Cousteau – Par contre, si l'on extermine qu'une fraction de communauté, on insuffle aux survivants l'énergie du désespoir, et au lieu d'être payante, l'opération devient périlleuse. La règle semble donc qu'un massacre collectif ne doit être entrepris que si on a la volonté et les moyens de le mener jusqu'au bout. Sinon, il vaut mieux s'abstenir. Mais

---

[72] Joseph Staline.

[73] « L'opération Katyn », c'est à dire le massacre, perpétré par la police politique soviétique, le 12 avril 1943, en forêt de Katyn (village de Russie), de 4 500 officiers polonais faits prisonniers en 1939 par les Russes. Jusqu'en 1990, les soviétiques nièrent le fait en l'imputant aux nazis.

si heureux que puissent être parfois leurs résultats, ces massacres collectifs n'en sont pas moins d'une grossièreté choquante pour l'esprit. C'est en somme la solution de la facilité. Nous sommes loin des subtilités de l'art. Les meurtres individuels sont autrement excitants.

Rebatet – Tu sautes tout de suite au dernier chapitre ! À moins que ce ne soit le premier. Dans ce cas, dégoûtés d'Auschwitz, du nettoyage de l'Allemagne au phosphore, des épurations staliniennes, nous cherchons à sauver la civilisation, c'est-à-dire l'art, la méthode Richelieu, l'économie du meurtre. Pratiquement, on a le choix entre deux moyens : la suppression secrète du gêneur ou son exécution spectaculaire. Le second moyen suppose une grande autorité, une bonne conscience, il a une valeur d'exemple qui le moralise en quelque sorte.

Cousteau – Justement, c'est celui que honnissent les démocraties, celui qu'elles flétrissent au nom de la morale et de la dignité humaine.

Rebatet – Les démocraties puritaines préfèrent l'assassinat clandestin, perpétré par quelque Intelligence Service. De même, les chartrons[74] de Bordeaux et les soyeux Lyonnais mettent de fausses barbes pour aller au bordel.

Cousteau – Ça n'est pas une raison pour écarter *a priori* l'assassinat secret.

Rebatet – Certes non. Il a ses avantages. Dans certains cas il est indispensable de lui donner la préférence. Le chef-d'œuvre du genre est à mon sens l'empoisonnement d'Arius par les catholiques, le jour où il rentrait triomphant à Constantinople : assassinat dont on a pu faire un miracle. Staline n'en est pas encore là.

---

[74] Les chartrons sont les commerçants en vin du Bordelais.

Cousteau – C'est sans doute sa seule infériorité vis-à-vis de l'Église.

Rebatet – Mais tenons-nous en aux assassinats reconnus par leurs auteurs. Je suis fort embarrassé, encore une fois, par ma pauvre connaissance de l'antiquité classique. Je ne comprends rien à l'histoire grecque, je n'ai pas la clef, je me demande si quelqu'un la possède encore. Nous pouvons suivre cette histoire très aisément pendant plusieurs siècles, olympiade par olympiade mais je me demande si chacun de nous n'y apporte pas ce qui lui plaît, le frappe le plus, comme avec les Évangiles, parce que le fond de l'esprit grec nous échappe.

Cousteau – J'ai lu dans le temps un bouquin qui expliquait assez bien les choses : un machin d'un dénommé Cohen paru dans la collection des Grandes Études Historiques.

Rebatet – Je l'ai lu aussi. Ça doit s'appeler « Athènes, une démocratie ». Un bouquin très intelligent. C'est le seul fil en tout cas que j'ai trouvé jusqu'ici pour m'y reconnaître un peu dans ce dédale. Pour moi, la Grèce est une merveilleuse troupe d'artistes, d'athlètes, de poètes et de penseurs cohabitant avec les plus infernaux politiciens, contaminés d'ailleurs à chaque instant par cette stupide politique. La civilisation grecque n'a dû, sans doute, son épanouissement qu'à la beauté du pays, à la richesse de son commerce, à un heureux mélange racial, à quelques générations d'artistes parfaits, aux étroites limites de la patrie. La politique grecque est monstrueuse, personne n'a tué d'une façon plus sotte que les gouvernants athéniens : Phocion, Socrate, c'est vraiment intelligent !

Cousteau – Il faudrait se documenter sur Phocion : le Petit Larousse dit qu'interrompu au milieu d'un de ses discours par les applaudissements du peuple, il s'écria : « Ai-je donc dit une bêtise ? ». Voilà quelqu'un !

Rebatet – L'histoire romaine ne m'apparaît guère moins obscure, je pige mal le sens de ses innombrables meurtres. Faudrait-il dégager une notion méditerranéenne de l'assassinat, l'assassinat par impulsion, par caprice, par goût du couteau en soi, l'assassinat corse, sicilien ? Les meurtres de César, de Spurius, de Cassius, de Cicéron seraient à assimiler, somme toute, aux règlements de compte du milieu...

Cousteau – C'est bien vulgaire !

Rebatet – De telles mœurs n'ont cependant pas empêché la fondation de l'Empire romain, qui fut une chose superbe et sérieuse. Tu le vois, les énigmes surgissent à chaque pas. Tout de même, un trait qui n'a rien d'énigmatique : la clémence d'Auguste. Pourquoi a-t-il pardonné à Cinna ? Parce qu'il avait anéanti tous ses concurrents. Il y a bien trente ans que je n'ai pas lu *Cinna*, je doute que Corneille présente les choses ainsi. C'est pourtant aveuglant. La clémence, après un bon massacre, peut être un excellent moyen de gouvernement.

Cousteau – Voilà un moyen civilisé qui échappera toujours à Iossip Vissarionovitch. À retenir pour le chapitre : « Quand faut-il s'arrêter de tuer ? ».

Rebatet – Mais on ne peut être vraiment sûr que des cas de l'histoire moderne : je citerai comme exemples d'assassinats parfaitement payants ceux de Savonarole (après lui, fini les mystiques italiens, l'Église n'a pas été embêtée une seule fois par ces chrétiens trop authentiques), Marie Stuart, Biron (buté par Henri IV), Pierre III, le mari de Catherine : autant d'affaires magnifiques qui n'entachent en rien la mémoire de leurs auteurs. Qui reproche à Alexandre Borgia, dans l'Église ou hors de l'Église, le brûlement de Savonarole, qui était certainement un saint, selon la notion de ces gens-là ? Tu constateras que nous ne trouvons pas Louis XIV sur notre liste. Ce despote s'est contenté de faire effectuer les dragonnades dont l'Église est la principale responsable. Louis XIV a volontiers embastillé mais il répugnait aux bûchers et aux échafauds. Il n'en avait pas besoin en effet. Mais ne pas avoir besoin de tuer ses adversaires, après tout, ne serait-ce pas un idéal assez louable.

Cousteau – Louis XIV s'est rattrapé sur les champs de bataille.

Rebatet – Comme Napoléon. Curieuse balance : les grands hommes de guerre, si désastreux pour les pauvres os de leurs contemporains, n'aiment pas le meurtre isolé... Types par contre de l'exécution imbécile, sans la moindre technique : celle du duc d'Enghien, celles de Ney et de La Bédoyère... Passons à une autre sorte d'exercice : l'assassinat semi-collectif. L'ampleur des massacres modernes nous oblige en effet à redonner à la Saint-Barthélémy, par exemple, ses vraies mesures. Ce n'est plus qu'une opération de détail, un peu rude. Tu as très bien noté sa complète réussite.

Cousteau – Et il faudrait étudier aussi, au chapitre des assassinats semi-collectifs, la terreur des grands ancêtres de 93. Mais là, je t'avoue que je n'y comprends pas grand chose. On se trouve en présence d'un effroyable cafouillage. On ne voit pas à quoi ça rime. Pas de vues d'ensemble, pas de dessein raisonnable. Une rixe de palefreniers pris de boisson. Pour le roi, le coup est régulier. On fait une république, donc on bouzille le roi. Et aussi la reine. Et aussi le petit dauphin (quoiqu'en puissent prétendre les maniaques de la légende Neundorf). Pour que l'opération fut complète, il aurait fallu trucider également les deux frères du roi, mais les sans-culottes ne les avaient pas sous la main et on ne peut leur tenir rigueur de cette lacune. Jusque-là, donc, rien à dire.

Rebatet – Oui, mais les choses se gâtent lorsque ces énergumènes se mettent à se raccourcir les uns les autres. Quel gâchis...

Cousteau – On a beau nous raconter que cette avalanche de têtes a donné du cœur au ventre des soldats de l'an $_{II}$, moi je ne marche pas. L'explication est par trop simpliste. Les soldats de l'an II ont vaincu pour d'autres raisons, et au lieu de sauver la Révolution, le saturnisme du

Comité de Salut Public l'a mise à deux doigts de sa perte. Vois-tu, plus j'étudie cet accès national d'épilepsie, et plus je me convaincs que les « géants » de 93 étaient de tout petits bonshommes, de vilains petits ratés s'essayant à la grande politique et tuant à tort et à travers.

Rebatet – Ces gars-là ont tout de même su mourir convenablement.

Cousteau – Tais-toi, Lucien, je t'en supplie. Depuis que nous sommes passés par l'épreuve des chaînes, je ne tolère plus qu'on me rebatte les oreilles avec le courage des condamnés à mort. Tu sais aussi bien que moi combien c'est facile de mourir en crânant... lorsqu'on ne peut pas faire autrement. Parmi les fusillés de Fresnes, un seul qui renâcle et qu'on emporte, le caleçon humide sur une civière : le juif Lopotka. Parmi les guillotinés de la terreur, deux dégonflés en tout et pour tout : Camille Desmoulins qui pleurait comme une petite fille, et la Du Barry qui montrait un peu trop qu'elle n'aimait pas ça. Mais tous les autres y sont allés crânement, depuis le roi jusqu'à la dernière des Dames de la Halle. Si c'était tellement malaisé, le déchet serait plus substantiel.

Rebatet – C'est juste. Donc nous disons : « Les grands ancêtres ont été courageux devant la guillotine, comme tout le monde. Trop d'hommes ont été condamnés à mort depuis dix ans pour que cette forme de courage puisse susciter une vive admiration. » Tout ce que tu viens de noter sur le gâchis révolutionnaire c'est ce que je développerais moi-même. Aucune tradition. Des minus, les dignes précurseurs des républicains de 1936, de 1946 et de 1950. J'accorderai une lueur à Robespierre, il y avait chez lui un embryon de méthode, mais il venait trop tard, il persévérait dans le meurtre au moment où il fallait s'arrêter.

Cousteau – La Révolution française doit certainement fournir l'exemple de ce qu'il ne faut pas faire, du travail complètement bousillé.

Rebatet – Travail de premier ordre, par contre : la répression de la

Commune. Elle possède la plupart des qualités requises : rapidité, violence contrôlée. On a peut-être eu tort d'épargner quelques chefs, mais la valeur d'exemple a été énorme. Thiers a pu faire maintes sottises dans sa vie, mais nous lui sommes redevables de ça. Ce n'est pas sa faute si la droite, après lui, a été stupide et lâche. Je n'en dirai pas autant de Hitler. Le plan d'extermination des Juifs fut une faute. On n'entreprend pas un pareil massacre sans être assuré de son avenir, sans être solide sur ses bases. Il y a dans cette tuerie, une espèce de délire de la catastrophe. La politique, ça n'est pas de l'opéra.

Cousteau – Permets-moi de te rappeler une autre entreprise d'extermination raciale qui, elle, a été menée jusqu'à son terme avec un plein succès, mais dont la conscience universelle néglige de s'indigner. Je veux parler de l'extermination des Peaux Rouges par les pieux démocrates de l'Amérique du Nord.

Rebatet – C'est vrai ! On n'y pense jamais.

Cousteau – Je ne crois pas que cette extermination fut préméditée et ça lui ôte beaucoup de sa valeur artistique. Aucun homme de génie n'a arrêté les plans de cette opération. Elle fut déterminée par l'instinct. Les colons britanniques et hollandais sentaient confusément, sans oser se l'avouer, bien sûr, que pour que ce continent fût viable, il fallait faire place nette, éviter en tous cas de tomber dans la fatale erreur du métissage.

Rebatet – Si jamais il est légitime de parler de responsabilité collective, c'est bien dans ce cas-là.

Cousteau – Pourtant on s'obstine à juger sévèrement les conquistadors espagnols dont la férocité fut médiocre, et qui en définitive se sont mélangés aux vaincus, alors qu'on s'abstient d'épingler une étiquette infamante sur les *God fearing and law abiding Pilgrim Fathers*... Curieuse, cette inconséquence de l'opinion publique (du moins de ce qu'on appelle ainsi) devant l'homicide.

Rebatet – Il faudrait examiner cet aspect du problème, essayer, là aussi, de dégager des règles générales.

Cousteau – J'en entrevois dès maintenant quelques-unes. Il semble bien, par exemple que la réprobation soit proportionnelle à l'éminence des personnages trucidés.

Rebatet – Ça n'est pas douteux.

Cousteau – Le Peuple, avec un grand P est tout à fait indifférent au massacre des lampistes, mais il s'indigne quand on touche aux personnages de qualité. Et ceci en dépit de l'affectation d'égalitarisme du dit Peuple. C'est pour cela que Louis XI et Richelieu qui ont surtout tué des grands seigneurs furent franchement impopulaires, et n'ont jamais cessé de l'être malgré toutes les tentatives de réhabilitation, alors qu'Henri IV qui a pendu beaucoup de pauvres diables et composé avec les puissants, est assuré, pour l'éternité, d'une flatteuse réputation. Autre règle générale : plus le péril que l'on prétend conjurer est imprécis, hypothétique et lointain, et plus la conscience universelle admet aisément la nécessité du carnage. En 1939, par exemple, le péril hitlérien n'était une réalité imminente que pour les Polonais et les Balkaniques. Pour les Français et les Anglais, c'était une menace à long terme. Pour les Américains, ça n'était pas une menace du tout. Et, en supposant que les conséquences d'un succès hitlérien eussent vraiment été aussi désastreuses que le prétendaient les antifascistes, on peut se demander si le remède (c'est-à-dire la dernière guerre) n'a pas été pire.

Rebatet – Pour ceux qui sont morts, en tout cas, ou qui ont été torturés au phosphore, ce fut certainement pire, et, sans aucun doute, le monde, dans son ensemble, se porte plus mal aujourd'hui qu'en 1939.

Cousteau – Il n'empêche que tous les bons citoyens de cette planète admettent qu'il fut tout à fait légitime, tout à fait normal de payer de quelques dizaines de millions de cadavres l'élimination d'une hypothèse désagréable. Gribouille ne raisonne pas autrement. Gribouille est la figure de proue de la Conscience Universelle... Mais dès qu'il ne s'agit plus de millions de cadavres et de périls à retardement, dès qu'il s'agit de prévenir une menace réelle, limitée dans le temps et l'espace, par la mort d'un ou de plusieurs individus, alors on voit aussitôt surgir les bien-pensants et les moralistes constipés qui brandissent avec de grands airs de dégoût le « tu ne tueras point ! »... Encore dans ces cas-là, est-il parfois possible de discuter... Ce qui ne se discute pas – mais alors là, pas du tout ! – ce qu'on rejette avec une horreur sacrée, unanimement, totalement, sans appel, c'est la possibilité de la seule forme de meurtre réellement bienfaisante : l'euthanasie.

Rebatet – Ce meurtre-là, personne n'en veut, ni les curés, ni les médecins, ni les magistrats, ni les francs-maçons, ni les militaires, ni les pédagogues.

Cousteau – A l'idée que l'on pourrait tuer un homme pour l'empêcher de souffrir, pour mettre un terme à un supplice sans espoir, tous les amateurs d'*area bombing* et de désintégration atomique se voilent la face d'horreur... Tant il est vrai qu'en affirmant que l'homme est essentiellement bon, Jean-Jacques ne s'est guère trompé que d'une lettre.

Rebatet – Oui, la révolte contre l'euthanasie est une séquelle du christianisme. Plus précisément encore, c'est un prétexte sans le moindre danger pour montrer la délicatesse de sa conscience, le respect que l'on a de la Vie avec un grand V, de la personne Humaine.

Cousteau – C'est infiniment moins compromettant que d'intervenir en faveur d'un fusillable.

Rebatet – Tas de polichinelles ! En dehors de tout esprit d'apostolat et de propagande, il serait assez jouissant de faire comprendre aux individus suffisamment doués que ces graves personnages, hostiles, par exemple, à l'euthanasie sont des polichinelles. Mais non pas en les insultant ! On n'insulte pas Polichinelle, on montre qu'il est un pantin.

Cousteau – J'espère bien que tu mettras une note sur ce sujet dans ton manuel.

Rebatet – Si manuel il y a... Bien entendu j'aurai un vaste chapitre sur les moralistes devant l'assassinat. Il est certain que l'absence de motifs réels et l'ampleur du massacre confèrent à ce massacre une dignité métaphysique. Le cas moderne le plus frappant est celui de Staline. Rappelle-toi la tartine des *Temps Modernes* à ce propos : il est indéniable, dit Sartre en substance, que Staline tue et torture des millions d'hommes, il est non moins évident qu'il ne fait pas le bonheur de ses peuples et spécialement de ses prolétaires. Mais le seul fait qu'il a l'intention de « libérer » les prolétaires suffit à justifier ses massacres. Et les sartriens ne sont pas seuls à sentir ainsi. On ne m'ôtera jamais de l'idée que tous les démocrates ont un terrible complexe d'infériorité devant Staline.

Cousteau – Parbleu, ils ont la foi que Staline prétend toujours avoir.

Rebatet – Le vieux moustachu le sait bien, et il en a usé avec une remarquable astuce. Chacun de ses gestes est la négation de la liberté, mais il n'a jamais touché au vocable de liberté, au Verbe. Plus je vais et plus je trouve d'analogies entre le Père des Peuples et l'Église Catholique, la vraie, celle de l'Inquisition. J'ignore s'il serait possible de tirer des règles générales de l'assassinat artistique, justement parce que c'est un art et qu'il dépend avant tout de la qualité de l'artiste. Par contre, je serais obligé de reconnaître l'excellence de la grosse méthode : « Qui doit-on tuer ? Tout le monde – Quand ? Tout le temps – Comment ? Par tous les moyens. » Dès que vous êtes assis sur vos bases, tranquille sur vos frontières, exterminez tous vos ennemis. Inutile de vous arrêter quand vous avez pris cette saine habitude. Et vous établissez le catholicisme, aujourd'hui le bolchevisme, sur la moitié du genre humain.

Cousteau – L'Église a tout de même raté son opération d'ensemble sur le protestantisme.

Rebatet – Oui, parce qu'elle faiblissait dans sa férocité. Ce qui fait d'ailleurs que ce sont les derniers en date de ses meurtres, les meurtres isolés, qui lui sont le plus âprement reprochés : Giordano Bruno, Etienne Dolet, par exemple. Voilà peut-être les conclusions bien décourageantes pour l'espèce humaine. Nous avons du moins une satisfaction dans le présent : le spectacle que nous offrent nos épurateurs. Il aurait été vexant de se savoir victimes d'une épuration bien faite. Mais voilà un genre de regret que la IVe République nous a parfaitement épargné.

Cousteau eut un sourire de dégoût.

Cousteau – Pas de danger que l'épuration ait été bien faite... Ces idiots avaient comme toujours le choix entre deux méthodes : l'assassinat limité et l'assassinat collectif, tuer non seulement les chefs (en tâchant de rallier les troupes) ou exterminer l'ensemble de la faction vaincue.

Rebatet – Ils n'ont fait ni l'un ni l'autre.

Cousteau – Ils se sont dégonflés pour flinguer le vieux Pétain qui était tout de même leur ennemi et ils ont buté le républicain Laval qui était, quoiqu'ils prétendent, un des leurs. Le massacre des petites gens relève de la même incohérence. Pendant quelques semaines, les tiraillons ont égorgé au petit bonheur des dizaines de milliers d'ennemis présumés[75].

---

[75] Cousteau et Rebatet ont naturellement tendance à outrer les chiffres de l'épuration. En fait, selon les derniers travaux actuellement disponibles, il semble que l'épuration tant légale qu'extra-judiciaire (dite « sauvage ») n'ait fait « que » 10 000 morts environ, les exécutions sauvages se situant entre 8 et

Ce pouvait être l'amorce d'un nettoyage sérieux. Il y avait une possibilité d'en finir définitivement avec la réaction, de faire descendre au tombeau tout ce qui n'avait pas la tripe républicaine. Mais brusquement l'opération a été abandonnée et on lui a substitué l'absurde loterie des cours de justice.

Rebatet – Même avec un pareil outil, même en limitant le carnage, il était encore possible de faire une besogne sérieuse.

Cousteau – Ils ne l'ont pas faite. Ces crétins se sont amusés à fusiller des dizaines de flics qui ne demandaient qu'à servir les nouveaux messieurs, et ils n'ont même pas collé un minimum de vingt ans de bagne à Marcel Aymé qui est autrement dangereux pour la République que les gens du S.P.A.C.[76]

Rebatet – C'est à pleurer ! Tout ce que ces gens entreprennent est raté d'avance. Ils ont raté l'épuration et ils rateront l'amnistie.

Cousteau – Tu me faisais remarquer tout à l'heure que c'était un des aspects du même problème. Quand faut-il tuer ? Quand faut-il s'arrêter de tuer ? C'est à cette épreuve que l'on reconnaît les grands politiques. Les sous-hommes de la Quatrième ne savent ni tuer ni s'arrêter de tuer. On se demande d'ailleurs ce qu'ils savent faire. Moi, je l'ignore. Sans doute ont-ils des talents cachés puisqu'ils durent. Mais c'est une autre histoire.

   Atelier de Lingerie de la maison centrale de Clairvaux, mars 1950.

---

9 000 morts. Nous sommes donc loin des « dizaines de milliers ». Pour une mise au point sérieuse sur cette délicate question, voir Henry Rousso, « L'Épuration en France. Une histoire inachevée », *Vingtième Siècle, revue d'histoire*, janvier-mars 1992, pp. 78-105.

[76] Créé en septembre 1941 au ministère de l'Intérieur, et placé sous la direction de Detmar, ancien chef de Renseignements du PPF, le S.P.A.C. (Service de Police Anti-Communiste) deviendra, en juin 1942, le Service de Répression des Menés Anti-National placé sous la direction de René Bousquet.

DIALOGUE n° 6

LE SIXIÈME COMMANDEMENT

> « Les hommes les plus enclins au plaisir sont les moins méchants, les moins capables de haine. »
> Marcel Jouhandeau, *Éloge de la Volupté*

Ce jour-là, Cousteau, la mâchoire crispée, recherchait une erreur de vingt-deux francs qui s'était perfidement glissée quelque part entre les pâtes de figues et les gâteaux secs. Son crayon besognait du nord au sud et de l'est à l'ouest du bordereau de cantine et ses lèvres esquissaient une sourde incantation arithmétique. On devinait cette incantation plutôt qu'on ne l'entendait : « Sept et quatre, onze, et huit dix-neuf et six vingt-cinq... » Mais, de-ci de-là quelque juron révélait l'inanité de l'entreprise ; l'erreur se dérobait. Il n'y avait heureusement aucune urgence, et Cousteau décida de s'offrir une petite récréation. Il fallait, pour cela, ce qui était malaisé, arracher Rebatet au troisième tome d'une *Histoire de l'Église Primitive*, ouverte au chapitre de la *Lettre de Barnabé*.

Cousteau – C'est tout de même comique que l'Administration Pénitentiaire ait fait de moi un comptable. J'aurais pu scier du bois ou, à la rigueur, apprendre à confectionner des chaussons. Je ne dis pas que j'avais des dispositions pour ces formes d'artisanat. Mais il est certain que j'y eusse été moins incompétent. Tandis que des additions...

Rebatet ne répondit rien et ne daigna même pas grogner. La lettre de Barnabé le passionnait d'autant plus que, le matin même, il en ignorait l'existence.

Nullement découragé Cousteau poursuivit :

Cousteau – J'étais tellement nul en math que le 4 sur 20 que j'ai décroché au bac m'a fait l'effet d'un miracle... Et lorsque je suis arrivé dans cette auberge, je ne soupçonnais pas qu'on pût compter autrement que sur ses doigts. Ils m'ont appris à additionner, les vaches. C'est sans doute ça, l'expiation...

Rebatet ne répondait toujours rien et réprimait assez mal un froncement d'irritation. Il était en train de découvrir les rapports de la lettre de Barnabé avec l'hérésie marcionite qui discrédite Iahvé lui-même. Ce mutisme ne laissait pas d'énerver quelque peu Cousteau qui, bien résolu à déclencher une controverse, en vint rapidement aux sarcasmes :

Cousteau – Ça n'est tout de même pas tout à fait normal d'être plongé comme toi quatorze heures par jour dans des bouquins de curés... On commence comme ça, et on finit par aller manger le Bon Dieu en fanfare pour l'édification des infidèles !

Rebatet – Tu m'emmerdes, Pac, proféra Rebatet avec une suavité qui était de mauvais présage.

Cousteau – C'est bon, je n'insiste pas.

Cousteau fit mine de repartir à la recherche des 22 francs disparus. Mais la vue des colonnes de chiffres lui souleva le cœur. Au-delà des barreaux noirs, le premier soleil de l'année se jouait sur les murs de la Centrale, avec cette sorte d'allégresse qui se transforme, au bagne, en dérision. Renonçant à arracher Rebatet aux Pères de l'Église, Cousteau se mit à penser tout haut :

Cousteau – J'avais tort, tout à l'heure de parler d'expiation à propos de ces nom de Dieu d'additions... Faire ça ou peigner la girafe... Non. L'expiation, la vraie, la seule, c'est la chasteté.

Rebatet avait levé l'oreille. Il lut encore une demi page. Mais la signification marcionite de la *Lettre de Barnabé*, brusquement l'intéressait moins. Il tira de son pantalon délabré un briquet d'apparence normale, mais qui se défit en plusieurs pièces au premier attouchement.

Rebatet – Cette bordel de Dieu de civilisation mécanique. L'âge de pierre... Je suis un homme de l'âge de pierre, quant aux briquets du moins. Donne-moi du feu, mon pote... Qu'est-ce que tu disais ? La chasteté ? Oui, c'est ça avant tout, la « peine ». Le véritable énoncé des sentences de justice, ça devrait être : « Condamné à dix ans de pignole... à la paluche à perpétuité. »

Cousteau rectifia :

Cousteau – La pignole ou la pédale. Les dames imaginaires ou les fesses des petits camarades. En réalité, ça n'est pas tout à fait à la chasteté que nous sommes condamnés. Nous sommes condamnés à ne plus « connaître » la femme...

Rebatet – Fichtre ! Tu parles comme la Bible...

Cousteau – Mais si la plupart des gars s'arrangent pour substituer des succédanés plus ou moins avouables à la femme interdite, la chasteté est bien ce que le législateur prétend nous imposer. Remarque qu'il s'agit là d'une préoccupation qui n'est pas seulement pénitentiaire. C'est la préoccupation dominante des moralistes. Un moraliste est d'abord un individu qui veut empêcher ses semblables de faire l'amour.

Rebatet assena un énergique coup de poing à l'*Église Primitive :*

Rebatet – C'est à ces fumiers-là que nous devons ça ! On avait le choix entre plusieurs milliers de dieux, à peu près tous bittologiques. Il a fallu que l'humanité se décidât pour le Dieu anti-couilles. Voilà bien encore une preuve de l'universelle imbécillité. Quand on pense qu'il y avait, avant leur Jésus, des mystères où la première communion des petits gars c'était leur dépucelage en musique par des pin-up prêtresses qui, non seulement étaient belles, mais aimaient ça, prenaient leur pied. Ah ! malheur ! Je n'ai jamais donné dans les hommages des agnostiques au génie de Jésus-Christ, parce que le Christ, génie ou non, est celui qui a appris aux hommes la haine de la chair, comme ils disent dans la secte. Ça me dégoûte à un tel point que même le mot « chair », je répugne à l'employer, à cause de l'usage qu'ils en ont fait. C'est même, entre autres, un des motifs de ma grossièreté...

Cousteau enregistra avec un scepticisme muet cette peu convaincante rationalisation d'un penchant congénital. Rebatet était lancé, il était vain de prétendre l'interrompre.

Rebatet – Le Christ était un pisse-froid, c'est une des rares certitudes que l'on ait sur lui. Un pisse-froid probablement coloré d'un peu de pédale, le genre pédale suave qui attire les pépés mais n'y touche jamais. Et après le Christ, il y a eu Paul, Paul, le vrai patron, pire en tout que l'initiateur, l'ennemi systématique des femmes, le premier légiste de la queue, sans doute parce qu'il connaissait bien la Bible avec toutes ses histoires d'enculeurs de chameaux, d'empapaouteurs de bourriques, qui grimpaient leurs pères et mères depuis la Genèse...

J'espère que je ne te scandalise pas, mon coco ? Bordel biblique ! Tu me fous sur un de ces sujets !

Cousteau pinça les lèvres comme une dame d'œuvres confrontée tout soudain avec les sept péchés capitaux :

Cousteau – Tu me scandalises lorsque tu supposes que je pourrais être scandalisé... Mais rassure-toi : d'autres le seront si ces dialogues deviennent jamais de la chose imprimée. On les verra suffoquer les bonshommes solennels qui ont toujours l'air d'avoir avalé un parapluie... Pas moi... Bien qu'il soit contraire à mon génie de faire comme toi un usage massif des mots crus – on est comme on est : je m'en excuse ! – j'ai une horreur instinctive et bien plus puissante de la pudeur. La pudeur corporelle ou la pudeur verbale. La pudeur est le sentiment excrémentiel par excellence. Elle m'inspire autant de dégoût qu'à d'autres l'obscénité...

Rebatet ricanait doucement. Il connaissait par cœur les imprécations rituelles de Cousteau. Celui-ci, néanmoins ne renonçait pas à s'expliquer :

Cousteau – Il me soulève le cœur, ce sentiment absurde parce qu'il est bien la conséquence de cette monumentale entreprise de dévirilisation, de châtrage systématique dont tu viens de parler... C'est tout de même un peu fort ! Ce christianisme qui a si magnifiquement échoué dans toutes ses tentatives, qui a échoué contre toutes les formes du mal, qui n'a supprimé ni la guerre, ni le meurtre, ni le vol, ni l'exploitation de l'homme, ni l'asservissement de la femme, qui n'a pas modifié d'un iota le comportement pratique de ses soi-disant fidèles, il a tout de même réussi, le christianisme, en vingt siècles, cette chose véritablement affreuse : il a réussi à ce que les gens se sentent honteux d'accomplir des actes qui en soi ne le sont pas. Il a inventé une honte artificielle. Comme si les hontes légitimes ne suffisaient pas ! C'est répugnant...

Rebatet avait pris une mine ingénue. Et d'une voix suave :

Rebatet – Je ne suis pas tout à fait de ton avis... La pudeur a bien ses avantages. Elle est louable quand elle est bandante, de préférence chez les mignonnes au-dessous de vingt et un an. J'avoue un faible pour certains yeux bleus ou gris vert qui ont toujours l'air, quand on leur présente le petit frère, de se demander ce qui vient de pousser au monsieur.

Cousteau fronça les sourcils. Il fut sur le point de traiter Rebatet de saligaud et de vieux marcheur, mais comme il venait d'affirmer son libéralisme sexuel, il jugea préférable de ne pas se mettre en contradiction avec lui-même, et Rebatet, tout à l'évocation des J3, enchaîna :

Rebatet – Hors de cet usage, la pudeur demande évidemment à être combattue... J'ai commencé à parler du cul à quinze ans. Ça a été ma première conquête sur l'éducation bourgeoise et cléricale. Partout où je suis passé ensuite, tant par système que par goût, j'ai parlé du cul autant qu'il était possible, quelquefois chez des dames patronnesses de la rue du Bac. Elles adorent ça, d'ailleurs.

Cousteau – Je n'en doute pas...

Rebatet – Partout où on parle du cul, le Nazaréen rétrograde... Et l'on ne célébrera jamais assez les quatre écrivains à qui nous devons notre libération des contraintes du stupide XIXe siècle, qui ont permis de reprendre l'étude du plus important des phénomènes humains : j'ai nommé Proust, Gide, Céline et notre Marcel Aymé. Il faudrait rendre justice, aussi, aux sexualistes de l'école anglo- américaine, Havelock Éllis, aujourd'hui Kinsey, et également, aux psychanalystes judéo-autrichiens. C'est grâce à tous ces gens-là que l'on peut enfin écrire de quelqu'un qui bande : « il bande ».

Cousteau demeurait franchement réticent :

Cousteau – Mettons que je ne sois pas aussi affranchi que toi. Tu sembles attribuer une importance démesurée à l'emploi sans restriction d'un vocabulaire d'argot érotique dont il suffit qu'il soit celui de la soldatesque et de la canaille pour que je répugne à m'y accoutumer.

Rebatet – Et moi, je prétends, mon vieux, que littérairement, les termes les plus crus peuvent très bien alterner avec les plus délicats raffinements, comme dans les cathédrales, comme dans Shakespeare. J'ai toujours été une espèce de littérateur gothique, pas latin pour un rond, toujours contraint dans les journaux.

Cousteau – Soit. Mettons que le vocabulaire soit affaire de goût. Mais je désapprouve ton goût. J'éprouve devant certains mots un véritable malaise physique. Devant le mot « grognasse » par exemple. Devant l'expression « tirer un coup » qui suffirait à me frapper d'inhibition sexuelle... Mais peu importe, au fond. Peu importent les termes qu'on emploie pourvu qu'on dise tout... Tiens je viens de relire *Vanity Fair*, un bouquin qui prétend donner un tableau complet de la société anglaise du siècle passé, et je suis encore sous le coup de mon exaspération. Tout est décrit, et minutieusement décrit, mais de la tête à la ceinture. Au-dessous de la ceinture, il n'y a rien. Les personnages de *Vanity Fair* sont asexués. Sans doute trouvent-ils leurs babies dans les choux. À moins que des cigognes ne les apportent par la cheminée...

Rebatet – Même silence chez Dostoïevski qui était pourtant autrement profond que Thackeray, qui a sûrement senti l'importance de la chose – il était lui-même un satyre – mais qui n'ose pas la nommer.

Cousteau – Il y a là une véritable malhonnêteté intellectuelle. Il y a tromperie, tricherie. Moi, lecteur, j'ai l'impression que l'auteur se fout de moi, qu'il me prend pour un imbécile. Parce que, tout de même, il n'est pas nécessaire d'avoir une bien grande expérience pour savoir l'énorme importance des fonctions sexuelles dans la vie des hommes et des femmes...

Rebatet – Matériellement, ces fonctions tiennent presque autant de place que les fonctions alimentaires, et, psychologiquement, une place bien plus considérable...

Cousteau – Or, j'ai beau dépiauter la question dans tous les sens, je n'arrive pas à découvrir en quoi ces choses-là sont plus « honteuses » que les autres formes de l'activité humaine, ni à trouver des circonstances atténuantes à ceux qui ont la prétention dérisoire de les supprimer en les passant sous silence. Remarque que pour les inspirateurs de cet ostracisme, c'est-à-dire pour les Chrétiens, la suppression par omission n'est qu'un pis-aller. S'il ne tenait qu'à eux, c'est la chose en soi qui serait détruite. Ils ont la haine de l'assouvissement sexuel, et cette haine-là, c'est en réalité la haine de la vie. Vois avec quel acharnement Pascal s'efforce de donner mauvaise conscience aux libertins. Il en est verdâtre de dépit, le misérable, à la seule idée qu'on pourrait, sans remords, culbuter des bergères.

Rebatet – Je t'ai déjà lu, je crois, la lettre de Pascal sur le mariage de sa nièce. C'est un des textes les plus effrayants de la littérature française... Et tu viens de prononcer le mot juste, éternel, celui qu'on ne répétera jamais assez : ces gens-là sont les ennemis de la vie.

Cousteau – Il est visible que leur vœu suprême serait l'anéantissement de l'espèce...

Rebatet – Mais le Bon Dieu a dit aussi : « Croissez et multipliez ! ». Ce n'est pas une des moindres contradictions de la parole divine. Pour une fois qu'il est venu sur la terre, Dieu n'a pas arrêté de bafouiller. C'est du reste le propre de tous les dieux...

Cousteau – Épargne-moi une leçon de théologie, fit Cousteau en esquissant un geste d'effroi qui n'était pas sincère : en réalité la théologie l'amusait beaucoup.

Rebatet – Bon, ce sera pour une autre fois... Qu'est-ce que je disais ? Ah ! oui, je voulais parler du mariage. Même le mariage, pour le Chrétien absolu, pascalien, c'est un pis-aller, un état inférieur, bon pour le troupeau des bovidés...

Cousteau – Étrange conception de l'aristocratie.

Rebatet – Les textes, le dogme, les vrais croyants sont formels : le catholicisme déteste, discrédite tout ce qui est de la chair. Depuis Saint Augustin, l'Église n'a canonisé aucun saint dont on ait pu dire qu'il avait d'abord été un baiseur. Elle va sans doute canoniser Charles de Foucauld qui fera exception à la règle. Mais c'est qu'elle a un besoin urgent d'adjoindre à la cohorte des saints contemporains une figure de quelque relief.

Le visage de Rebatet s'éclaira soudain. De joyeuses perspectives venaient de s'ouvrir devant lui :

Rebatet – Je rigole en pensant à tels de nos amis qui ont toujours vécu en double ou triple ménage, qui sont prêts à revivre ainsi dès leur libération, et qui bouffent le Bon Dieu toutes les semaines. Quelles jolies petites consciences ils se font ! Ils me donnent toujours l'envie de simuler une conversion pour pouvoir leur faire honte de leur bassesse, menacer leurs couilles des flammes et des pinces de l'enfer. Ah ! ils ne veulent pas savoir ce que c'est que leur religion. Je te la leur ferai connaître, moi !

Cousteau – La vérité, c'est que je me demande s'il existe des chrétiens authentiques. En tout cas, je n'en connais pas un seul. Nom de Dieu, lorsque j'étais un fasciste militant, je ne m'amusais pas à aller en douce ravitailler le maquis. Je prenais la chose au sérieux. Je vivais selon ma foi. C'était oui-oui ou non-non !... Tu vois que je n'ignore pas complètement les Saintes Écritures...

Rebatet approuva, en connaisseur, d'un claquement de langue.

Cousteau – ... Et je commencerai à avoir un peu de considération pour les catholiques, le jour où ils seront aussi catholiques que j'étais fasciste.

Rebatet – Ça n'est pas demain la veille.

Cousteau – Tu parlais de nos camarades qui affichent ici une piété intransigeante, qui se confessent, qui arborent au revers du droguet des gris-gris de la Bonne Vierge, et qui ont un crucifix à la tête de leur lit... T'es-tu jamais rendu compte qu'au milieu de ces réprouvés édifiants, des gens comme toi et moi qui n'avons en somme qu'un seul ménage, qui vivons dans la monogamie, qui n'écrivons pas tous les dimanches une lettre à l'épouse et une lettre à la concubine et qui ne recevons pas au parloir d'ex-secrétaires complaisantes transformées en cousines-bidon, nous faisons tout simplement figures d'originaux...

Rebatet – Ces chrétiens polygames te répondront que la chair est faible.

Cousteau – Je ne l'ignore pas, mais la faiblesse de la chair explique des défaillances accidentelles. Elle n'autorise pas la permanence d'un second ménage qui survit à toutes les confessions, à l'administration de tous les sacrements. Or les gens qui se conduisent ainsi – moi, je ne le leur reproche pas : c'est leur affaire – ou qui donnent ouvertement dans la pédérastie comme l'Intendant de police Mathurin, se fâchent tout rouge dès qu'on met leur catholicisme en question. Là, je ne comprends plus. C'est tout l'un ou tout l'autre. Ou ils sont catholiques, ou ils sont polygames. Mais ils ne peuvent être l'un et l'autre.

Rebatet – Il n'y a pas de chrétiens. Quand il s'en rencontre un, par hasard, on lui dresse des statues. C'est d'ailleurs une objection sans valeur métaphysique. Elle est prévue : « Il y aura beaucoup d'appelés et peu d'élus. » Mais ce qui me paraît décisif, sur le plan historique, c'est que le christianisme n'a rien changé. Je m'inscris désormais en faux contre le poncif universel de la civilisation chrétienne que nous avons longtemps accepté...

Cousteau – Et même que nous avons défendu...

Rebatet – S'il y a eu une civilisation occidentale, elle s'est surtout créée à côté du christianisme, parfois contre lui. Pour ne parler que des grands artistes, des grands écrivains qui ont eu la foi, quelle a été la part de cette foi dans leurs œuvres ?

Cousteau – Le plus souvent, elle apparaît insignifiante.

Rebatet – Cette civilisation est en train de crever non pas de son paganisme, mais de la démocratie égalitaire qui est une forme dégénérée du christianisme... Pour nous en tenir à la queue, les humains ont été aussi salingues après Jésus-Christ qu'avant. Le christianisme les a seulement dotés d'un grotesque remords. C'est une de ces astuces qui expliquent le succès d'une religion. Quel pouvoir de coercition sur le bipède pensant !, lui faire un péché, le plus grave après le péché contre l'Esprit, d'un de ses plus impérieux besoins. C'est d'ailleurs un truisme, mais on l'exprime trop rarement. Il faudrait décidément écrire un recueil de cent lieux communs sur la condition humaine.

Cousteau – Nous écrirons ça si la clémence de Tauriol nous en laisse le temps... Ce sera d'ailleurs un livre scandaleux. Rien n'est plus scandaleux que d'affirmer que 2 et 2 font 4. Sur cette nom de Dieu de planète, dès qu'on dit des choses simples, élémentaires, évidentes, admises d'ailleurs dans la pratique par l'ensemble de l'humanité, en un mot dès qu'on voit les choses telles qu'elles sont, et non telles que les constipés de la Morale voudraient qu'elles fussent, on s'expose automatiquement à des persécutions de toutes sortes, à des sévices raffinés, à la prison ou à l'ostracisme... C'est à croire que la civilisation se réduit à l'acceptation verbale d'un certain nombre de contre-vérités !

Rebatet – Pour les problèmes sexuels, en tout cas, c'est net.

Cousteau – En matière de sexualité, le monde occidental tout entier baigne dans un mensonge chrétien. Et ce mensonge a été propagé depuis vingt siècles avec tant de persévérance qu'aujourd'hui les incroyants ne sont pas moins contaminés que les fidèles. Il est des athées tout aussi pudibonds, tout aussi accessibles à la honte charnelle que les vieilles demoiselles méthodistes recuites dans les lectures bibliques. C'est farce.

Rebatet – Lincoln, Littré, Jaurès, le petit père Combes : on ne voit pas ces citoyens-là se faisant sucer la queue avec une liberté athénienne... Tu me fais penser aussi à tous les protestants dits libéraux qui sont arrivés à supprimer Dieu en gardant Jésus-Christ. Extrêmement pincés, tous ces lascars-là. Beaucoup d'athées, du reste, sont d'autant plus boutonnés qu'ils détestent davantage le Barbu.

Cousteau – Ce qui me dégoûte le plus dans cette horreur chrétienne des plaisirs de la chair, c'est sa gratuité. Les autres tabous, tous, sans exception, ont, ou ont eu à un moment donné une justification sociale. « Tu ne tueras point ! », ça ne soulève pas de difficultés. Dans une société organisée, il est inconfortable que les citoyens se trucident les uns les autres au petit bonheur. Il est préférable aussi qu'ils s'abstiennent de se chaparder ce qu'ils possèdent, et si la monogamie est admise, on peut même décréter qu'il est très vilain de coucher avec les femmes des copains. Tout cela se résume à cette idée somme toute raisonnable qu'il ne faut pas nuire à autrui. Mais dans le tabou sexuel des chrétiens, il y a autre chose. Il y a une sorte de perversité proprement diabolique, la volonté de priver l'individu d'une jouissance qui ne porte préjudice à personne.

Rebatet – Tu sais bien tout ce qu'on peut invoquer pour légitimer les restrictions : les paternités malencontreuses, les maladies vénériennes.

Cousteau – Dans ce cas, la seule chose raisonnable serait d'éduquer les adolescents, de leur apprendre à éviter les accidents. Après tout, on ne dit pas : « Tu ne mangeras point ! », on explique que si l'on mange trop, on a des indigestions. Mais les législateurs de la chrétienté ne sont pas inspirés par des considérations pratiques. Ce qu'ils haïssent, ce ne sont pas les accidents, c'est le plaisir lui-même, le plaisir en soi.

Rebatet – Que veux-tu ! Il faut rendre la vie désagréable pour que l'on aspire au royaume des cieux... Mais nous nous sommes occupés jusqu'ici des tricheurs. Revenons au chrétien authentique, si rare, qui ne le sera jamais durant toute son existence, sauf cas extravagants . Revenons à la chasteté en soi. On lui tire son chapeau. C'est pour moi la suprême horreur. Au fond, je n'ai pas moins horreur des vrais dévots que des faux. La chasteté change un être du tout au tout. Le chaste est pustuleux, moralement, s'il ne l'est physiquement, le foutre qui ne s'écoule pas se transforme en abcès de fiel. Les activités de remplacement des bigots sont célèbres : c'est le fin du fin de la méchanceté, de l'égoïsme, que ces êtres-là. Tu as connu le gros Mertens ?

Cousteau – Très peu, mais je vois qui tu veux dire : un Belge rond et cordial qui avait de gros ennuis dans son pays...

Rebatet – Je l'ai connu beaucoup mieux que toi, à l'époque de l'Ino... Un catholique cent pour cent... Il m'a dit un jour : « Ici, on n'a pas de péchés à commettre ; je ne me branle pas. Un point, c'est tout. » Je suis persuadé, en effet, que ce bon gros se serait cru damné en se tapant la plus inoffensive pignole. Résultat : il était odieux à tout son entourage, invivable, il éclatait en colères ignobles contre les plus pauvres bougres, il péchait cent fois par jour contre la plus élémentaire charité...

Cousteau – Je sais en effet que Mertens avait fini par se rendre terriblement impopulaire...

Rebatet – C'est que la chasteté réelle réclame un tel effort qu'elle donne fatalement à l'absurde héros qui s'y contraint les droits les plus insupportables sur autrui. Quel rétrécissement de l'univers, même en se plaçant à leur point de vue, à eux, quel rétrécissement de ce qu'ils nomment la vie spirituelle. Il y a tous les problèmes de la destinée : mais il faut qu'il y ait d'abord le problème de la queue. J'ai commis naguère quelques facéties à ce sujet. Ça me tiendra toujours à cœur.

Cousteau – On s'en doute un peu... Insensible au sarcasme, Rebatet poursuivit, en s'échauffant peu à peu :

Rebatet – Prenons le cas idéal : le mystique. Je réserve le cas de Saint Jean de la Croix que l'on n'a pas fini d'étudier et qui fut peut-être purement intellectuel. Chez tous les autres, je décèle la fermentation érotique : ne suffit-il pas de savoir par les saints eux-mêmes que l'extase détermine souvent l'éjaculation ? Chez les saintes, c'est prodigieux. Dommage que je n'aie pas ici, sur ce sujet, mes notes complètes, dont quelque Fifi a dû se torcher[77]. Je t'aurais raconté la vie d'Angèle de Foligno, de Catherine de Gênes, des grandes abbesses du XVIIe siècle. C'est infiniment plus suggestif que toute la littérature de la rue de la Lune. Le brigadier du greffe disait l'autre jour qu'il miserait bien une nonne à l'occasion, et j'avais un haut le cœur. Mais, à la réflexion, la vie des grandes mystiques m'a fait plus ou moins bandocher. Pas de senteurs d'entre-cuisses plus puissantes que dans ces récits de visions, de transverbérations, d'enfillages divins. Vive Dieu ! voilà des mouilleuses ! Pas besoin de se demander si elles sont vaginiennes ou clitoridiennes. Tout est bon chez c'est dame-là ! Je ne peux pas entendre prononcer le nom de Thérèse d'Avila sans voir surgir un magnifique sapeur espagnol, bleu de nuit, et le maujoint bien juteux dans le mitan !

À cet instant, Lacassagne[78] entra, très animé, presque dramatique : « À table ! oh ! tout de suite ! que la pastade est juste à point. » Rebatet, en s'asseyant

---

[77] Rebatet fait allusion à la perquisition de son appartement de Neuilly en 1944. Certains documents lui appartenant auraient alors disparu.
[78] Jeune détenu nîmois à l'accent pittoresque qui mettait amicalement son extraordinaire compétence culinaire au service des deux auteurs de ces dialogues.

devant l'assiette fumante et parfumée, entonna à plein gosier :

Rebatet – *Adoro te dévote Latens Deitas*
  Quae sub his figuris Vere latitas

Il bramait ainsi volontiers des cantiques et des chants d'église, lorsqu'il venait de mettre au point une petite impiété. Ce pourquoi, entre autres, cet homme était souvent méconnu.

Atelier de Lingerie de la maison centrale de Clairvaux, mars 1950.

DIALOGUE n° 7

DEVANT L'ALLEMAGNE ÉTERNELLE

> « L'union de l'Allemagne et de la France, ce serait le frein de l'Angleterre et de la Russie, le salut de l'Europe, la paix du monde. »
>
> Victor Hugo, *Le Rhin*

Ce jour-là, l'atelier était en état d'alerte. Phénomène cyclique. Tous les concentrationnaires connaissent cette loi d'alternance qui substitue brusquement l'inquiétude à la quiétude, puis, progressivement, la quiétude à l'inquiétude, le coefficient de sécurité carcérale étant proportionnel à l'intensité d'attention des détenteurs de l'autorité. Car le règlement est ainsi fait que tout le monde est toujours plus ou moins en défaut. En période de calme, cela ne tire guère à conséquence. Mais le calme est trompeur et le moindre incident métamorphose l'administration-soliveau en administration-cigogne. Alors s'ouvrent les yeux qui ne voyaient rien, alors les consciences de la population pénale deviennent mauvaises, et c'en est fait du confort intellectuel.

En l'occurrence, deux des plus abominables voyous que l'on ait vus derrière la triple enceinte des murs de ronde (qui pourtant en ont abrité pas mal) avaient atterri au mitard[79]. Incontinent, ils s'étaient « allongés ». D'abord, bien qu'ils fussent liés par des trafics communs, ils s'étaient accablés mutuellement. Par goût de la délation, plus encore que par intérêt. Certains individus sont ainsi. Puis, réconciliés, ils s'étaient mis à « balancer » des tiers,

---

[79] Cachot.

au petit bonheur, révélant en vrac petites infractions et grosses irrégularités. C'était plus qu'il n'en fallait pour que l'atelier tout entier devînt l'objet d'une attention redoutable. Depuis le matin, le surveillant-chef, les brigadiers, le directeur en personne étaient venus procéder à des fouilles, interroger des suspects. Deux rasoirs mécaniques avaient déjà été saisis. On était sur la piste d'une paire de nu-pieds fabriquée dans l'échoppe des cordonniers avec du cuir dérobé à l'Administration. Tout le monde tremblait, ou marchait à pas feutrés, on rentrait les épaules.

Rebatet – C'est tout de même trop con, rugit Rebatet. Ni toi ni moi n'avons rien à redouter, et pourtant nous faisons des gueules de coupables ! Et pourtant nous subissons la contagion de la panique !

Cousteau – Un seul remède, répondit Cousteau, parlons d'autre chose. Que tout ce qui nous entoure soit comme si cela n'existait pas.

Rebatet tordait le nez :

Rebatet – La littérature n'a pas de goût par ces temps d'orage, comme le tabac quand on est enrhumé. Je suis épouvantablement tracassé par la musique, mais tu t'en fous. J'ai à écrire vingt-quatre aphorismes sur la religion chrétienne, donc c'est un sujet de conversation interdit : quand j'écris sur un truc, je n'en parle jamais...
L'actualité est maigre. Nos grands généraux Revers et Mast n'ont même pas eu huit jours d'arrêt... Au dernier discours d'Adenauer à Berlin, les Chleuhs ont chanté le *DEUTSCHLAND ÜBER ALLES*. C'est la seule nouvelle un peu gauloise. Qu'est-ce que tu penses de ça ?

Cousteau fit un geste évasif. Il s'entraînait, en vue de la vie libre, à prendre une attitude hypocritement neutre.

Rebatet – Moi, ça m'agace en même temps que ça me réjouit. Ça m'agace parce que c'est une manifestation patriotique et le patriotisme maintenant m'horripile sous toutes ses formes et sous tous les climats. Mais ça me réjouit parce que ça irrite ou consterne une quantité de corniauds.

Cousteau – Je veux bien que nous parlions des Chleuhs. C'est un bon sujet. Au pire, nous ne risquons tout de même pas de dire autant de bêtises que Madame de Staël ou Charles Maurras. Seulement, je t'avoue que je me sens un peu gêné aux entournures. L'Allemagne est peut-être le seul pays dont je ne suis pas certain de pouvoir parler avec un détachement complet. C'est imbécile, je l'admets : dès qu'on cède au sentiment, on devient idiot. Mais c'est plus fort que moi.

Rebatet – Ah ! Ah ! nous en arrivons aux aveux spontanés...

Cousteau – Si les Allemands avaient gagné la guerre, je sais bien tout ce que j'en dirais. Tant de vieilles exaspérations recuites, refoulées, remâchées qui remonteraient d'un coup... Seulement, voilà : ils l'ont perdue, cette guerre et dans le même temps nos idées ont été battues.

Rebatet était devenu narquois :

Rebatet – Tu ne vas pas donner maintenant dans le patriotisme chleuh ?

Cousteau – Rassure-toi : plus de patriotisme sous quelque forme que ce soit. Mais, tu le sais, j'ai la passion des causes perdues, je me sens solidaire des aristocrates de Quiberon, des Sudistes américains et des Russes blancs. Et solidaire, à plus forte raison des Nazis que tout le monde piétine. Si je les piétinais, moi aussi, si peu que ce fut, je me ferais l'impression d'être un voyou comme n'importe quel patriote de la onzième heure.

Rebatet approuvait de la tête :

Rebatet – J'ai fait des réflexions analogues ces jours-ci. Je rumine très vaguement encore un petit projet – un double-*Décombres* au maximum, pas davantage, je le jure ! – qui m'est venu pendant un de nos propos. J'ai pensé que si je mettais des Allemands dans cette histoire, ce serait des Allemands idéaux, des artistes parfaits, des hommes aussi cultivés qu'intelligents, et en même temps d'impeccables soldats, et des nationaux-socialistes convaincus, naturellement.

Cousteau – Sinon bien sûr, ça ne serait pas drôle, ce serait le poncif du bon Allemand opposé à la brute nazie.

Rebatet – Je conçois mal de parler de l'Allemagne en public sur un autre ton, parce que les insanités écrites, pensées et dites sur l'Allemagne de 1940 à 1948 – je crois que c'est à peu près fini maintenant – rendent l'ensemble du public français inapte à juger la question allemande. Voilà, si tu veux, ma pensée officielle. Mais heureusement, nous n'avons plus d'existence officielle, nous n'en aurons pas une de sitôt. Il me semble qu'entre nous, nous pouvons parler des Allemands dans un autre style. Nous en avons même acquis le droit.

Cousteau – Nous sommes les seuls en tout cas à avoir ce droit... et je me demande si je suis bien tenté d'en user... En tout cas, si tu écris cette petite brochure de deux mille pages, je te propose, en guise de préface deux menues anecdotes, pas très sensationnelles, peut-être, mais vraies et qui résument assez bien l'éternel dialogue entre l'Allemagne éternelle et la France éternelle.

Rebatet – Vas-y, je t'écoute.

Cousteau – Donc, première histoire. Elle remonte à 1931. Mon équipe de rugby était allée jouer trois matchs de propagande dans la région de Düsseldorf, contre une équipe d'étudiants de la ville qui s'initiait à ce noble sport. Mes occupations m'avaient retenu à Paris et je n'avais pu rejoindre mes camarades que pour participer au troisième et dernier match de la tournée. J'arrive donc à l'hôtel où étaient logés les Français et je me précipite de chambre en chambre pour faire le point. Tout le monde était très content. Content du voyage. Content de l'accueil des autorités locales. Il n'y avait qu'une chose qui clochait, et là, tous mes camarades étaient d'accord : les Boches de l'équipe adverse jouaient comme des brutes. Aucun *fair play*. La matraque, la castagne, tous les coups défendus. Ça en était écœurant... Le soir même, je fis la connaissance de nos adversaires : les deux équipes dînaient ensemble dans la salle à manger de l'hôtel. Tu devines avec quelle curiosité j'examinai ces avaleurs de petits enfants. Ils étaient blonds, ils étaient roses, ils avaient la nuque rasée, ils souriaient, ils saluaient avec raideur, pliés en deux d'une flexion du tronc. Mais outre ces caractéristiques qui n'eussent pas suffi pour un signalement de police, ils étaient tous plus ou moins estropiés, plus ou moins pavoisés au sparadrap. Je reportai alors mon attention sur mes camarades : pas un, tu m'entends bien, pas un n'avait une égratignure ! Et le lendemain, nous remportâmes sur les débris de l'équipe allemande, une éclatante victoire. Nous n'avions plus, en face de nous que des éclopés claudiquants. Les nôtres, par contre, comme les chassepots, firent merveille : deux Teutons furent emportés du terrain sur des civières et ceux de nos adversaires qui continuèrent à tenir sur leurs jambes jusqu'à la fin de la deuxième mi-temps ne valaient guère mieux... Très frais, l'orgueil national satisfait et parfaitement sincères dans leur indignation, les quinze Français regagnèrent le vestiaire en jurant qu'on ne les y reprendrait plus à jouer au rugby avec de pareils énergumènes.

Rebatet – Bonne anecdote ! Sentant tellement l'authenticité qu'il faudrait la tenir pour vraie même si elle faisait partie des Actes des Apôtres... Ce qui m'apparaît le plus cocasse et pourtant le plus juste, c'est ce que tu dis sur la sincérité parfaite de tes copains. L'explication d'un aussi étrange phénomène doit être là. Ça rejoint la foi, c'est la puissance de l'idée reçue. L'idée l'emporte triomphalement sur l'évidence de la réalité. Quand on pense que les trois quarts des jugements portés sur ce monde sont de cet acabit ! Dis ta seconde anecdote.

Cousteau – Elle est plus récente... Tu sais que je n'ai été libéré de mon stalag qu'en septembre 1941... bien après le R.P. Riquet, Bidault, Sartre et notre juge d'instruction Zousmann... car les Boches, moins perspicaces que Kérillis et Emile Buré, ont mis quatorze mois à se rendre compte que j'étais de la cinquième colonne... Mais passons... Donc, en septembre 1941, une erreur d'aiguillage de l'O.K.W. m'amène de Bad-Sulza à Berlin, alors que j'aurais dû être reconduit directement à Chalons. Et à Berlin, le Dr Bran[80] du Bureau Ribbentrop, apprenant mon transfert, débarque un jour à l'improviste dans l'immeuble où j'étais encore captif. Tu te rappelles ce grand escogriffe de Bran ?

Rebatet – Tu parles ! C'est le dernier nazi que j'ai vu, à Bregenz en avril 1945. C'est aussi le premier. Mais tu étais là, toi aussi. En quelle année au juste ?

Cousteau – Ça devait être en 1937.

Rebatet – Aux Deux Magots. C'est Georges Blond et Thierry Maulnier qui nous l'ont présenté. C'était un intime des Blond, l'excellent Bran, camping ensemble, réunions des Jeunesses franco-allemandes... Quand je dis que c'est le premier nazi que j'ai connu, je me trompe. J'en avais déjà rencontré un, dès 1934 ou 1935, un étudiant de Bonn, charmant et fanatique. Mais c'était déjà Georges Blond qui me l'avait fait connaître ! Quel emmerdeur, cet honnête Bran ! Aussi emmerdant qu'honnête, ce puritain du nazisme. Je l'ai subi trois jours à Berlin en janvier 1943. C'était la vertu qui marchait à côté de moi en pardessus noir, dans ces grandes avenues désertes et glacées, dans le demi-jour de leur hiver.

---

[80] Fritz Bran était, avant la guerre, rédacteur en chef des *Cahiers Franco-Allemands*.

Quelles images... Que de choses emmerdantes nous nous sommes imposées, mon pauvre vieux !

Cousteau – Ma rencontre avec Bran en 1941 ne fut pas particulièrement ennuyeuse. Elle fut plutôt pittoresque. Nous étions dans un cabinet dentaire désaffecté qui servait de parloir – si l'on peut dire – à notre kommando de passage, et, avec une imagination antifasciste, on eût pu se croire dans une salle de torture de la Gestapo. Mais Bran n'avait aucune envie de me torturer. Il s'efforçait au contraire de me mettre à mon aise, de combler l'abîme que la guerre avait mis entre nous. En un mot, il tentait de dominer sa victoire ! Moi, j'étais assez gêné. Car – ça me revient maintenant – ce fameux soir où Blond et Maulnier nous avaient présentés, j'avais eu, par esprit de bravade, des paroles un peu vives... Telle est la rançon de ce nationalisme imbécile dont les vieillards cocoricants nous avaient gonflés. J'avais dû dire à ce Bran que s'il voulait des colonies, il n'avait qu'à essayer un peu, pour voir, de venir me les prendre ! Nous avions conquis le Cameroun par les armes. Nous ne le céderions qu'à la force des armes...

Rebatet – Con à pleurer !

Cousteau – Rien que de te raconter ça, je sens que je rougis... En tout cas, j'avais bonne mine dans le cabinet dentaire, en me retrouvant vaincu, désarmé et humilié devant ce monsieur prussien que j'avais naguère si gaillardement anéanti d'un verbe déroulédien [81]. Bran, cependant semblait avoir oublié ma jactance. Il était plein de bonne volonté. Ses intentions étaient pures.

---

[81] Paul Déroulède, combattant volontaire durant la guerre de 1870 était à la fin du XIXe siècle, un héraut du nationalisme français qui prêta main-forte au général Boulanger. Il devint le poète de la déesse « Revanche » avec ses *Chants du soldat*. Les jeunes fascistes français néo-maurrassiens ont toujours affiché un grand mépris pour ce représentant du nationalisme le plus germanophobe.

Rebatet – Je crois qu'il était sincèrement francophile.

Cousteau – Je crois même qu'en dépit des triomphes de la Wehrmacht, il souffrait d'un complexe d'infériorité devant ce que la France représentait encore.
« Je voudrais, me dit-il, savoir comment vous concevez la réconciliation entre nos deux pays. » Je commençai par plaider la cause de mes camarades des oflags et des stalags. D'abord libérer les prisonniers. Je savais d'ailleurs que je parlais pour ne rien dire. La chose nous dépassait. Bran, un peu tristement, me le fit comprendre. S'il ne tenait qu'à lui... Mais sans se hisser jusqu'aux problèmes d'État, en demeurant sur le plan culturel, n'était-il pas possible, dès maintenant, sans attendre la fin de la guerre, de travailler à cette réconciliation franco-allemande dont dépendait le destin de l'Occident ? Tu penses bien que j'avais eu le loisir de réfléchir à cette question, la pelle à la main, pendant ces quatorze mois de terrasse... Je répondis sans hésiter qu'il fallait faire reparaître à Paris, *Le Canard enchaîné*. Bran demeura stupide. *Le Canard enchaîné* ! ! ! J'expliquai alors à cet Aryen trop grand et trop blond que la France était le pays de Voltaire avant d'être celui de Joseph Prudhomme et que si l'on permettait aux Français de blaguer les Fridolins et d'imprimer le mot boche, il serait beaucoup plus aisé de leur faire admettre nos vérités premières. Bran était consterné. Il ne comprenait plus. « Quel dommage, finit-il par me dire, que vous ne sachiez pas chanter en chœur. Il faudrait que les Français apprissent à chanter en chœur... ». Et le visage de Bran se transfigurait, d'une vision scout, de la collaboration : auberges de la jeunesse, bonne action quotidienne, veillées autour des feux de camp, salut aux couleurs, hymne à mon beau sapin... Je rétorquai qu'un *Canard enchaîné*, débarrassé bien sûr de son ancienne direction bolchevisante mais tout aussi libre de ton, était la première condition du *Zuzamenarbeit* culturel. Bran demeurait convaincu que la communion des âmes naît du chant choral. J'évoquai la mise en boîte qui soulage. Il répondit que *O Tanenbaum* était irrésistible. Cela tournait au dialogue de fous. Pendant

une heure, nous parlâmes, l'un et l'autre devant un mur. Nous nous quittâmes très mécontents l'un de l'autre. J'étais le Français incorrigiblement frivole. Il était l'Allemand incurablement épais.

Rebatet – Et là-dessus, à peine arrivé à Paris tu sautes à pieds joints dans la collaboration, tu t'y enfonces jusqu'aux genoux, jusqu'au nombril, jusqu'aux oreilles !

Cousteau – Bien sûr. S'il s'était agi d'un mariage d'amour, je serais impardonnable, je n'aurais plus qu'à me couvrir la tête de cendres et à me frapper la poitrine jusqu'à la consommation des siècles. Mais la collaboration, c'était tout de même autre chose qu'une affinité de peau.

Rebatet – Explique-toi, mon petit bonhomme. Tu es remonté, je t'écoute.

Cousteau – Je distingue dans la collaboration deux éléments qui d'ailleurs se complètent, mais qui, pris séparément suffisent à justifier notre choix. Il y avait d'abord la vieille querelle franco-allemande, beaucoup moins ancienne d'ailleurs que la vieille querelle franco-anglaise et pas plus insoluble.

Rebatet – Et quels que soient les inconvénients de l'entente cordiale, ils sont moins crucifiants qu'Azincourt, Trafalgar ou Fachoda.

Cousteau – Voilà en tout cas, le premier élément, et pour tous les gens dotés d'un minimum de bons sens, il eût dû être déterminant. Mais il y avait autre chose. L'Allemagne avec tous ses défauts, avec tout ce qui nous choquait ou nous exaspérait, était, que cela plût ou non, le bras temporel de l'idée fasciste. Il eût été aussi ridicule de se laisser rebuter par les tares germaniques qu'il serait ridicule pour un communiste de perdre la foi parce que les Russes sont d'impossibles cinglés.

Rebatet – C'est exactement ce que j'ai pensé dès que j'ai commencé à émerger du gâchis de la déroute. Tu me disais, il y a quelque temps, que la qualité majeure et inoubliable des Allemands, ç'avait été de refuser le mythe égalitaire, de repousser les facilités, le baratin de la démocratie. Un geste magnifique, en effet, cette chose si rare, si extraordinaire : un geste social qui est logique, qui est dans l'intérêt général, un de ces gestes qui assure la grandeur d'une nation.

Rebatet fit une affreuse grimace.

Rebatet – Nom de Dieu ! que le mot « grandeur » est difficile à prononcer après de Gaulle. Ces oiseaux-là ont démonétisé même notre langue... C'était le grand mérite de Déat[82] que d'affirmer ces choses à Vichy dès le mois de juillet 1940. Au classique occupant germain, botté, casqué, et mécanique, Déat opposait le national- socialiste, le soldat d'une révolution. Je dois te dire que cette idée si séduisante était demeurée chez moi surtout théorique jusqu'au 22 juin 1941. Car si l'Allemand porteur du flambeau révolutionnaire se manifestait peu dans ton Las de Thuringe[83], il ne se manifestait pas beaucoup plus à Paris. On avait du soldat teuton, armé de *Verboten*, sur les trottoirs comme dans les plus grands bureaux : un point c'est tout, il faut bien le dire. Le 22 juin a tout transformé.

Cousteau – C'est en effet très exactement ce jour-là – ce jour où la guerre a commencé contre le bolchevisme – que je me suis senti totalement collaborateur, c'est ce jour-là que j'ai commencé à souhaiter sans la moindre réserve la victoire de l'Allemagne. Et je l'ai dit, aussitôt, aux

---

[82] Marcel Déat, normalien, ex-néosocialiste, était le chef du Rassemblement National Populaire, parti collaborationniste, rival du Parti Populaire Français de Jacques Doriot. Foncièrement antivichyste, c'est lui qui, du clan collaborationniste, proposait les vues construites sur l'avenir de l'Europe sous pavillon nazi. Il réussit à convaincre Rebatet, en été 40, de renier Maurras, de quitter Vichy et la Révolution Nationale pour rejoindre Paris afin d'y préparer la révolution nationale-socialiste aux couleurs de la France.

[83] Il s'agit du stalag, en Thuringe, où Cousteau était prisonnier de guerre.

camarades de mon Kommando.

Rebatet – Le 22 juin, j'ai acquis la conviction que l'Allemagne s'était réellement chargée d'une mission européenne, mondiale. Je me suis mis à chercher des révolutionnaires. Je ne dis pas qu'ils n'ont pas existé ! Sauf un peut-être, je n'en ai jamais rencontré !

Cousteau – Ils n'étaient pas à Paris, Paris était une capitale d'embusqués.

Rebatet – C'est entendu : mais sur le plan révolutionnaire, c'était déjà une erreur monumentale que d'avoir envoyé à Paris les hommes qui représentaient le moins cette révolution. Autre erreur, encore plus grave : le comportement sur les territoires russes occupés. Au mois de juin 1941, j'attendais, nous attendions tous la proclamation de républiques indépendantes d'Ukraine, de Russie Blanche, l'offensive de libération. Au lieu de ça, la colonisation sans les moindres formes.

Cousteau – C'est là que le vieux thème sur la Germanie tentaculaire reprend sa valeur. Mais tous les pays ne sont-ils pas tentaculaires dès que la possibilité leur en est offerte ? Et j'avoue que je suis plus sensible à d'autres griefs.

Rebatet – Moi aussi, dans un certain sens. Par exemple, ton anecdote du *Canard enchaîné* concerne un des reproches graves qu'il faut adresser à l'Allemagne. Je dis bien *grave*, car ça va loin son incapacité à l'humour, les chansons de la Puce et du Rat, quand Goethe, un des Allemands les plus distingués et les plus ouverts, veut rire : le comique de châtreur de cochons qui est celui de Wagner, l'effroyable complexe d'infériorité de l'Allemand devant toutes les autres races de la terre aptes, sauf peut-être les Nègres, à une certaine ironie. Le seul Allemand qui a accès à un certain humour, un humour noir, c'est Nietzsche.

Cousteau – Mais Nietzsche est tellement au-dessus de l'Allemagne, au-dessus des nations.

Rebatet – Un autre reproche, immense, que j'adresse à l'Allemagne y compris Hitler, c'est qu'elle n'a pas su comprendre, ou qu'elle n'a compris qu'à moitié le rôle qui lui était réservé, c'est que son national-socialisme s'est confondu avec son pangermanisme. C'était sans doute une fatalité, il aurait sans doute fallu je ne sais quel prodige pour qu'un peuple pût aller ainsi contre ses instincts. Mais nous, nous avions cru, ou voulu croire l'Allemagne capable de ce prodige. Quelqu'un a donc eu tort : ou le national-socialiste allemand ou le fasciste français.

Cousteau – Pas de question. C'est le national-socialiste allemand qui a eu tort. Le fasciste français, lui, n'avait pas le choix. Il n'y avait pas d'alternative. Nous étions acculés à la collaboration par notre propre logique. Nous étions condamnés à collaborer avec les Allemands tels qu'ils étaient, pangermanistes tentaculaires, irritants, maladroits, bouchés à d'élémentaires évidences, maintenus par une sorte de fatalité hors de leur propre système, et beaucoup moins révolutionnaires dans l'ensemble que nous ne l'étions nous-mêmes.

Rebatet – Alors ?

Cousteau – Alors il nous restait l'arrière-pensée de contribuer à redresser des erreurs que l'état de guerre permettait d'imputer aux circonstances beaucoup plus qu'à une volonté délibérée. J'étais encouragé dans cette espérance par mon expérience de prisonnier de guerre. Pendant quatorze mois, j'avais pu constater avec quelle aisance un Français l'emporte sur un Allemand dès qu'ils sont laissés en tête à tête, dès qu'il ne s'agit plus que d'astuce et de baratin. J'avais compris que ce qui est redoutable, c'est un choc avec l'Allemand, pas une conversation...

Rebatet – Tu as fichtrement raison, mais c'est là très exactement le contraire de la vérité officielle française de l'entre-deux-guerres. Nos grands hommes voulaient bien se battre, ils ne songeaient même qu'à ça, ils passaient leur temps à imaginer des alliances saugrenues et à se cuirasser de béton, mais ils étaient terrifiés par l'hypothèse d'une négociation directe.

Cousteau – Et il a fallu l'écrasement de 1940 pour qu'un certain nombre de politiciens français découvrissent tout soudain qu'il n'était pas totalement idiot de *finassieren*. Vichy n'a fait que ça pendant quatre ans. Et avec quel succès ! Le vieillard étoilé[84] et l'Auvergnat[85] ont contribué mille fois plus efficacement que le *Haut de Hurlevent* à grignoter la victoire nazie. Pas un Allemand qui fut de taille à résister à ces acrobates.

Rebatet – Si la Résistance avait le sens de l'équité, il y aurait une rue Philippe-Pétain et une place Pierre-Laval dans toutes les villes de France.

Cousteau – Tu es bien de mon avis. Alors, crois-tu qu'il était absurde d'espérer que nous pourrions, nous aussi, prendre de l'ascendant sur nos vainqueurs ? Et ceci d'autant plus facilement que nos intentions, à nous, étaient pures, que nous ne jouions pas le double jeu, que nous ne caressions pas, comme tant de Vichyssois, l'ambition de restaurer, sur les décombres du IIIe Reich, une jolie république parlementaire. Notre ambition, à nous, n'était pas de saper la victoire allemande, mais de la préserver des impuretés et de lui garder sa signification morale, son éthique fasciste.

Rebatet – Une telle victoire allemande eût été la seule chance qu'avait encore l'Europe, et avec elle la France, de ne pas s'abîmer définitivement dans le gâchis...

Cousteau – Mais en supposant même que cette expérience eût été déraisonnable, en supposant qu'il fût démontré qu'il n'y avait rien

---

[84] Le Maréchal Pétain.
[85] Pierre Laval.

d'autre à attendre des Allemands que de la morgue, de la brutalité et de l'incompréhension, nous n'en étions pas moins condamnés à collaborer avec l'Allemagne, car la pire des Allemagnes vaut mieux que la meilleure des Russies, et si l'Europe ne pouvait être allemande, elle devait être fatalement cosaque.

Rebatet – On te dira tout de même que sachant ce que nous savions, nous aurions pu nous dispenser de nous mêler à la bagarre.

Cousteau – Oui. S'abstenir eût peut-être été la sagesse... Mais il n'est pas dans mon tempérament d'aller pêcher à la ligne lorsque d'autres prennent la Bastille...

Rebatet avait la mine épanouie du mélomane qui entend un pianiste exécuter dans le vrai mouvement une des *Études transcendantes* de Liszt.

Rebatet – Bravo, mon vieux. Sérieusement, tu nous dois un « Essai sur l'Histoire de France ». Si tu consens à l'écrire avec froideur, sans adjectifs, ça pourra être prodigieux et extrêmement instructif. Ta vue sur la supériorité véritable de la France en face de l'Allemagne ouvre des perspectives étonnantes sur le caractère des Français en particulier : ils dédaignent leurs qualités, ils veulent à tout prix concourir dans la catégorie qui n'est pas la leur. C'est le coureur de cent mètres qui veut faire la pige aux champions de poids. Tout revoir, depuis Clovis, dans cette perspective-là, et avec quelques autres idées directrices, ça serait sensationnel.

Cousteau ne répondit rien parce qu'il n'était pas dans sa nature d'élever des objections lorsqu'on lui faisait des compliments, mais dans son for intérieur, il savait bien qu'il était tout à fait incapable de jamais rien écrire avec sérénité et sans épithètes vengeresses. Rebatet poursuivit :

Rebatet – Ah ! tu me ramènes au rêve de la collaboration, de la vraie, où la souplesse française aurait trouvé son emploi honnête, légitime. Il n'y avait pas de destinée plus enviable pour notre pays. Puisque nous sommes condamnés à la collaboration depuis le début de ce siècle, puisque toutes les nations, hormis l'URSS, sont condamnées à collaborer, la collaboration la plus naturelle, la plus profitable, c'était la collaboration franco-allemande.

Cousteau – Tous les truismes sur lesquels nous avons tartiné étaient exacts : les deux peuples complémentaires, les intérêts communs, l'échange traditionnel des cultures, les avantages énormes que les industriels français auraient eu à travailler en connexion avec les Allemands.

Rebatet – Sur ce dernier point, du reste, la collaboration s'est faite et elle a été fructueuse. Tiens, tu me parlais du « finassiren ». J'en ai un exemple, moi aussi. Le premier dîner franco-allemand auquel j'ai assisté, fin 1940, était cinématographique. C'est-à-dire que nous étions une trentaine de metteurs en scène, de journalistes et de fonctionnaires, dont l'excellent M. Buron[86], devant trois Chleuhs muets, dont un terrible hibou en vert qui nous tint au dessert un discours dans son jargon, un discours très facile à traduire : le cinéma français était de la sous-merde – ce qui était du reste en grande partie exacte – le Reich lui accordait sa disparition. On apprenait en même temps, la création d'une énorme société allemande, la « Continental »[87], destinée à absorber toutes les maisons françaises. À sa tête, Greven, un Prussien de deux mètres, carte n° 7 ou 8 du Parti, d'une réputation effrayante de férocité. Dix-huit mois plus tard, la « Continental », après avoir été engueulée par la presse parisienne comme jamais firme ne le fut, était pratiquement aux mains

---

[86] Il s'agit de Robert Buron, futur député M.R.P., que Rebatet évoque dans *Les Mémoires d'un fasciste*, op. cit., t. II, pp. 16-18. Rebatet (ou plutôt François Vinneuil) était alors un critique de cinéma redouté et écouté.

[87] La « Société Continental » était une société française de production à capitaux allemands, dirigée par un Prussien, Alfred Greven. Elle a fait 33 films sur les 220 réalisés sous l'Occupation.

de trois ou quatre metteurs en scène français qui lui firent produire une quinzaine des meilleurs films de notre cinéma. En 1944, la situation du cinéma français était saine, florissante, on voyait surgir une quantité de talents nouveaux. On le devait essentiellement à la « Continental »...[88]

Cousteau – Bien sûr, mais la collaboration n'est jamais allée plus loin, elle n'a jamais été politique.

Rebatet – C'est probablement une injustice que d'en accuser soit les Français, soit les Allemands, ou Français et Allemands ensemble. La collaboration consentie entre deux pays est probablement une impossibilité humaine. Le dernier moyen de faire connaissance avec un autre peuple est évidemment d'y arriver avec des chars, des canons et une demi-douzaine de polices. La collaboration loyale avec un occupant armé est une chimère. D'autre part, il était impossible de ne pas s'accrocher à cette chimère. En tout cas, nous n'étions pas encore assez vieux pour la repousser.

Cousteau – L'amusant, c'est que les « autres » se sont lancés aujourd'hui à la poursuite de la même chimère. Après avoir bouffé du Boche pendant cinq ans et trucidé, tondu ou torturé tout ce qui était suspect de velléité d'entente avec l'Allemagne, ils s'aperçoivent que la collaboration avec nos voisins est pour la France une nécessité vitale.

Rebatet – C'est un peu tard...

Cousteau – De notre temps, il était avantageux de s'associer à un colosse, il était rassurant qu'une Wehrmacht du tonnerre de Dieu occupât les avant-postes de la civilisation en Ukraine et en Carélie. Aujourd'hui,

---

[88] De fait, la « Continental » n'imposa pas des films de propagande. Au contraire, elle découvrit des metteurs en scène comme Clouzot et laissa s'exprimer le talent français. À la Libération, trois films seulement ont été « épurés » : *Les Inconnus dans la maison*, *Le Corbeau* et *La Vie de plaisir*... Voir à ce sujet : Jacques Siclier, *La France de Pétain et son cinéma*, Paris, Ramsay (rééd. 1981), pp. 41-67.

si je comprends bien, il s'agit de refaire de toutes pièces une Wehrmacht dans une moitié de l'Allemagne pour défendre une moitié de l'Europe. Psychologiquement, cette collaboration-là est sans doute tout aussi malaisée que la nôtre, les vaincus ont été incomparablement plus malmenés que nous ne l'avions été. Comment le peuple allemand, que l'univers entier a traité en criminel de guerre, aurait-il la niaiserie d'accepter de se battre pour le compte de ses destructeurs ?

Rebatet ouvrait la bouche. Cousteau ne le laissa pas parler :

Cousteau – Je sais ce que tu vas me dire : que les Allemands sont incorrigibles et que dès qu'on leur permettra de se remettre en uniforme, de marcher au pas et de se faire tuer, ils frétilleront d'allégresse. D'accord. Mais mourir pour mourir, autant que ce soit avec le minimum d'absurdité. Si j'étais allemand, je sais bien dans quelle direction irait ma haine n° 1. Je sais bien que je pardonnerais plus volontiers aux Russes leurs viols en série (c'est humain de violer après tout) qu'aux pieux Américains leurs monstrueux tapis de bombes. Et puis, si j'étais allemand, je commencerais à en avoir un peu marre de toujours être battu. Or la prochaine guerre (du moins dans sa phase initiale) se présente plutôt mal pour les satellites de M. Marshall[89]. De l'avis même de certains augures du Pentagone, l'armée allemande présumée a le choix entre deux sortes d'opérations : ou couvrir la retraite des G.I. qui se hâteront d'aller rembarquer dans un quelconque Dunkerque, ou former l'avant-garde d'une Armée rouge qui sera en huit jours à Brest et à Bordeaux. Pour d'anciens SS, cette opération-là me paraît autrement alléchante.

Rebatet faisait la moue :

Rebatet – Tu sais, moi, j'ai fini de tirer des plans militaires sur la comète. Je me suis occupé de stratégie guerrière une fois dans ma vie, on ne m'y

---

[89] Il s'agit du général Marshall, dont le nom demeure associé au plan américain de reconstruction de l'Europe, arrêté en 1947.

reprendra plus. Ce que tu dis est d'une logique éclatante ; sur le plan de la logique formelle, j'y souscris entièrement. Mais toute guerre comporte vraiment trop de facteurs qui nous échappent. Ils échappent même aux meilleurs guerriers qui sont toujours des civils. Bien entendu, je ne parle pas des États-Majors ! Le domaine de la logique, c'est la musique, c'est la mathématique. Là, au moins, on est sûr de ses déductions !

Cousteau rougit jusqu'aux oreilles :

Cousteau – Pan sur le bec. Tu m'as pris en flagrant délit de *Kriegspiel* : « Garçon ! des allumettes, un siphon et la carte des Balkans ! »... C'est de tous les jeux de l'esprit le plus méprisable, le plus décevant et le plus ridicule. Ne me gronde pas : je ne le ferai plus... D'ailleurs, je me fous de l'issue de la prochaine guerre. Pour une fois, je suis d'une rigoureuse impartialité. Je sais que dans cette guerre tous les coups seront assénés, de part et d'autre, à des choses, à des systèmes, à des gens qui me lèvent le cœur. Alors que le meilleur gagne ! *Go on, gentlemen...* Seulement, les Allemands, pris collectivement, ne peuvent pas avoir ce détachement. La question les concerne directement. Ils seront au centre de cette guerre et il se peut que de leur attitude dépende la fortune des armes.

Rebatet – C'est possible, c'est vraisemblable. Ça ne m'intéresse plus. Nous avons fourni à ce siècle quelques moyens honorables de se tirer d'affaire. Il n'a pas voulu. Que le siècle se démerde. Pour les Frizous, dans quelque camp qu'ils soient, je sais qu'ils resteront ce qu'ils sont : profonds, mais manquant d'ouvertures, disciplinés mais hagards, plus pagailleurs que des sidis dès qu'ils n'ont plus un super-caporal pour les mettre en rang, grands voyageurs mais provinciaux ; héroïques, généreux, mais gaffeurs, ayant toujours gâché leurs plus beaux gestes, leurs plus belles victoires ; incapables d'irréligion, ayant un goût morbide pour la catastrophe ; éprouvant en somme toutes les peines du monde à rattraper les cent cinquante ans de civilisation que le prussianisme leur a fait perdre. L'Allemand est la preuve vivante que deux et deux ne font pas toujours quatre.

Cousteau eut alors un vilain rictus. La fluidité présumée du produit de deux plus deux était un thème incessant de controverse entre les deux amis. Cousteau était profondément convaincu que deux et deux, en toutes circonstances, font toujours quatre et il ne manquait jamais l'occasion de chercher l'accrochage sur ce terrain où il avait la présomption de s'estimer imbattable. Rebatet cependant ne prit pas garde au rictus provoquant et il poursuivit :

Rebatet – Un Allemand, individuellement, quelle que soit sa culture – ce sont les gens les plus cultivés de la planète – ne vaut pas la moitié d'un Français. Mais dix Allemands valent cinquante Français. L'Allemand est par excellence, l'homme qui possède les vertus sociales, la patience, l'obéissance, la fécondité, la propreté, l'aptitude à la foi, la régularité dans l'effort.

Cousteau – C'est sans doute une preuve d'infériorité individuelle, ou si l'on veut, de moindre évolution.

Rebatet – Mais cela forme un composé social incomparable. Au fond, j'aime tendrement ces gens-là tout en étant certain que je ne pourrais pas vivre chez eux, que je les engueulerai toujours, que nous ne nous comprendrons jamais à fond. Mais après leur avoir tout reproché, on leur pardonne tout pour un geste grandiose, pour une idée, un homme magnifique qu'ils donnent au monde, comme on pardonne à Wagner deux heures d'ennui infernal pour trente minutes de génie. L'Allemagne, c'est le pays à la fois le plus ennuyeux et le plus exaltant. Mais je conçois l'horreur que peut éprouver pour cette Allemagne un Madrilène, un Andalou, un Florentin, un Napolitain. Toi qui es plus latin que moi, me semble-t-il, tu as eu beaucoup plus de mérite à collaborer. Mais nous savions tous les deux que pendant dix ans l'Allemagne avait tenté de sauver l'Occident et l'homme blanc. Elle s'y est certainement mal pris ?

Mais l'honneur lui reste. Toi et moi, nous ne l'oublierons jamais.

Atelier de Lingerie de la maison centrale de Clairvaux, mars 1950.

DIALOGUE n° 8

CROIRE ET COMPRENDRE

> « Point d'êtres plus dangereux que ceux qui ont souffert pour une croyance : les grands persécuteurs se recrutent parmi les martyrs auxquels on n'a pas coupé la tête. »
> Emil Cioran, *Précis de décomposition*

Cousteau continuait à lire Aldous Huxley goulûment, avec la frénésie des néophytes. Quelques mois auparavant, le nom de l'écrivain ne lui disait pas grand-chose. Il eût volontiers confondu Aldous et Julian. Mais *Contrepoint* l'avait ébloui et il avait aussitôt décidé de lire *tout* Huxley, comme jadis il avait lu *tout* Anatole France et plus récemment *tout* Bernard Shaw, *tout* Oscar Wilde et *tout* Proust. Où donc, sinon au bagne, pourrait-on mener à terme des entreprises aussi totalitaires ?

Ce jour-là, Cousteau leva la tête de son livre, et, comme, par aventure, Rebatet avait renoncé aux Pères de l'Église pour additionner un bordereau de tabac, il jugea qu'il ne serait pas discourtois de l'interrompre dans cette besogne futile.

Cousteau – Je trouve là, dit-il en désignant *Crome Yellow*, une idée qui n'est certes pas d'une originalité foudroyante, mais qui m'enchante... Il s'agit d'une classification de l'espèce humaine qu'établit un vieux monsieur sentencieux et désabusé. Oh ! je sais bien combien il est ridicule de prétendre insérer les individus dans des catégories rigides et combien c'est arbitraire... Mais la classification du personnage de Huxley est satisfaisante pour l'esprit. Il distingue trois sortes d'hommes : d'abord ceux qui composent le troupeau (*the herd*) c'est-à-dire moins que rien.

Ensuite les gens qui ont la foi. Ensuite les gens qui ont l'intelligence. Deux catégories tout à fait distinctes, incompatibles, impénétrables. C'est ça qui me ravit. On est intelligent OU on est croyant. Si l'on est intelligent, on ne peut être croyant et si l'on est croyant on ne peut être intelligent. C'est l'un ou l'autre... Naturellement, le personnage de Huxley ne limite pas à la foi religieuse l'inaptitude à l'intelligence. Il englobe dans sa catégorie des croyants, tous ceux qui croient profondément à quelque chose, au Progrès, à la Science, à la Démocratie, au Fascisme, à l'Amour, à tout ce qu'on voudra... Cela rejoint trop étroitement un de mes vieux dadas pour que je n'en sois pas agréablement chatouillé. J'avais pressenti depuis longtemps que le scepticisme est la condition première de l'intelligence, et mes longues méditations concentrationnaires ont achevé de m'en convaincre.

Rebatet – J'attache chaque jour plus de prix au scepticisme. Qu'est-ce qu'un sceptique ? C'est un homme qui a le goût de la connaissance – la connaissance condamnée aux premières pages de la Bible – mais qui connaît les limites du connaissable. Vingt Dieux ! [sic] je parle comme tout un congrès de sorbonnards. Pour le sceptique, « c'est toujours une gloire de voir ce qui est » comme dit Montherlant. Du moins, je préfère cette définition à celle du doute systématique que je comprends mal.

Cousteau – Il n'est pas question de douter de tout par principe. Ça aussi, c'est de l'obscurantisme et du bluff... D'ailleurs, l'aptitude à la foi – ou si tu préfères à la crédulité – échappe à la volonté, elle ne se raisonne pas, on ne peut pas la faire dépendre d'un système.

Rebatet – C'est ce que nous disions l'autre jour à propos de l'obscurantisme.

Cousteau – Chaque individu est plus ou moins doué pour la foi, selon son tempérament. Personne n'échappe complètement à cet étrange besoin qu'on éprouve, soit en permanence, soit par crises, de faire taire toute logique et toute prudence pour « s'engager », pour se lancer à corps perdu dans une conviction dont on devient aussitôt l'esclave...

Rebatet – C'est un phénomène banal.

Cousteau – Nous en avons tous fait l'expérience. L'amour avec un grand A n'est pas autre chose qu'un accès de foi. On croit tout à coup que la femme convoitée est la seule désirable (ce qui est absurde) et que sa perte serait la plus épouvantable des calamités (ce qui n'est pas moins idiot). Et l'on agit en conséquence... Les enthousiasmes politiques ou religieux ont le même mécanisme.

Rebatet – De sorte que nul ne peut se vanter de n'avoir jamais cédé à de pareils entraînements.

Cousteau – Nous en sommes la preuve. Toi et moi qui sommes cuirassés de scepticisme, nous avons eu nos heures de foi militante... Et ça a fait un peu de bruit... Et nous n'y sommes pas allés à moitié... Je me garde bien, d'ailleurs, de tenir ces crises pour condamnables a priori. L'homme bouleversé par une passion amoureuse accède à une richesse de sensations qu'ignorera toujours l'individu au cœur sec. Et le militant politique, le mystique, ou plus simplement le chrétien convaincu trouvent dans leur foi d'incontestables satisfactions. En outre, la plupart des choses fracassantes qui ont modifié la face de cette planète ont été accomplies par des fanatiques.

Rebatet – La foi soulève les montagnes !

Cousteau – Mais pas la raison. Seulement, je constate que l'homme dominé par une foi quelconque perd aussitôt l'usage de son intelligence, ou plutôt qu'il ne s'en sert plus que pour enrober de sophismes ce que lui dicte son instinct, et qu'il finit – du moins dans les domaines qui touchent à sa croyance – par se comporter, si doué qu'il soit, comme un véritable imbécile. Cette imbécillité-là a peut-être son attrait et sa grandeur. La question est de savoir si elle est préférable à la lucidité. Par tempérament, j'opte pour la lucidité.

Rebatet siffla d'admiration :

Rebatet – Foutre ! Que tu t'exprimes bien. Tu n'aurais pas dit ça il y a dix ans ni même cinq. Et moi non plus. Nous progressons. Loin des vaines pompes du monde, nous accédons aux vérités éternelles. Je crois que tu as fait le tour de la question. La foi est une espèce d'organe qu'on trouve chez tous les hommes comme le cœur et l'estomac. Il faut que cet organe fonctionne, d'une façon ou d'une autre...

Rebatet s'interrompit pour rallumer un mégot défaillant, mais il suivait son idée :

Rebatet – Nous n'avons jamais eu la foi religieuse. J'ai lieu de penser que nous sommes définitivement guéris de la foi politique. Il a tout de même coulé beaucoup d'eau depuis que nous avons cessé de faire des bêtises majeures pour les femmes. Sommes-nous décapés, définitivement, jusqu'à l'os ? Ou bien l'organe de la foi nous réserve-t-il encore des surprises. Je me demande sur quoi il pourrait bien s'exercer ! Je ne vois plus guère que les pucelles d'âge très tendre... En somme la question revient à se demander quel est le genre de conneries que nous commettrons à cinquante ans.

Cousteau – Une chose est certaine, c'est que puisqu'on nous a laissé vivre, nous en commettrons encore beaucoup. Lesquelles ? Je n'en sais rien... L'histoire de l'humanité montre assez clairement que les idoles périmées ne disparaissent que pour être remplacées immédiatement par d'autres idoles, que les peuples ne lâchent un mythe que pour s'accrocher à un autre mythe. C'est d'ailleurs bien regrettable : les seules religions tolérables sont celles que l'usage a érosées [sic] et qui ont chu dans un formalisme de tout repos, alors que les jeunes religions sont jalouses, inquiètes, féroces, dévastatrices...

Rebatet – Et les individus sont comme les peuples, ils n'abandonnent leurs vieilles croyances que pour en adopter de nouvelles.

Cousteau – Impossible donc de préjuger des blagues que nous ferons à l'avenir. Il y a tout de même dans mon cas quelque chose qui me rassure un peu. C'est qu'au plus fort des bagarres politiques, il me semble bien que je n'ai jamais perdu tout à fait ma lucidité, jamais eu une foi sans nuances dans notre propre cause. Peut-être parce que mon sens de l'humour m'a toujours contraint à ne pas ignorer complètement les aspects ridicules de nos propos et de nos actes.

Rebatet – Ça ne t'a pas empêché d'aller jusqu'au bout, ma vache !

Cousteau – Ça, c'est autre chose. C'est parce que je suis orgueilleux. Ce qui, d'ailleurs est une autre forme de foi : la foi en soi-même. Il m'aurait déplu de ternir par une lâcheté l'image que je m'étais faite de moi-même.

Rebatet – En somme, la foi que tu avais en ta personne s'était en quelque sorte substituée à la foi qui servait de prétexte à tes attitudes ?

Cousteau – Je te concède que cette sorte de foi n'est pas moins déraisonnable que les autres (et la preuve, c'est qu'elle m'a conduit ici) mais elle me laisse la satisfaction de n'avoir pas été complètement dupe de nos immortels principes. Ce qui ne veut pas dire – je me hâte de l'ajouter – que je manquais de sincérité, que j'étais un menteur.

Rebatet – Il n'aurait plus manqué que ça !

Cousteau – J'étais profondément convaincu que notre cause était le moindre mal pour la France et pour le monde, qu'elle était moins abjecte que celle de l'ennemi. Mais j'étais moins convaincu de l'excellence absolue de nos principes, du génie et de la vertu de nos chefs... alors que les véritables croyants (ceux de notre bord, du moins) n'en doutaient absolument pas. Je t'avoue que cette petite nuance me console. Sans cette petite nuance, je n'oserais pas me regarder dans la glace, je me tiendrais sans appel pour le dernier des idiots.

Rebatet – Ce que tu viens de me dire me donne la clef d'un bref dialogue que nous avons eu ensemble, à l'imprimerie de *Je Suis Partout*, rue Montmartre, et qui doit se situer à la fin de 42. J'apportais un papier au journal, je ne sais plus quelle tartine jusqu'au-boutiste. Elle était certainement « convenable », je veux dire dans le ton nécessaire.

Cousteau – Je te rends cette justice que tu as toujours fait le sacrifice des nuances pendant la bagarre.

Rebatet – Mais justement le sacrifice des nuances commençait à me coûter, je sentais que nous descendions la pente, j'étais désabusé. Je te regardais noircir ton papier allègrement. Je te dis : « Tu ne commences pas à être fatigué de ce métier ? » tu me répondis : « Pas du tout, ça m'amuse. Comme un sport. » Ce mot m'avait paru un peu léger... Mais je comprends maintenant : nous étions certes sincères, mais nous n'étions dupes ni l'un ni l'autre. Ce qui est un peu effrayant dans de pareilles aventures, c'est que l'on s'adresse à de braves citoyens chez qui la naïveté est quasi absolue.

Cousteau – C'est en effet effrayant... Vois ce que la propagande a fait du forçat Colin. Le vocabulaire de ce parfait honnête homme est une anthologie de tous les poncifs de la presse d'extrême droite des vingt dernières années. Et cette anthologie est pour lui une sorte d'évangile, c'est la vérité révélée, insoupçonnable, indiscutable. Pour le forçat Colin, Blum, c'est Karfunkelstein. Il lui a suffi de lire ça un jour, sous la signature de Béraud pour que ce patronyme devînt à la fois authentique et infamant. Lorsqu'on dit « Blum », Colin ricane aussitôt « Ah ! oui, Karfunkelstein. » Cela clôt toute discussion, cela accable définitivement le regretté défunt.

Rebatet – C'est bien là en effet le type même de l'argument idiot, mais c'est aussi le type de l'argument qui a des chances d'entraîner les gens prédisposés à la foi.

Cousteau – Il y a énormément de choses désobligeantes à dire sur le compte de feu M. Blum. Les plus désobligeantes furent dites d'ailleurs, si je ne m'abuse, par André Gide lui-même dans son Journal et de tas de gens distingués ont brillamment démontré la malfaisance de ce personnage. Sans grand succès, puisque la raison et la logique sont sans effet sur les masses. Tandis que Karfunkelstein, voilà un trait qui porte !

Rebatet – Il est tout de même regrettable que nous nous soyons servis d'armes semblables.

Cousteau – Mais le moyen de faire autrement ? Dès qu'on choit dans le prosélytisme, dès qu'on est animé du désir de convaincre, on est bien obligé de tirer extrêmement bas... La foi qui est paralysie de l'intelligence ne peut être stimulée que par des excitants d'une extrême grossièreté. Il faut dire toutefois à notre honneur qu'à *Je Suis Partout* nous ne nous sommes jamais hasardés dans la démagogie qu'avec une certaine maladresse et une constante répugnance, alors que nos ennemis y sont parfaitement à leur aise.

Rebatet – D'où leur succès...

Cousteau – Mais pour en revenir à ce que tu me disais tout à l'heure, je t'avoue bien volontiers que je suis un peu épouvanté lorsque je confesse – ici c'est fréquent – un de nos militants de base, un des croyants de notre cause. Neuf fois sur dix, le gars n'a rien retenu des raisons valables de notre action, mais seulement d'absurdes slogans d'un infantilisme tellement sommaire... Tous les vrais croyants provoquent d'ailleurs en moi le même malaise. Ce sont des gens qu'il est décidément au-dessus de mes forces de fréquenter.

Rebatet soupira :

Rebatet – Voilà pourtant des propos qu'il faudrait tenir aux « jeunes » comme disent les curés. Mais pour ce qu'ils y entendraient ! Ça ne détournerait pas du militantisme, si j'ose dire, un seul des garçons qui ont ça dans la peau.

Cousteau – Rien, sans doute, ne serait plus décevant que de s'établir professeur de scepticisme...

Rebatet – A l'inverse, il y a l'idée de Huxley : un authentique *brain's trust* de la planète, le concile des gens vraiment avertis, fabriquant sciemment du Colin en série, du Colin d'un type qu'on aurait déterminé d'avance. Tous les membres de ce Concile devraient avoir fait une retraite préalable d'un an minimum, partagée également entre l'étude des *Exercices spirituels* de Saint Ignace et la méditation sur la biographie de notre Maître Iossip Vissarionovitch. Ça, ça serait du travail. Ça serait un fameux progrès.

Cousteau – Mais c'est aussi chimérique que l'abbaye de Thélème.

Rebatet – Tu en as donné très bien les raisons tout à l'heure, il faut avoir la foi pour entreprendre avec quelque chance de succès, et dès qu'on a la foi, l'entreprise est un peu viciée, entachée de quelque connerie.

Cousteau – S'il n'y avait que la bêtise, le mal serait limité... Mais il y a l'automatisme de la catastrophe. On ne s'en méfie pas assez et si nous nous faisions professeurs de scepticisme, c'est là-dessus qu'il faudrait insister. Sans aucun succès, d'ailleurs, puisque par définition même, notre scepticisme ne serait pas assez fervent pour arracher la conviction.

Rebatet – Oui, mais entre nous, ce sont des choses qu'il est bon de savoir.

Cousteau – Un croyant n'est pas seulement un abruti infréquentable, c'est aussi une menace en puissance pour notre tranquillité. Je parle naturellement des vrais croyants, pas de ces croyants-bidons qui donnent dans la tolérance et qui démontrent ainsi que leur foi est superficielle. Le croyant absolument convaincu ne peut tolérer ce qui s'écarte de son dogme ou ce qui le contredit. Et c'est à la rigueur dans le massacre des opposants qu'on reconnaît la sincérité des convictions. Lorsqu'on parle des « siècles de foi », on désigne les siècles au cours desquels il était normal de brûler des hérétiques.

Rebatet – Mais nous sommes toujours dans un siècle de foi.

Cousteau – Seulement ce n'est plus un siècle de foi religieuse. Du moment que Mgr Feltin et le pasteur Boegner ne méditent pas de s'entrégorger comme l'eussent fait leurs grands ancêtres du XVIe siècle, il m'est impossible de prendre leurs momeries au sérieux.

Rebatet – La foi ravageuse a changé d'objet. Elle est politique. Tel qui s'indigne rétrospectivement du supplice du Chevalier de la Barre, trouve parfaitement légitime qu'on ait puni de mort l'hérésie de Brassillach et de Bassompierre[90].

Cousteau – Quant aux communistes, qui se sont fabriqués une véritable église, ils procèdent à l'anéantissement de leurs ennemis (vrais ou présumés) avec une admirable fermeté. Voilà des gens sérieux et dont la

---

[90] Sous-officier réactionnaire, jadis révoqué de l'armée pour avoir substitué un « R'posez armes ! » au « Présentez armes ! » sur le passage de M. Léon Blum. Engagé à la L.V.F. Condamné à dix ans de travaux forcés. Toujours détenu en 1950, deux ans après la libération de son colonel.

sincérité n'est pas suspecte ! Mais en définitive, c'est toujours la même chose, c'est toujours le même processus, qu'il s'agisse du Moyen Age, de la Renaissance ou des Temps modernes : dès qu'une collectivité humaine est soulevée par une grande croyance, son premier souci est de tourmenter ou d'occire tout ce qui échappe à la contagion. Les despotes les plus cruels n'ont fait couler que d'absurdes petits ruisselets de sang et de larmes, à côté des torrents de sang et des torrents de larmes qu'on doit à Jésus-Christ, à Mahomet, à Luther, à Jean-Jacques Rousseau, à Hitler et à Lénine... Tiens, tout ça est par trop bête. Ça me donne envie de relire les *Liaisons Dangereuses*, de m'évader de tous ces siècles insensés et de retourner au seul siècle à peu près décent de notre histoire, le seul dont il soit malaisé de dire qu'il fut lui aussi un siècle de foi...

Rebatet se mit à rire avec insolence :

Rebatet – Tu peux en parler du XVIIIe siècle ! Il a joliment fini ! De Watteau à Robespierre. C'est un beau résultat. Il avait un peu moins la foi que les autres, ce siècle-là, c'est entendu. Mais cette foi a suffi à tout pourrir. Le scepticisme de Voltaire n'a pas tellement fait de tort aux « noirs ». Par contre sa foi a terriblement contribué à installer la démocratie. C.Q.F.D. Il reste que Voltaire a été un délicieux artiste de la langue française et qu'on lira encore *Candide* dans trois cent ans. Le dernier mot reste à la littérature. Cultivons notre jardin.

Atelier de Lingerie de la maison centrale de Clairvaux, avril 1950.

DIALOGUE n° 9

LE TROISIÈME SEXE

> « Pour l'inverti, le vice commence non pas quand il noue des relations (car trop de raisons peuvent les commander) mais quand il prend son plaisir avec des femmes. »
>
> Marcel Proust, *À la Recherche...* IX

Cousteau et Rebatet sortaient d'une rude alerte. Leur cuisinier nîmois, spécialiste des succulentes bouillabaisses et des aïolis triomphaux avait failli « tomber pour la pointe ». C'est-à-dire qu'un dénonciateur l'ayant accusé de pédérastie, ce garçon avait atterri au mitard, et qu'on avait redouté pour lui une sanction draconienne. À la dernière minute, cependant, en plein prétoire, le dénonciateur s'était rétracté. La preuve était ainsi faite que le cuisinier nîmois n'aimait pas plus ça que le cuisinier chinois. Ce fut au bureau de la Lingerie un énorme soulagement. Non que Rebatet et Cousteau jugeassent la chose en moraliste. Il leur importait peu que l'accusation fut fondée ou non. Mais ils eussent été consternés que leur ami demeurât dans la prison de la prison.

Rebatet – Bon, conclut Rebatet, après les effusions qui accueillirent le retour du cuisinier prodigue, tout est bien qui finit bien, mais qu'on me foute la paix, désormais, avec ces histoires de pédales. J'en ai par-dessus les oreilles. Je ne veux plus en entendre parler.

Cousteau – Parlons-en au contraire, répondit Cousteau avec fermeté.

Rebatet était tellement hostile à toute discussion sur ce thème, qu'il lança tout d'un trait cette harangue dont le ton montait de phrase en phrase :

Rebatet – Vous commencez à me casser les couilles, tous autant que vous êtes ! Je vis au milieu de la pédale depuis l'âge de quatorze ans. Dans mon premier bagne, chez les curés de Saint-Chamond, c'en était pourri. Etudiant, j'ai été répétiteur dans un collège catholique où tous les curés en étaient...

Cousteau – Oh ! Lucien, tous ?

Rebatet – Tous ! Je dis bien : tous ! Dans ce collège, j'avais comme élèves des petits garçons jolis comme des cœurs que les curés tripotaient sans arrêt, à qui ils faisaient danser des ballets grecs avec nymphes et faunes. Au régiment, en Allemagne où toutes les gonzesses baisables étaient plombées, la pédale refleurissait, il y avait un anarchiste qui voulait absolument que je le branle pendant les dix nuits où j'ai couché à côté de lui, dans la prison du 150e. J'ai eu trente copains pédérastes, un de mes meilleurs amis en a été, j'ai logé des pédérastes chez moi. Même dans les assurances il y avait un pédéraste anglais qui me faisait face dans le bureau, et qui racolait sur les boulevards, la nuit. J'ai vu des claques à pédales, j'ai vu un grand directeur de théâtre faire les pissotières pédalesques de Montmartre. À Fresnes, je logeais à l'étage des pédales, le harem de la reliure. Ici, je n'en parle pas... J'ai lu Proust à dix-neuf ans, je connais les dessins pédérastiques de Cocteau, les éditions illustrées des *Hombres* de Verlaine, j'ai lu *Les Journées de Sodome* de Sade. Je ne suis jamais tombé. Ça ne m'intéresse pas...

Cousteau – Que tu dis ![91]

---

[91] Sur les attirances masculines (avérées) de l'adolescent Rebatet, voir Robert Belot, *Les Chemins d'un fasciste. Essai de biographie politique, op, cit.*

Rebatet bondit sous cette provocation :

Rebatet – Je n'ai jamais touché du bout du doigt la queue de mon prochain. A dix ans, je sortais de mon lit pour aller regarder les boniches de la famille se déshabiller. À quinze ans, j'ai failli être foutu à la porte de Saint-Chamond pour avoir tenu une correspondance clandestine avec une pensionnaire. J'ai consacré six ans de ma vie *exclusivement* aux femmes, pas aux femmes en général, à deux ou trois, ce qui est beaucoup plus sérieux. Je regrette de ne pas en avoir consacré trente. Je me plais mille fois plus avec les femmes qu'avec les hommes, c'est à elles que je dois les meilleurs souvenirs de ma vie. Vous me faites chier avec vos grivoiseries sur les paires de couilles, le rond et la terre jaune [*sic*]. J'ai connu les plus jolis girons de Paris, et vous voudriez que je m'occupe des pauvres merdeux de la pédale taularde ! Est-ce que tu n'as pas honte, toi, grand salaud ?

Cousteau fit un geste qui s'efforçait de traduire la pureté de sa conscience.

Rebatet – Je me rappelle qu'aux chaînes, il y avait dans les bouquins de la bibliothèque qu'on nous apportait *Les Amitiés Particulières* de Peyrefitte. J'avais essayé de te dire que ça valait d'être lu, que j'avais d'ailleurs fait le premier papier sur ce livre dans *J.S.P.*[92] Quel mépris, monsieur ! Quel foudroiement ! Et maintenant, tu m'assassines à longueur de journée avec des histoires de pompiers et de trous de balle. Enfin, tu ne vas tout de même pas tomber ! Tu ne vas tout de même pas me faire ça à moi !

Cousteau avait subi cette rafale sans broncher :

Cousteau – Curieux, mon pauvre Lucien, ce manque de sérénité... Il y a comme ça des sujets qui te font perdre automatiquement ton sang-froid.

---

[92] L. Rebatet, « L'académie de la dissidence ou la trahison du prosaïque », *Je Suis Partout*, 10 mars 1944.

L'Église et la pédérastie, entre autres. Surtout l'Église et la pédérastie... Il m'est difficile de ne pas y voir quelque refoulement... D'ailleurs Sariac[93] a lu dans les lignes de ta main que tu finirais dans les petits garçons. Avant ta conversion, ou après ?

Une bordée d'injures fracassantes partit du bureau de Rebatet. Cousteau n'y prit point garde :

Cousteau – Tu as, dans ces domaines – l'Église et la pédérastie – une expérience qui me fait complètement défaut. D'ailleurs, si j'en juge d'après *Les Amitiés Particulières,* les deux choses sont jusqu'à un certain point concomitantes. Au départ, du moins... Mais tu sais que je suis le fruit sec de l'école sans Dieu, et ce n'est pas au lycée que mes yeux auraient pu s'ouvrir sur la réalité des affections socratiques...

Rebatet – Allons, Pac, aucun souvenir de pédale pendant toute ton enfance ?

Cousteau – Si, pourtant, une fois, dans le métro à New York, un vieux monsieur pas joli du tout s'est autorisé de la bousculade pour me caresser sans discrétion. J'avais quatorze ans, et mon innocence était totale : toujours les résultats de l'école sans Dieu ! C'est beaucoup plus tard que j'ai compris ce que me voulait le vilain vieux monsieur... Et il m'a fallu bien plus longtemps encore pour admettre que la pédérastie fût un phénomène d'une extrême banalité et complètement extérieur à mon éthique, c'est-à-dire un phénomène que je n'avais pas le droit d'affubler d'un signe positif ou négatif, qui ne participait, du moins selon ma morale, ni du bien ni du mal... Mais je te le répète, je suis resté sur ce terrain-là d'une grande naïveté jusqu'à un âge avancé. Très exactement jusqu'à notre expérience concentrationnaire. Tu me dis que tu as connu énormément d'homosexuels. Pas moi. Ou, si j'en ai connus, j'ignorais ce

---

[93] Avocat et ami de Lucien Rebatet.

qu'ils étaient. Je savais, bien sûr, que « ça » existait, mais ça m'apparaissait tellement monstrueux que ça ne pouvait être qu'exceptionnel. Tu te doutes que depuis que la République me fait expier mes crimes, j'ai un petit peu changé d'avis...

Rebatet – Merde ! hurla Rebatet. Qu'est-ce que c'est que ce baratin ? Non seulement tu viens me raser avec tes histoires de mâles qui se grimpent, mais il faut encore que je t'explique le coup ! Tu deviens vicieux. Faut-il que je t'écrive un traité sur l'onanisme à deux dans l'internat catholique ? D'abord, j'ai certainement connu plus de pédales que toi, mais tu en as tout de même connu un bon paquet. Rien que dans nos ex-relations communes, j'en vois au moins quatre : A, B, C, et D. Qu'est-ce que tu pensais, par exemple de ces personnages-là ?

Cousteau – Je n'en pensais rien. C'est monstrueux, mais c'est ainsi... Tiens, pour ne parler que de A., il m'a fallu attendre sa trahison pour apprendre du même coup qu'il était à la colle avec un danseur luxembourgeois. Entre nous, rappelle-toi : si libres que nous fussions dans nos propos, nous nous serions évanouis de honte plutôt que de risquer la moindre allusion aux mœurs de notre grand homme. L'anus de A. ne devait pas plus être soupçonné que la femme de César... Pourtant, j'aurais dû être éclairé. Une de mes cousines de province, oie demi-blanche de passage à Paris avait déjeuné avec A. et les danseurs chez un ami commun. Là, A. renonçait au mystère. Il étalait ce qu'il nous cachait. Ma cousine en profita pour faire de fines plaisanteries sur mes fréquentations. Naturellement, je m'étranglai d'indignation. Je refusai l'évidence. C'est toujours comme ça quand on a la foi. J'avais foi en A. et ça suffisait pour m'empêcher de le voir tel qu'il était...

Rebatet – Et les autres ? Et B. ? et C. ? et D. ?

Cousteau – Pour ceux-là, c'est un peu différent. Le prince B. est russe, et comme tous les Russes, qu'ils soient pédérastes, vieux croyants, nihilistes ou romanciers, sont des cinglés, leurs anomalies ne sauraient me surprendre... C. ? J'ai déjeuné une fois avec lui. C'est peu pour avoir une opinion. Mon copain D. ? Il est père de quatre enfants. Ça n'empêche rien, bien sûr, mais c'est tout de même un drôle d'alibi. Plus qu'il n'en fallait, en tout cas, pour me cacher une réalité dont la connaissance est pour moi toute récente.

Rebatet – Ne te fais tout de même pas plus godiche que tu n'es.

Cousteau – Entendons-nous. Je n'ai jamais ignoré qu'il existât des individus que leur conditionnement psychosomatique condamne à se comporter comme s'ils étaient d'un autre sexe. Ce sont, si tu veux, les homosexuels authentiques. J'avais tort de les croire extrêmement rares. J'avais tort, également d'ignorer qu'en marge de ces invertis authentiques, de ces invertis qui ne peuvent pas être autre chose, qui éprouvent une insurmontable répugnance à l'égard des femmes, il existe un énorme pourcentage d'hommes normalement constitués qui sont prêts, pourvu que les circonstances soient propices, à devenir tout naturellement – si j'ose dire – des invertis d'occasion. Je sais maintenant que pour les jeunes, c'est une fatalité biologique, et que – toujours si les circonstances sont favorables – c'est l'hétérosexualité, le refus définitif de frayer avec son propre sexe, qui devient l'exception.

Rebatet se rassérénait un peu. Il goguenarda :

Rebatet – Je vois que la conversation prend un tour scientifique. J'aime mieux ça. Je te répète que je serais tout disposé à parler longuement de la pédale, dehors, à la terrasse d'un café agréable, en regardant passer filles et tantouzes, en me sentant un complet d'une étoffe décente sur le dos, dans un milieu dont je consentirais à étudier les mœurs...

Cousteau – Ici, tout de même...

Rebatet – Non ! Clairvaux ne m'intéresse pas. Pas parce que c'est Clairvaux, parce que c'est un village. Les ploucs de mon village natal m'ont toujours regardé de travers parce que je n'étais pas capable d'entendre leurs histoires de murs mitoyens, de poiriers gelés, de cocuages. Et je croyais les amuser, de mon côté, en leur racontant ce que j'avais vu à La Haye, à Budapest ou à Rome. Fatale erreur !... Je n'arrive à m'intéresser aux choses et aux gens qu'à partir d'un certain degré de civilisation.

Cousteau – Alors, ici, tu es servi...

Rebatet – Justement. Les sodomistes du bagne sont aussi loin que possible de ce niveau de civilisation... J'ai peut-être tort : je pense au trésor qu'aurait été la vie d'ici pour un conteur du type Maupassant. Quand on pense que Maupassant faisait cinq cents lignes sur un maquignon normand ramassant un bout de ficelle !

Cousteau – Nous nous éloignons des pédérastes...

Rebatet fronça les sourcils :

Rebatet – Décidément, ça te tient... Enfin, comme tu voudras... Mais je te répète que l'homosexualité du bagne ne m'apprend pas grand-chose. C'est à Saint-Chamond que j'ai fait mon éducation. Et pourtant, je ne peux pas te dire que j'ai compris sur le vif tout ce qui s'y passait. Les phénomènes homosexuels étaient entachés pour moi, – je dois te l'avoir déjà expliqué – d'une tare sociale, parce que mon père, qui était démagogue m'avait fait passer deux ans à l'école laïque de mon patelin. J'y avais vu des gars se tirer sur la quéquette, c'étaient les pires voyous du village, une canaille infréquentable : précieux tabou, comme tous les tabous de l'enfance ! Je ne dis pas qu'il faille généraliser mon expérience, mais en tout cas, pour ce qui me concerne, c'est certain : la laïque a été morale, l'école des Pères, immorale... Où en étais-je ?

Cousteau – Tu me disais que tu n'avais pas compris tout ce qui se passait à Saint-Chamond.

Rebatet – Oui, mais je l'avais enregistré, et je n'ai pas eu de peine à l'interpréter, un peu plus tard. Car il n'y a pas d'autre nom que l'homosexualité pour l'attraction qui unit deux garçons, qui les porte à la jalousie, qui les jette bientôt dans un trouble érotique, qui leur fait perdre le boire et le manger, braver le mitard et les foudres des curés que la chose dévore plus encore. Mais c'est fini, oublié, sauf chez les vraies pédales, dès la porte du collège. Va-t-en donc étudier l'humanité dans ces conditions-là !

Cousteau – Heureusement qu'il y a, de temps en temps, un observateur que les convenances n'embarrassent pas.

Rebatet – J'ai été de ceux-là. Je n'ai pas été surpris, en arrivant ici, de voir, par exemple, notre ami le Niebelung amoureux fou d'un garçon, amoureux sans espoir ni consommation, par-dessus le marché, un amour qui a gouverné sa vie, malgré la honte qu'il en avait jusqu'à son départ de cette prison. Je n'ai pas été surpris, mais ça me ramenait trente années en arrière, et c'est un sentiment décourageant.

Cousteau – Bah ! la belle affaire...

Rebatet – En tout cas, le fait que la copulation anale soit rare dans les internats ne change rien à la chose. Elle est rare parce que la plupart des garçons sont vierges, qu'ils sont ignorants de la mécanique, que beaucoup ignorent surtout l'essentiel, c'est-à-dire que le trou du cul est une zone érogène.

Cousteau – Pas toujours.

Rebatet – Presque toujours. Et si j'ai jamais à m'expliquer publiquement sur la pédale, je le ferai en une ligne : « Le Créateur ayant voulu que l'orifice anal de l'homme soit un siège de sensations, il est absurde de considérer comme anormales les pratiques sodomistes. » Un point, c'est tout.

Cousteau – Voilà que tu deviens raisonnable. Ce que tu dis est évident, absolument évident. Et comme tout ce qui est évident, c'est contesté par tous les messieurs sérieux et par l'immense majorité des idiots moyens. Tu es bien d'avis qu'il ne peut y avoir de pratiques normales ou anormales, de moralité ou d'immoralité dans les choses sexuelles ?

Rebatet haussa les épaules. Il était bouffon qu'on pût poser une pareille question. Cousteau poursuivit :

Cousteau – Il n'existe que le besoin sexuel dont la satisfaction est un des très rares éléments convenables de cet univers mal fichu, une des seules activités humaines qui soient à la fois raisonnables et respectables. Et peu importe de quelle manière ce besoin est satisfait, que ce soit avec une chèvre, avec une Japonaise ou avec un colonel de gendarmerie... A chacun de déterminer, pour son propre compte ce qui lui convient le mieux. Et il est alors bien évident que les gens dont le désir sexuel s'étend ou est susceptible de s'étendre à une grande variété d'individus, ont plus d'aptitude au bonheur que ceux dont la concupiscence est limitée. C'est bien ça qui me chagrine, car je ne suis que trop conscient des bornes que la nature m'a infligées...

Rebatet – Tu ne regrettes pas de ne pas...

Cousteau – Parfaitement. Je regrette. Déjà, lorsque j'étais prisonnier de guerre, j'avais coutume d'attirer l'attention de mes camarades sur le grand malheur que nous avions de n'être pas pédérastes...

Rebatet – Tu les as convaincus ?

Cousteau – Tout eût été tellement plus facile, tellement plus agréable, si, au lieu d'être repoussante, toute la chair humaine étalée sur les lits à étages des baraques, avait été désirable ! Mais hélas, elle ne l'était pas... Sur les 110 bonshommes de mon Kommando, il n'y avait qu'un seul pédéraste, un notaire de l'Avignonnais que nous appelions le « notaire lubrique », pour le distinguer d'un autre notaire vertueux et père de famille. Ce malheureux notaire lubrique était au supplice. Il tentait désespérément de se marier, et ne récoltait que des paires de gifles... Mais c'était tout au début de la captivité. Les lois biologiques n'avaient pas eu le temps de produire leur effet. Le notaire lubrique a bien dû finir par trouver une âme-frère... Et, en définitive, c'est bien lui qui était dans le vrai, c'est lui qui, de nous tous, avait les meilleures aptitudes à la vie concentrationnaire. Ici, ce garçon serait très à son aise.

Rebatet éructa quelques sarcasmes :

Rebatet – Pac, tu files un mauvais coton. Du train où tu vas, je ne m'étonnerais plus si un jour, j'apprends qu'à ton tour tu es tombé pour la pointe !

Cousteau eut un sourire triste :

Cousteau – Hélas, c'est tout à fait inimaginable. À mon âge, on ne se refait pas... J'ai quinze ans de trop. Ma libido a pris une orientation qu'il n'est plus possible de modifier, je suis hérissé d'insurmontables répugnances... Pourtant, c'était la seule solution raisonnable, puisqu'aussi bien – nous l'avons constaté cent fois ! – l'essentiel du châtiment consiste, pour nous, à être chastes... ou, si tu préfères, à nous suffire à nous-mêmes, à vivre, manu militari, en économie fermée. On ne nous empêche pas de manger, et même de bien manger. On ne nous empêche pas de lire et d'écrire. On ne nous empêche pas de nous laver. On ne nous empêche pas de jouer aux cartes ou de faire des mots croisés.

On ne nous empêche pas de faire du sport...[94]

Rebatet – Mais on nous empêche de faire l'amour !

Cousteau – Je pose donc en principe qu'un prisonnier qui a la chance de pouvoir aimer un de ses camarades – avec toutes les conséquences que cela implique – échappe ainsi à l'essentiel du châtiment. Seulement, il faut pouvoir. Moi, je ne peux pas. Ce n'est pas de la vertu. C'est une impossibilité physiologique, une déficience congénitale, en quelque sorte. La vue d'un monsieur tout nu suffit à anéantir ma virilité... Il faut donc me résigner à subir vraiment ma condamnation. Je n'en suis pas plus fier pour cela.

Rebatet – L'entraînement à l'homosexualité devrait être conseillé dans tous les catéchismes politiques, puisqu'un politique est appelé à venir en prison. Les truands sont plus malins. Mon comptable de division, à Fresnes, était un barbeau, un magnifique gaillard plein d'autorité, et titulaire de cinq ou six condamnations. Aussi peu Corydon que possible. Eh, bien, dès son arrivé il s'était mis en ménage avec un très joli petit blond. Ah ! j'ai la nostalgie de Fresnes ! Là-bas, la pédale méritait une étude, on avait toutes les variétés des vrais invertis : les pédérastes authentiques, les tantes, les reines, les empaffés cléricaux, les officiers de marine, les enculeurs coloniaux. Ici, nous avons tout juste, en fait de vrais homosexuels, deux ou trois chochottes, et quelques petits truqueurs de la plus misérable espèce. Tous les autres sont occasionnels. À peine sortis, ils se précipiteront sur les filles... Que ce pauvre Clairvaux manque de variété !... Nous l'avons dit, et nous nous y tiendrons : toute cette pédale prisonnière est la plus excusable...

---

[94] Répétons, pour éviter toute équivoque, pour calmer l'indignation des épurateurs professionnels, que ce sont là des avantages qui finirent par être *tolérés*. Mais pendant les premières années, la vie des bagnes politiques français fut infernale.

Cousteau – Excusable ? fit Cousteau d'un ton réprobateur.

Rebatet – Tu as raison, cette épithète est stupide. Excusable de quoi ? Du ridicule, en somme. Aux yeux des orthodoxes indéfectibles comme nous, ces mariages de roupettes sont ridicules. Mais je me rappelle ton anecdote des Américains et du « bouffe-manchon »[95]. Aux yeux de ces gars-là, toi, bouffe- manchon – comme moi, par-dieu ! – tu étais sale et ridicule...

Cousteau – Même pas. Ça leur paraissait tellement affreux qu'ils n'arrivaient pas à me croire, qu'ils pensaient que je me vantais par plaisanterie...

Rebatet – Je t'ai donné, tout à l'heure, un premier axiome sur la pédale. Second axiome : toute l'ignominie sociale de la pédale tient à ce qu'on s'y emmerde le gland, ou du moins qu'on en court le risque. Mais les orthodoxes qui prennent du chouette ? Enfin, retenons les deux axiomes en supplément à Proust, puisqu'il a gardé le silence sur ces deux points trop spéciaux. Il n'a pas dit non plus qu'il y a une instabilité spécifique des invertis, qu'il est dangereux de s'embarquer avec eux pour des choses sérieuses : nous en avons fait l'expérience avec A. Le problème serait de savoir si César et Michel-Ange, ces illustres pédales, étaient comme ça.

Cousteau n'avait pas d'opinion et fit un geste évasif. À ce moment, un petit blond aux cheveux savamment ondulés pénétra dans le bureau pour donner à Rebatet une commande de librairie. Il désirait qu'on lui procurât *Corydon*[96]. « Je voudrais l'avoir le plus tôt possible, ajouta-t-il, c'est pour un

---

[95] *Muff-diver*, littéralement : celui qui plonge dans un manchon. En jargon scientifique (*cf.* Kinsey) : *buccal-genital contacts*. Beaucoup d'Américains, même affranchis d'un certain nombre de tabous puritains tiennent pour inconcevable qu'un individu qui ne serait pas complètement détraqué, puisse recourir à cette pratique qui ressortit des techniques réprouvées de l'« amour à la française » (en espagnol : *joder a la francesa*, en allemand : *Franzosische Liebe machen*).

[96] À 21 ans, c'est sans aucune répugnance que Rebatet avait lu Corydon, livre dans lequel André Gide justifie les pratiques homosexuelles.

anniversaire. » Dès qu'il fut sorti, Cousteau hocha la tête :

Cousteau – Vois comme tu es injuste, Lucien, avec les pédales de Clairvaux. Est- ce qu'elle n'est pas gentille tout plein, celle-là ? Et affectueuse. Et attentionnée. Pensant à l'anniversaire de son petit homme (ou de sa petite femme), et plaçant ses amours impures sous l'égide de la plus haute autorité des lettres françaises... Or ce garçon risque en permanence, 60 ou 90 jours de mitard. Tandis que l'auteur du livre qu'il vient de commander n'a jamais risqué que le prix Nobel. Décidément, ce monde est mal fait.

Atelier de Lingerie de la maison centrale de Clairvaux, avril 1950.

Lucien Rebatet & Pierre-Antoine Cousteau

DIALOGUE n° 10

L'OBSCURANTISME

« C'est M. Homais qui a raison. Sans M. Homais, nous serions tous brûlés vifs. »
Ernest Renan, *Souvenirs d'Enfance et de Jeunesse*

La semaine sainte s'était achevée en apothéose. Les dévots exultaient. Pour la messe de Pâques, le peuple (des détenus) en foule inondait les portiques et l'on avait vu jusqu'aux pédérastes les plus authentiques s'approcher pieusement, par couples, de la sainte table. Car quel temps fut jamais plus fertile en miracles ? L'artisan de ce renouveau était un jésuite de choc mandé spécialement par une Autorité supérieure, à qui il n'avait pas fallu moins de cinq ans pour découvrir qu'il y avait peut-être, après tout, dans les bagnes de France, une clientèle digne d'un intérêt éventuel. Comme dit l'autre : mieux vaut tard que jamais... Quoiqu'il en soit le jésuite de choc avait fait merveille. Quelques paroles de sympathie, quelques promesses prudentes et gratuites lui avaient suffi pour reprendre en main un troupeau qui, d'ailleurs, ne demandait que cela. Cousteau et Rebatet, chacun à sa manière, avaient suivi les progrès de cet apostolat. Cousteau demeurait goguenard. Rebatet manifestait par un calme peu habituel que son irritation était sérieuse.

Rebatet – Ne jamais oublier, proférait-il sentencieusement, que la Compagnie de Jésus est la Garde Noire. La Franc-Garde permanente du Pape, comme dit l'ami Lacassagne qui a un bon instinct de ces choses. On ne sait jamais de quoi ces gens-là peuvent être capables.

Cousteau – Oh ! tout de même !

Rebatet – Ils m'ont à l'œil ! Imagine un résistant, en 1943, apprenant qu'un capitaine du S.D.[97] s'est installé sur le même palier que lui : voilà ce que je ressens pendant que ce jésuite est ici. Vienne n'importe quel curé ou moine, je m'en fous, je suis prêt à déjeuner avec eux, et je sais que nous ne parlerons pas de l'Eucharistie. Mais un jésuite, c'est sérieux. C'est un militant volontaire et un technicien. Il rapplique dans cette prison, il n'emploie pas la dixième partie de ses moyens. C'est, si tu veux, le physicien expliquant l'énergie atomique pour les lecteurs de *Paris-Match*. Comparée aux *Exercices* d'Ignace l'espèce de retraite qu'il fait faire à nos gars, c'est ce que peut être à Thébertisme une série de flexions pour se dégourdir un peu les genoux. Pourtant notre jésuite triomphe. Un jésuite à Clairvaux pendant un an et nous avons sur 1 000 bonshommes 800 thalas[98] avec communion hebdomadaire. Cent mille jésuites à travers le monde et le catholicisme quadruple ses effectifs en vingt-cinq ans.

Cousteau hochait la tête en souriant :

Cousteau – Comme je n'ai pas été élevé par les Bons Pères et que je suis loin d'avoir ta science, je n'ai pas les mêmes raisons que toi d'être gêné par la présence de cet homme noir. Son succès m'amuse plus qu'il ne m'irrite. Et je peux en dire autant de toutes les manifestations religieuses. Elles confirment d'une façon somme toute fort satisfaisante pour l'esprit le peu d'estime que m'inspire l'espèce humaine en général. L'homme est avant tout un animal ridicule. Et la métaphysique est encore un des meilleurs moyens qu'on ait inventé pour se rendre ridicule. Mais, tu le sais, j'ai décidé de ne plus jamais m'indigner, de ne plus jamais essayer de modifier quoi que ce soit dans le comportement de mes congénères.

---

[97] S.D. : Sicherheitsdienst der SS : le service de sécurité des SS.
[98] Thalas : expression employée dans les années 20 pour désigner, péjorativement, les étudiants catholiques pratiquants, ceux qui « vont-à-la messe ».

Rebatet – Que tu dis...

Cousteau négligea l'interruption.

Cousteau – Je tiens seulement à jouir du spectacle. Tous ces bonshommes qui donnent tête baissée dans les mythes les plus sommaires, c'est d'abord d'un comique grandiose.

Rebatet – Moi, je ne trouve pas que ce soit tellement comique. Je pense à tout ce peuple prosterné devant le néant, au respect quasi total des hommes blancs pour ce néant, à cette fantastique cathédrale de dogmes, de disciplines, d'intelligence, de sacrifices, d'émotions, construite sur rien, sur le vide de leur tabernacle.

Cousteau – Et alors ?

Rebatet – Quand on a du catholicisme la vue d'ensemble que je commence à en posséder, cette antithèse devient hallucinante. Quand je suis devant un homme agenouillé, devant certains curés, je vois tout d'un coup monter en trombe tout ce que je sais de cette religion, ses falsifications, ses fabrications, ses mirages, ses théologies, ses mystiques. Alors, je ne me possède plus, j'ai envie de hurler, de renverser un autel, de foutre le feu à une église.

Cousteau – Heureusement que tes accès deviennent tout de même un peu plus rares.

Rebatet – On s'apaise avec l'âge. Je m'efforce de plus en plus à considérer l'humanité comme un entomologiste. De ce point de vue, le plus curieux des insectes humains, dans ses tortillements, ses us et coutumes, c'est l'insecte religieux, et plus spécialement l'insecte catholique.

Cousteau – Cet insecte-là, mon bon, me plonge dans une stupeur permanente. J'avoue que je ne comprends pas... Oh ! je sais bien que le besoin de croire est un des instincts fondamentaux de la nature humaine. Mais il y a tout de même des limites à la niaiserie.

Rebatet – Dis plutôt qu'il devrait y en avoir mais il n'y en a pas.

Cousteau – Passe encore pour ceux qui ont macéré depuis leur enfance dans le christianisme et qui ont jugé superflu de remettre en question ce qu'on leur avait enseigné. Mais les autres ? Je prétends qu'un machin comme la religion catholique ne résiste pas à cinq minutes d'examen et qu'il est tout à fait inutile de pâlir comme tu le fais depuis quinze ans sur des textes sacrés pour en découvrir l'imposture.

Rebatet eut un mouvement de mauvaise humeur. Il détestait que l'on mît en doute l'utilité de ses travaux, mais ce que son ami disait l'intéressait, et il le laissa poursuivre.

Cousteau – Cette imposture est énorme, aveuglante. Pourtant des gens d'une extrême distinction n'en sont point incommodés et l'on voit chaque jour des agnostiques conscients abandonner brusquement leurs négations pour redevenir aussi crédules que des pécheurs napolitains. Je ne dis pas que cela me trouble dans mon scepticisme, mais cela me choque. Comme cela me choquerait qu'un adulte apparemment équilibré me dît tout soudain qu'il a longuement médité et que, réflexion faite, c'est bien le Père Noël et non son papa qui garnissait la cheminée au soir du vingt-quatre décembre. Lorsqu'on a découvert que le Père Noël n'existe pas – c'est une découverte que les petits des hommes font sans effort aux environs de leur septième année – il semblerait qu'il fut impossible de remettre ensuite cette certitude en question. Même si l'on s'est pénétré de la nécessité d'un créateur et de l'utilité pratique de la religion. Il ne s'agit pas de savoir si les mythes sont satisfaisants pour l'esprit, mais s'ils sont vrais (ou seulement vraisemblables). Il serait également très satisfaisant pour l'esprit, très poétique, très réconfortant que le Père Noël existât. Et je m'émerveille que l'on s'embarrasse si peu de cette évidence. Il y a là un phénomène psychologique qui me déconcerte, qui m'échappe tout à fait. Tu dois avoir sur ce point des notions beaucoup moins confuses que les miennes.

Rebatet s'abattit, le nez sur sa table, comme s'il avait reçu sur la tête un morceau du plafond lézardé qui menaçait ruine, en effet, depuis plusieurs mois. Il laissait aller ses bras avec désespoir.

Rebatet – Nom de Dieu, Pac ! proféra-t-il enfin, qu'est-ce qui te prend ? Des questions pareilles ! Devant quoi me mets-tu ? Et par-dessus le marché, tu te mets à jouer les idiots socratiques... Dis donc (il considérait son compagnon avec une subite inquiétude) ça n'est pas au moins un détour que tu prends ? Est-ce que tu te mettrais à faire de l'inquiétude métaphysique ?

Cousteau sourit avec indulgence :

Cousteau – J'excuse ta consternation. Elle est légitime. Je t'accule à la nécessité des nuances. Et c'est bien ce qui me fait doucement marrer. Parce qu'il est bien exact qu'en ce qui concerne la métaphysique, je suis en effet au niveau de l'idiot socratique. Ou même un peu plus bas : au niveau du regretté M. Homais, pharmacien de son état. Tous les phénomènes religieux m'apparaissent, malgré l'extrême subtilité des arguments dont on les enrobe, d'une extrême grossièreté. Dépouillés du blablabla, c'est toujours en définitive l'homme de Néanderthal qui a peur du tonnerre.

Rebatet hocha tristement la tête :

Rebatet – Tu es absolument consternant. Tu mériterais de finir dans le Tiers- Ordre de Saint François. Tu ne serais d'ailleurs pas le premier de ton espèce à qui ça arriverait. Tu mérites que je te punisse. Ferme tout sur ton bureau et écoute-moi un quart d'heure. Voilà : si tout était réglé par la petite boussole intérieure qu'on appelle la logique, si la logique était vraiment tout l'homme, si elle rendait compte de toutes nos actions, l'affaire des bons dieux serait réglée depuis longtemps. Il est vrai qu'en fin de compte, la religion ramène l'homme à des attitudes primitives et que l'éminent Louis de Broglie, à genoux devant l'autel de la Sainte Vierge, rejoint très exactement le Négrito des forêts prosterné devant un caillou tabou. Mais Louis de Broglie n'en est pas arrivé là sans franchir de nombreuses étapes. Bordel du Pape ! quel fourbi à remuer. J'aimerais autant que tu me demandes de démonter la tour Eiffel avec un tournevis. Allons ! prenons quelques cas concrets, le plus fréquent d'abord. C'est celui du civilisé bourgeois, élevé dans la saumure catholique (je parle du catholicisme, puisque c'est ça que nous avons sous les yeux). S'il est intelligent, arrivé à l'âge adulte, il sera obligé de reconsidérer la foi de son enfance, pour la rejeter totalement ou non, dans la plupart des cas. L'importance du rejet sera fonction de beaucoup de choses : de l'aptitude de notre bougre aux idées générales, de sa culture, de son tempérament, du genre de vie qu'il mène. On peut très bien imaginer un grand artiste queutard qui oublie complètement dès dix-huit ans le Père éternel, devant les impératifs du sexe, et qui, quarante ans plus tard, quand il aura craché son venin à satiété, qu'il sera entré dans l'apaisement de la vieillesse, s'agenouillera de nouveau devant les notions de son catéchisme, restées aussi sommaire qu'à l'âge de sa première communion.

Cousteau – Le cas est fréquent et banal.

Rebatet – C'est justement pour cela qu'il m'intéresse assez peu. Le rejet le plus sérieux doit être, me semble-t-il, celui du garçon ayant une forme d'intelligence analytique, habitué à l'examen intérieur. Je lui donne encore plus de chances qu'à l'esprit entièrement positif. Comment ce garçon-là, l'analyste ou le rationaliste, peuvent-ils rechuter ? Les modalités de la rechute sont innombrables. Soit, par exemple, un type ayant en lui le besoin de *croire :* à un chef, à une idée, à une œuvre, à une femme. Que l'objet de sa croyance disparaisse ou le déçoive, patatras, voilà un gars tout prêt pour les filets de Dieu.

Cousteau – Nous avons vu cent cas de cet ordre chez nous depuis 1945.

Rebatet – La fragilité de ces conversions est évidente : vers quel Dieu s'est retourné ce doriotiste amputé tout d'un coup, fondamentalement, par le trépas de son patron ? Il n'en sait pas grand'chose lui-même, il nomme ce dieu Jésus-Christ, parce qu'il en a pris l'habitude dans son enfance, il écarte les arguments qu'on lui donne contre ce Jésus, parce qu'il n'est pas capable de les réfuter. Il va vivre dans une ignorance volontaire.

Cousteau – Ce n'est pas très brillant.

Rebatet – Oui, mais à ce prix-là, il garde sa béquille... Le positiviste, par contre, qui a longtemps vécu dans un univers stable, mensurable, peut être foudroyé subitement par la révélation de certains abîmes psychiques qu'il n'avait jamais soupçonnés. Tout son système est en déroute. C'est le cas du médecin qui n'a cru qu'à la médecine, le cas du savant considérable, mais *spécialisé* qui a vécu dans une technique, entre des murailles d'équations, et qui est désorienté, qui peut redevenir très naïf, lorsqu'il s'aperçoit que le monde ne tient pas tout entier entre ces murs, qu'il y a même dehors une marge énorme. A l'autre bout de l'échelle, c'est Homais. J'imagine très bien Homais converti, le plus facilement du monde. Si Homais ne se convertit pas, c'est, je le crains, par une incapacité de sa cervelle trop étroite.

Cousteau – Ne dis pas du mal d'Homais.

Rebatet – J'estime comme toi qu'il est bon de rendre hommage à

Homais. Il y a du Homais chez Nietzsche, il y en a chez tout incroyant. Mais je crois que pour que cette louange de Homais soit vraiment valable, il faut avoir d'abord pénétré *Le Château Intérieur* de Thérèse d'Avila. Que Homais soit une fois dans sa vie devant un phénomène, un personnage ou simplement une chaîne de déductions dont il n'a pas l'explication, Homais se rue à la sainte table... Prenons encore un autre cas, celui d'un garçon extrêmement intelligent, particulièrement doué pour la spéculation philosophique. Pourquoi ce garçon croit-il ? Cela peut tenir essentiellement à son milieu, à son espèce – je ne nomme personne ! – il est né dans l'espèce catholique, il en a les atavismes dans les veines.

Cousteau – Tôt ou tard, il se posera fatalement des questions.

Rebatet – Oui, mais, et c'est là l'essentiel, le catholicisme lui fournit des séries d'arguments, des méthodes de gymnastique intellectuelle qui lui permettent de répondre en somme à toutes ces questions. Je dirai que ses chances de croire sont d'autant plus grandes que son agilité d'esprit est plus vive, à la condition qu'il n'y ait pas chez lui, pour une cause ou une autre, un bouleversement intérieur et un changement complet d'optique. Dans de tels bouleversements, je crois que la logique entre pour une faible part. On *vit* d'abord sa conversion ou sa déconversion, on s'explique ensuite à soi-même ces phénomènes, et les pitons, les cordages de la logique ne servent qu'à vous assurer dans l'attitude qu'on a prise.

Cousteau – C'est là une constante du mécanisme psychologique de l'espèce humaine. Nous-mêmes, nous ne cessons de rationaliser nos impulsions viscérales.

Rebatet – Regardons l'affaire sous un autre angle. L'apologétique moderne néglige presque complètement le vieil arsenal syllogistique des preuves de l'existence de Dieu que je ne suis jamais arrivé, pour ma part, à retenir plus de huit jours, ce qui démontre qu'elles sont réellement superficielles. Les catholiques à la page sont d'accord sur le fait que la foi est un *parti pris*, un acte de volonté. C'est là le pas décisif. Une fois que le citoyen l'a franchi, il est happé par les techniques, par les mécanismes, les ordres qu'il se donne lui-même et qui découlent de son option.

Cousteau – Si je comprends bien, il peut exiger de lui toutes les formes d'aveuglement.

Rebatet – Très exactement, il atteindra à la fin au Dieu inconnaissable, au Dieu abscons, puisque c'est l'aboutissement de toute analyse ; mais il lui sera bien difficile de revenir en arrière, puisqu'il aura appris, chemin faisant, qu'il n'est pas surprenant que le Dieu Révélé nous soit incompréhensible, que c'est même une preuve de son authenticité, qu'au contraire, un Dieu totalement connaissable serait archi-suspect, et que si Dieu nous a fait entrevoir certains mystères de son être, c'est déjà, de sa part, une prodigieuse faveur...

Cousteau – Dur à avaler, pourtant.

Rebatet – Ce qui me fait vraiment bondir, c'est lorsque le croyant intelligent s'incline devant une explication de la liberté, par exemple, aussi funambulesque que celle du dogme catholique : visser ensemble des notions aussi fantastiquement contradictoires que celle de la liberté humaine et de la prescience divine, de la grâce divine, de la bonté divine. La plupart de leurs opérations théologiques ne sont possibles que par des adjonctions de « Il faut que... Donc Dieu doit. Dieu ne peut pas... ». C'est la volonté de défendre une certaine notion de Dieu par tous les moyens. C'est assez dire qu'ils défendent ce Dieu avant tout parce qu'il est *dans leur intérêt*.

Cousteau – Que ce Dieu leur soit ôté, et le monde n'a plus aucun sens pour eux.

Rebatet – Et ce n'est pas très surprenant : quand on a vécu vingt, trente, quarante ans dans une certaine conception du monde, il est difficile, il est tragique d'en changer. Et, encore une fois, que trouvons-nous à la base de tout : le sentiment. L'arsenal apologétique, métaphysique, exégétique, philosophique, mystique est là, avant tout, pour justifier une préférence originelle. L'objectivité n'existe pas en matière religieuse.

Cousteau – Je crains qu'elle n'existe guère ailleurs non plus.

Rebatet – Je mets au défi quiconque d'étudier objectivement le seul Évangile : la méthode même que l'on emploie pour entreprendre cette étude est déjà un parti pris. Ce qui est fabuleux, c'est que le maximum d'intelligence, d'ingéniosité, de science, de subtilité, ait été dépensé pour justifier, voire pour édifier l'un des systèmes religieux les plus insoutenables, le dogme catholique. C'est justement parce que ce dogme était insoutenable que ses architectes ont dû multiplier les calculs, les arcs-boutants, les colonnes pour que ça finisse par tenir debout... Mais c'est encore un autre aspect du problème.

Cousteau – Ce qui me paraît extravagant c'est qu'ainsi Dieu soit dans l'intérêt de la plupart des hommes.

Rebatet – Pourquoi s'en étonner ? Quel est l'être un peu évolué qui n'éprouve, à un moment donné de sa vie, le besoin de justifier les valeurs éthiques à quoi tout le monde adhère plus ou moins ? Tu me diras que la justification catholique est encore plus obscure que n'importe quelle autre, qu'en définitive, elle aboutit, elle aussi au mystère. Mais quand le catholique en est là, encore une fois, il y a toutes les chances pour que son esprit soit définitivement agenouillé et qu'il adore le mystère même. Quand un catholique te répond que l'éthique est le plus grand don de Dieu, le don de notre dignité, et que cela vaut bien le risque de l'enfer, il n'y a plus qu'à plier bagages, et l'argument serait fort, s'il n'était accolé à leur grotesque « théométrie », comme dit Huxley, du Christ révélé, homme et fils de Dieu, morceau de Dieu et pourtant Dieu total, racheteur de l'humanité et tout ce qui s'en suit. Quelle extravagante fabrication ! Mais c'est sous cette forme particulièrement imbécile que l'idée de Dieu se présente d'abord depuis vingt siècles aux hommes blancs.

Cousteau – On finit par les éternels truismes : l'homme est un animal essentiellement religieux.

Rebatet – C'est un animal ainsi fait qu'il y en a lui une espèce de vide permanent : « un Dieu est la fin dernière de l'homme, parce que Dieu peut seul remplir la capacité de son cœur. » Ce qui tendrait à démontrer que toi et moi nous sommes des espèces de monstres et qu'il n'y aurait pas besoin d'une grande île pour permettre aux hommes vraiment libérés de se retrouver entre eux, de constituer une petite patrie qui serait établie sur une communauté infiniment plus solide que celle des hasards géographiques ou sociaux.

Cousteau avait écouté avec un vif intérêt :

Cousteau – En somme, j'ai eu raison de te harceler, puisque cela m'a valu une conférence qui, pour être strictement privée et limitée à un auditeur unique, n'en rehausse pas moins le prestige culturel de cette maison centrale qui, entre nous, en a bien besoin. Et tu avoueras que c'est tout de même bien agréable d'occuper de cette manière les loisirs qu'une république athénienne nous impose. J'ai d'ailleurs l'habitude. Chaque fois qu'on me met en taule, je m'occupe un petit peu de métaphysique. Mais jamais dans les intervalles. Déjà, en Thuringe, lorsque j'étais prisonnier de guerre et que je cassais des cailloux entre un père blanc et le peintre Louis Le Breton, je n'imaginais pas de meilleur dérivatif à l'ennui de la terrasse.

Rebatet fit une moue.

Rebatet – Peuh ! un père blanc...

Cousteau – Il était bien brave, mais théologiquement il n'était pas de taille. Je l'avais défié de me convertir, faisant valoir qu'il serait autrement méritoire de ramener au Seigneur un mécréant de mon calibre que d'évangéliser à coups de verroterie des petits Bambaras sans défense. Il y a vite renoncé. Et les aumôniers qui sont venus me voir dans ma cellule de condamné à mort se sont tout de suite aperçus que j'étais un sujet particulièrement ingrat, que je n'autorisais guère d'espoirs...

Rebatet – Je te le disais tout à l'heure : nous sommes des monstres.

Cousteau – Moi, en tout cas, j'en suis un. Je me sens merveilleusement dépourvu de ce fameux sens religieux qui est un des attributs les plus indiscutables de l'homme normal. L'homme normal privé de la foi ressent un vide, un manque. Pas moi...

Rebatet – Tout se ramène à ça : avoir ou n'avoir pas ce besoin...

Cousteau – Remarque bien que je ne m'autorise pas de cette absence de sens religieux pour donner une réponse négative aux problèmes métaphysiques. Je ne repousse a priori aucune hypothèse. Mais comme aucune des hypothèses que les hommes ont imaginées n'est vérifiable, je me satisfais parfaitement de tenir ces choses-là pour inconnaissables, et il m'est indifférent que les questions demeurent sans réponse. Un Dieu caché ne me concerne pas. Ce qui me concerne par contre au moins pour m'en divertir, car je n'arriverai jamais à me passionner pour ces balivernes – ce sont les affabulations que l'on a édifiées sur l'hypothèse de Dieu.

Comme Rebatet approuvait du geste, Cousteau lui demanda brusquement :

Cousteau – Je parie que tu n'as jamais fait les chiens écrasés !

Rebatet convint qu'il était entré dans le journalisme par une autre porte.

Cousteau – Eh bien moi, reprit Cousteau, j'ai fait à mes débuts toutes les sales besognes du métier. Ça n'est pas drôle, mais c'est instructif. Lorsqu'on a mené, parallèlement aux flics, un certain nombre d'enquêtes, on est fixé sur la valeur des témoignages humains... Tu débarques dans un bled de banlieue où un citoyen vient d'être assassiné. Le cadavre est encore chaud, mais personne, déjà, n'est plus d'accord sur les circonstances du meurtre. On t'explique simultanément que l'assassin est un grand rouquin en casquette, un petit brun à chapeau melon, un bossu au regard torve, et que le coup de feu a été tiré à dix heures du soir, à minuit et à trois heures du matin... Tu te rends compte des enjolivements que ces gens-là apporteraient à leurs récits s'il leur fallait conter non point ce qui s'est passé le jour même, mais un drame vieux d'une quarantaine d'années au moins. Or qu'est-ce que les Évangiles ? Des récits rédigés avec un décalage d'une quarantaine d'années par des personnages obscurs dont le souci de propagande est évident. Et tout l'édifice de la Chrétienté repose sur ces témoignages-là. C'est extravagant.

Rebatet sauta sur l'appât :

Rebatet – De toutes les questions religieuses, mon vieux, c'est cette affaire des textes que je connais sans doute le moins mal. C'est encore plus extravagant que tu ne l'imagines. Suppose l'histoire d'un rabbin miraculeux de la Russie subcarpathique, mort entre 1900 et 1910, et cette histoire rédigée par des savetiers polaks de la rue des Rosiers, en franco-yiddish, d'après les récits qu'on psalmodiait dans leur patelin le soir du sabbat. Suppose que cette rédaction est traduite dans une autre langue, mettons l'anglais, par d'autres Juifs qui savent l'anglais approximativement. Suppose que ces Juifs ont sur le rabbin des idées personnelles qui les conduisent à donner un peu partout des coups de pouce, à corriger, à raturer les paroles du saint. Suppose enfin que ces textes sont copiés par des scribes particulièrement distraits : voilà le Nouveau Testament !

Cousteau était ébloui par cette transposition de la mythogenèse nazaréenne dans le climat contemporain.

Rebatet – Les curés les plus sérieux sont obligés de reconnaître que chacun des quatre évangélistes nous raconte du Christ une biographie différente, si l'on peut employer le mot de biographie pour des romans pareils. Il y a un fait à peu près certain sur lequel les quatre récits concordent, c'est qu'un dénommé Jésus a été exécuté à Jérusalem sous Ponce Pilate. Les reportages sur la Passion rendent un son authentique, nous y retrouvons toutes les histoires de passage à tabac, de balançage, les habitudes permanentes de la justice et de l'opinion publique qui gracient le droit commun et trucident l'idéaliste. Justement, le contraste est comique entre ces reportages assez exacts et les vasouillages qui suivent, concernant la résurrection, l'ascension, insanités enfantines. Mais si le Christ n'était pas ressuscité, la religion nouvelle était une foutaise : c'est Saint Paul qui l'a dit. Alors, il faut que le Christ ait ressuscité. Remarque que les Romains du IIe et du IIIe siècles avaient exactement la même opinion que nous sur ces calembredaines. Mais au Ve siècle, l'Église a triomphé, elle a eu le sabre et la taule. Et il a fallu attendre la fin du XVIIIe siècle pour que l'on pût commencer d'insinuer publiquement que ces textes sacrés étaient tout de même remarquables par leur incohérence. Là dessus, les spécialistes allemands se sont mis à déconner, ils ont voulu trouver à ces facéties des explications rationnelles presque aussi ridicules que celles des curés. Le problème a été définitivement tranché par Nietzsche : nous sommes, avec l'Evangile, en présence d'un phénomène connu de toute éternité, l'hagiographie qui sort du même tonneau que les contes de fées.

Cousteau – Autant vaudrait chercher une explication logique au *Chat*

Botté et à *Cendrillon*.

Rebatet – Que des savants prodigieux passent toute leur vie sur de tels problèmes, c'est encore une des cocasseries de cette planète. Je hais les religions à mort. Je les vois quelquefois, les égyptiennes, les babyloniennes, les tibétaines, les aztèques, l'Islam, le catholicisme médiéval, le puritanisme yankee, comme des spectres grotesques et dégoulinant de sang. Ce sont les plus atroces fléaux de l'humanité. Dommage de ne pas croire au Diable, je le regrette souvent ! On pourrait affirmer avec beaucoup de vraisemblance que toutes les religions sont l'œuvre du Diable qui s'évertue ainsi à cacher le vrai Dieu aux hommes.

Cousteau – Mais c'est ce que tous les créateurs de religions ont dit des boutiques rivales.

Rebatet – Nous savons que les humains sont les seuls responsables de ces fléaux et que si l'on parvenait à conjurer le fléau chrétien, ils n'auraient pas de répit qu'ils n'en eussent provoqué un autre. Je t'avoue que je commence à être fatigué de cette étude. Mais j'ai tout de même encore quelques petites notions à préciser, et puisque j'ai poussé les choses jusque-là autant vaut aller jusqu'au bout. Je te quitte, j'ai quelques clowneries à chercher chez Saint Thomas d'Aquin. Elles sont, malgré tout, d'un ordre plus relevé que celles du Dieu Vivant. Toi, avance donc un peu ton *Hugo's-Digest*. Nous travaillons beaucoup chez les clowns. Que cela ne nous fasse tout de même pas oublier notre propre clownerie.

Atelier de Lingerie de la maison centrale de Clairvaux, avril 1950.

DIALOGUE n° 11

LE CONFORT CARCÉRAL

« Le pire des malheurs, en prison, c'est de ne pouvoir fermer sa porte. »

Stendhal, *Le Rouge et le Noir*

On venait de s'apercevoir que Lucien Rebatet était comptable à la lingerie depuis plus d'un an. Un an déjà... Qui s'imaginerait dans l'univers des hommes libres que le temps s'enfuit si promptement dans l'univers des hommes esclaves, que les heures sont si longues et les années si courtes et qu'en voyant s'effriter le calendrier de leur expiation à cette cadence qui suggère, au cinéma, un bond par-dessus les âges, les réprouvés éprouvent plus de mélancolie que de réconfort ? Car, c'est la jeunesse qui s'en va, et la vie... Les jours de notre mort... oui, déjà plus d'un an que Lucien Rebatet avait quitté le purgatoire de l'Ino. pour s'intégrer à l'état-major de la lingerie. Déjà plus d'un an qu'il avait installé son écritoire jouxte celui de Cousteau et que sans que la chose eut été préméditée, les deux seuls survivants européens de *Je Suis Partout* se trouvaient réunis au coude à coude, pour le meilleur et pour le pire, partageant leur tambouille, leurs bouquins, leurs plaisanteries et leurs aigreurs.

Cousteau – On aurait dû fêter l'anniversaire de ton arrivée ici. Mais on a laissé passer la date sans y penser. C'est pourtant une date qui compte. Du moins pour toi et pour moi, et c'est l'essentiel. Etre en taule avec toi, c'est très supportable.

Rebatet ouvrait la bouche, mais Cousteau ne le laissa par parler.

Cousteau – Oui, être en taule avec toi, c'est une diminution de peine que nos jurés ne prévoyaient pas et qui mettrait nos ennemis dans une belle fureur s'ils pouvaient soupçonner tout ce que cela comporte... Je suppose que de ton côté tu n'as pas à te plaindre de cette collaboration d'après la collaboration... Mais ce qui me fait surtout plaisir, c'est que j'ai un peu l'impression de t'avoir amené, pendant cette année-ci, à accepter sans trop rugir qu'il peut y avoir en prison un confort intellectuel de qualité. Rappelle-toi avec quelle vigueur tu m'engueulais jadis lorsque j'insinuais timidement qu'après tout, tout n'était pas tellement moche dans le plus moche des bagnes. Maintenant tu rugis beaucoup moins. C'est bon signe.

Il s'était formé sur la figure de Rebatet la grimace par quoi se manifestait chez lui le comble de la satisfaction, de l'amabilité, celle qu'il offrait jadis aux admiratrices, pucelles ou douairières.

Rebatet – Tu me combles, mon bon. Je suis heureux que ma présence soit de quelque agrément pour toi. Le contraire me navrerait, car je te dois énormément depuis un an. J'ai mis longtemps pour faire mon trou à Clairvaux. Tu sais que mes débuts dans ce bagne ont été plutôt difficiles, et ta philosophie du confort carcéral m'a d'abord un peu hérissé. Ce n'est pas le mot exact : je voyais dans cette philosophie un réflexe défensif de ton orgueil – tu sais que je n'attache à ce terme aucun sens péjoratif, au contraire – une volonté de nier le châtiment que nos ennemis prétendaient nous infliger. Je t'avoue qu'après deux hivers d'Ino. il m'était difficile de déclarer que la punition n'existait pas. Mais, depuis, tu m'as montré la réalité du confort carcéral. Tu m'as donné, sans baratins, ni sermons, une leçon de savoir-vivre, j'entends : science de la vie.

Cousteau sourit à son tour :

Cousteau – Il m'est doux, cher Lucien, que tu me couvres de fleurs. Non que cela puisse rien ajouter à la très haute opinion que j'ai de moi-même, mais parce que cela reconstitue très fidèlement le climat de *Je Suis Partout*... Tu te rappelles le bon vieux temps ? Dès que l'un de nous produisait la moindre petite chose, tous les autres, en chœur, glapissaient au génie. Et c'était-y pas mieux comme ça ?

Rebatet – De toutes façons, ça n'était pas les autres qui nous auraient passé de la pommade.

Cousteau – Les autres avaient plutôt tendance à nous engueuler... Mais revenons au confort carcéral ; bien sûr, lorsque tu étais à l'Ino. et que je te parlais des plaisirs de la taule, je n'ignorais pas que je faisais de la provocation.

Rebatet – Exactement comme ces médecins qui conseillent aux clochards une saison à Megève...

Cousteau – Je te provoquais tout de même parce que c'est drôle de t'entendre tousser, mais j'avais mauvaise conscience. Pour accéder au confort carcéral, il faut un minimum de conditions préalables qui n'existaient pas lorsque tu étais aggloméré au morne troupeau des inoccupés... Je serais, d'ailleurs, bien incapable de dire ce que doivent être, en règle générale, ces conditions préalables.

Rebatet – Ça dépend des individus.

Cousteau – Il y a des gens auxquels la solitude donne le vertige, que le silence déprime, que les travaux manuels occupent agréablement, qui supportent sans humiliation une barbe de trois jours. Toi et moi, nous sommes loin d'avoir en toutes choses les mêmes goûts et les mêmes besoins.

Rebatet – Ah ! fichtre non !

Cousteau – Mais notre confort est commandé par un certain nombre de nécessités communes. La première est de n'être point astreint à une besogne manuelle. J'ai fait de la terrasse pendant quatorze mois en Thuringe : c'est infernal. Si, dans ce bagne, on me forçait à fabriquer des portemanteaux ou des chaussons, je toucherais très vite le fond de la détresse ou de l'abrutissement, et tout ce que je t'ai dit sur les plaisirs de la taule n'aurait plus aucun sens.

Rebatet – La seconde condition est de pouvoir s'isoler un peu des corniauds. Elle me paraît aussi importante que la première.

Cousteau – A qui le dis-tu ! Le plus mauvais souvenir que m'a laissé le service militaire, c'est la chambrée.

Rebatet – Si j'étais condamné à vivre vingt-quatre heures sur vingt-quatre en plein troupeau, j'aimerais autant fendre du bois ou peler des patates continuellement. Le pire supplice de l'Ino. tenait à la promiscuité. On se réunissait bien par petits paquets, mais c'était artificiel. Il y avait la bienheureuse cage à poules à la nuit. Mais, trop souvent, on y arrivait éreinté par une journée où l'on n'avait rien fait, sinon subir autrui, ce qui est non moins éreintant que de pelleter du charbon. J'ai constaté aussi dans cette amère période que certains êtres valent à eux seuls toute une foule, non qu'ils soient malveillants, au contraire. Mais leur bienveillance est effroyablement pesante, parce que ces gens-là ignorent la première règle de la sociabilité qui est : accepter le prochain tel qu'il est ou le fuir. Mais tout cela est révolu. En entrant dans ton bureau, il y a un an, j'ai tout de suite compris que je retrouvais la civilisation et que j'allais travailler. Et, Dieu merci, nous avons l'un et l'autre de la sociabilité une notion très voisine.

Cousteau – Un de mes oncles que j'aime beaucoup m'avait fort scandalisé jadis en m'expliquant que la vie en société n'est tolérable qu'avec des égoïstes. J'étais alors un enfant sage, c'est-à-dire un enfant sans imagination qui accepte passivement toutes les âneries des grandes personnes. Les grandes personnes répétaient qu'il est très laid d'être égoïste. Or, mon oncle disait le contraire. Et qui mieux est, il le prouvait. L'égoïste, expliquait-il, a d'abord cet avantage qu'on ne se croit pas tenu de se gêner avec lui, puisqu'il ne se gêne pas avec vous. De plus, il n'est envahissant que par exception, seulement lorsque son intérêt est en jeu, tandis que l'altruiste lui, ne nous lâche pas d'une semelle et prétend assurer en permanence votre bien-être matériel ou le salut de votre âme : il vous dorlote, il vous réforme, il vous guide. On finit par souhaiter sa mort.

Rebatet – Pas couillon, ton oncle.

Cousteau – Cette démonstration, je te le répète, avait fait sur moi une profonde impression. Il y a plus de trente ans de ça, mais j'entends encore les paroles de mon oncle comme si elles étaient d'hier. Et combien de fois, depuis que je suis condamné à vivre avec des hommes en tas, en ai-je vérifié la profonde sagesse... Si nous nous supportons, c'est parce que tu ne me forces pas à prendre de l'aspirine lorsque j'ai mal à la tête et que lorsque tu entreprends un travail inutile, précisément à l'heure du déjeuner, je n'en fais pas un drame. Nous sommes dotés d'un égoïsme solide, tout juste tempéré par ce qu'il faut de bonne éducation. C'est pour cela que notre vie en commun a de l'agrément. Sans cela, ce serait l'enfer.

Rebatet – Une condition indispensable du confort, pour moi, c'est le boulot. Or, j'ai été laborieux durant l'année qui vient de s'écouler : boulots inutiles, comme tu dis, sale tête de lard, boulots inutiles ? On verra ça en son temps. L'essentiel, c'est que j'ai pu travailler, que j'ai même abattu une assez grosse besogne. J'ai de vastes et solides projets devant moi.

Cousteau haussa les épaules. Le gigantisme des projets littéraires de Rebatet avait cessé de l'épouvanter.

Rebatet – Certes, je ne suis jamais resté inactif à l'Ino., j'y ai dicté une histoire de la musique, rédigé un bon millier de pages. Mais, hormis la relecture de Dostoïevski, c'était artificiel, je m'occupais. Maintenant ça m'amuse d'imaginer d'autres vies, même si elles sont désastreuses, c'est sans doute une évolution assez importante pour moi. Elle suppose une assez grande tranquillité d'esprit.

Cousteau – Tu l'as ici.

Rebatet – Oui, elle s'est effectuée pendant cette cinquième année de taule qui aurait dû être, mathématiquement, plus lourde que les quatre premières réunies. Tu as trouvé ces dialogues pour meubler les heures si bizarrement découpées de cet étrange *hard labour* où tout semble avoir été prévu pour m'interdire, à moi, du moins, de travailler. Tu trouveras certainement un autre jeu quand nous aurons épuisé celui-là, je te fais confiance. Ils peuvent me tenir encore trois ans dans leur taule, j'ai la certitude de ne pas m'ennuyer une minute si les conditions extérieures de ma vie ne sont pas changées.

Cousteau – Pour moi, tu le sais, c'est un peu différent. Je n'ai pas comme toi la religion des boulots distingués. Je me satisfais parfaitement de perdre mon temps à jouer au bridge ou aux échecs. En sachant très bien que ce sont des occupations stériles, absurdes, et que je pourrais employer mes loisirs à des besognes autrement profitables. Mais, à quoi bon ? Nous sommes destinés à mourir un jour, demain peut-être. Ça nous fera une belle jambe d'avoir rédigé d'immortels chefs-d'œuvre ou d'avoir empilé dans nos replis de membranes cervicales des connaissances variées.

Rebatet fronçait un peu les sourcils. Il n'aimait guère qu'on parlât avec cette désinvolture des immortels chefs-d'œuvre.

Cousteau – L'important, pendant notre bref séjour sur cette planète mal fichue, c'est d'éliminer la souffrance autant que faire se peut et d'accumuler le maximum de sensations agréables. Je suis hédoniste à 100 % et je ne m'en cache pas. Or, j'ai découvert ces dernières années que la taule offre à un individu de mon espèce des possibilités de bonheur tout à fait imprévues et d'une qualité telle que je n'en retrouverais l'équivalent, hors de ces murs, que dans des circonstances exceptionnelles.

Rebatet – Alors, tu veux rempiler ?

Cousteau – Entendons-nous. Je souffre d'être séparé de ma famille ; je souffre des restrictions sexuelles qui nous sont imposées et je n'hésiterais naturellement pas une seconde à courir le risque de la liberté.

Rebatet – Il ne manquerait plus que ça.

Cousteau – Mais j'ai acquis assez de sagesse pour savoir que la liberté n'est pas un bonheur en soi, que c'est un risque. Il y a, dehors, des millions et des millions d'hommes qui sont nominalement libres mais dont l'esclavage est incomparablement plus pesant que le nôtre et avec qui je ne troquerais mon destin sous aucun prétexte. J'aime autant être ici que d'être le libre employé d'une compagnie d'assurances ou le libre manœuvre des usines Citroën, ou le libre valet de ferme de Chantecoucou-sur-Lignon, ou de vivre librement dans une caserne prolétarienne ou d'être astreint aux loisirs librement dirigés de la démocratie.

Rebatet – Nous avons été tous deux prolétaires à peu près dans les mêmes conditions. Rappelle-toi ton bureau de New York ? Je pense quelquefois au temps où j'étais à la « Nationale », à l'« Union »[99] : sans conteste, j'y étais plus malheureux qu'ici ; je n'aurais jamais été capable, à ce moment-là, de relire à fond en six mois Proust et Dostoïevski, pour ne parler que de ça. Il n'y a pas eu d'époque plus stérile dans mon existence. Et je savais que chaque jour nouveau passé dans ces bagnes réduisait mon espoir d'en sortir.

Cousteau – Lorsqu'on a pris certaines habitudes d'esclavage, c'est fini, on est esclave pour la vie.

Rebatet – J'étais beaucoup plus malheureux aussi dans le bagne clérical de Saint-Chamond. D'abord, la vie physique y était infiniment plus dure : lever à cinq heures, hiver comme été, corps perpétuellement crasseux, surveillance de chaque minute, discipline impitoyable. Et contrainte morale bien plus encore que physique. Il aurait fait beau que je misse, par écrit seulement deux lignes de ce que je pensais, de ce que j'éprouvais. À propos des écrits, je suis, bien entendu, du même avis que toi sur la vanité finale des travaux humains.

Cousteau – Savoir que l'on survivra par ce qu'on aura fait ne doit être au fond qu'une satisfaction assez mince.

Rebatet – Le plus grand homme ne peut savoir s'il ne sera pas oublié totalement cent ans plus tard. J'ai connu le succès littéraire en 1942 : tout compte fait, ce n'est pas très excitant. Un livre fini n'existe plus, en tout cas pour moi. Si j'ai la manie des grands boulots, si j'y sacrifie beaucoup, ce n'est pas, Bon Dieu, non ! dans le but de m'immortaliser. C'est encore la recherche du confort, du bonheur à quoi se résume de plus en plus pour moi toute l'histoire personnelle des hommes. Je suis malheureux en dehors de certaines tâches : un point, c'est tout. Que ces tâches m'imposent des casse-tête chinois, des nuits de fatigue, peu importe : tu

---

[99] La « Nationale » et « L'Union » sont les compagnies d'assurances où Rebatet a travaillé deux années au sortir de sa vie d'étudiant.

constates toi-même que je suis de bien meilleure humeur que lorsque tu m'as récupéré l'an dernier.

Cousteau – Je le constate avec joie.

Rebatet – Nous sommes tous deux, chacun à notre manière, des hommes de plume. Chez nous deux, ça n'est pas bidon. Regarde ce que tu as noirci, toi-même, en trois ans : c'est bien le signe de la vocation, de l'activité naturelle. Nous avons la chance insigne que la taule ne contrecarre pas notre activité naturelle, qu'elle la favorise même, dans une certaine mesure, puisqu'il est évident, contre toutes les thèses sartriennes, que l'on écrit d'abord pour soi : que toi, qui as été tellement journaliste, tu continues à écrire, c'en est la preuve évidente.

Cousteau – Je t'avouerai même que je goûte en écrivant – lorsque cela m'arrive – une sorte de satisfaction que jadis j'eusse été complètement incapable d'imaginer : la satisfaction d'écrire pour moi seul, sans esprit de lucre, sans arrière-pensée de publication, sans servitude d'aucune sorte à l'égard de l'éditeur et des lecteurs présumés, sans, non plus, le moindre souci de propagande.

Rebatet – Tel que je te connais, tout cela est entièrement nouveau pour toi...

Cousteau – Je crois que dans mes écrits publics je m'étais toujours approché de très près, non pas de la vérité, mais de ce que je pensais, de ce que je sentais réellement. Sans trop me vanter, je crois que j'ai été l'un des journalistes les plus libres de ce temps. Mais sans être jamais tout à fait libre.

Rebatet – Personne ne l'est dans le journalisme.

Cousteau – Ça n'est pas possible. Il y a toujours des gens à ménager, des tabous à contourner, des mots proscrits, des constatations inopportunes... Depuis que les terrassiers de la cour de Justice m'ont retranché de la société, je me sens libéré de ces chaînes-là. Je n'ai plus rien, ni personne à ménager. Si paradoxal que cela puisse paraître, c'est la prison qui m'a révélé la véritable liberté, de l'esprit, la liberté totale. Ce n'est pas le moindre des plaisirs de la taule.

Rebatet – Oui, on pourrait parler en quelque sorte de la liberté carcérale. Elle a plus d'un aspect. Tu sais que les arts, comme on dit, occupaient depuis toujours une grande place dans ma vie. Tu n'as pas besoin d'avoir éprouvé ça pour comprendre que la prison, dans ces cas-là crée un trou terrible. L'envie de peinture, de musique, de films, n'est comparable, en brutalité, en amertume et en mélancolie, qu'à l'envie sexuelle.

Cousteau n'arrivait pas à imaginer que ces deux ordres de frustration fussent comparables. Mais Rebatet, lancé dans son parallèle, ne prit pas garde à la réprobation de son ami.

Rebatet – Tout ça est d'ailleurs si proche ! J'ai beaucoup pâti de ces nostalgies-là. C'est triste... La musique est la plus traîtresse : elle vient vous chatouiller tout à coup, on ne sait pourquoi. Mais je suis guéri de la peinture et du cinéma. Je faisais tout ce bilan l'autre soir dans ma cage à poules. Je constatais l'antithèse parfaite entre l'odieux de ma situation – enfermé dans cette espèce de placard grillagé – et ma sérénité, ma légèreté d'âme. Je n'oubliais pas ce qui est pour nous l'affliction permanente, le veuvage de nos pauvres femmes, leur vie difficile, la peine qu'on leur fait subir à elles aussi. Mais pour ce qui me concernait moi-même, je me sentais détaché de tout, très sincèrement.

Cousteau – Moi aussi, bien sûr.

Rebatet – Ces moments sont de plus en plus fréquents. Ils sont très agréables. C'est en somme le fin du fin de la libération. La taule n'existe absolument plus, son cadre stupide est aboli par l'habitude. On vit entièrement par l'intérieur, ce qui peut redevenir très varié... La faille dans le confort, c'est hélas le problème de ces pauvres burettes. La pignole ne s'améliore vraiment pas à l'usage. Quelle fastidieuse nécessité ! On ne sait plus comment s'y prendre et quoi invoquer pour rendre à ça un minimum d'intérêt.

Cousteau haussa les épaules, la bouche arrondie par le scepticisme.

Cousteau – Fastidieuse nécessité ?... Voire... Fastidieuse si l'on a le malheur de manquer d'imagination... Il y aurait beaucoup à dire sur l'onanisme et je m'attaquerai peut-être un jour à des « Amitiés solitaires... ». C'est une chose dont personne ne parle jamais, alors que toutes les variétés d'inversions ont eu leurs chantres et leurs poètes. De plus, cette chose dont on ne parle jamais, c'est aussi la seule dont tous les individus sans exception ont une expérience personnelle... Et l'on peut se demander si, tout compte fait, la masturbation adroitement conduite jusqu'à l'orgasme ne vaut pas mieux qu'un coït englué dans une triste routine...

Rebatet protesta avec énergie. Son orthodoxie sexuelle confinait au puritanisme.

Cousteau – C'est que tu manques de dextérité, au sens étymologique du terme : la dextre, la droite...

Rebatet avait une horreur physique des plaisanteries de potaches, qui lui rappelaient Saint-Chamond. Il traita son ami de gros dégueulasse, et Cousteau, sans y prendre garde, poursuivit :

Cousteau – Il n'empêche que l'obligation de recourir à des ersatzs est le point faible du confort carcéral. C'est là une cruauté relativement récente dans l'histoire de la captivité politique. Aux siècles passés, on n'infligeait rien de semblable à nos grands ancêtres. Fouquet et Pignerol, Mirabeau à Vincennes, Badinguet au fort de Ham et les barbousards de 48 à Sainte-Pélagie troussaient gaillardement des tas de demoiselles complaisantes... Mais je rabâche. Nous avons parlé de ça cent fois. Ça finit par tourner à l'obsession.

Rebatet – Mais non, mon vieux. Nous faisons simplement et honnêtement à ces choses dans nos propos la part qu'elles ont dans toute existence. L'état des mœurs et de la littérature le permet enfin, et ce n'est pas trop tôt. Si on doit être accusé d'obsession parce qu'on entre dans les détails indispensables, ça n'est pas de jeu ! Parle-moi plutôt des obsédés de la libération.

Cousteau – Ça, c'est la mort du confort carcéral.

Rebatet – Nous avons pu étudier toutes les formes de cette obsession autour de nous, aiguës, chroniques, saisonnières. Elles varient selon la culture, l'intelligence du sujet. Mais la diathèse de celui-ci comporte nécessairement une aptitude à la foi et à l'expérience. C'est pourquoi nous sommes, heureusement pour nous, un mauvais terrain. Il est évident que certains de nos camarades, et non les plus sots, vivent depuis cinq ans en attendant chaque soir la classe pour le lendemain. Dans toute nouvelle, ils subodorent l'amorce du geste de clémence, le grand chambardement qui va renverser les murs.

Cousteau – Je connais la musique : « Le Vatican ne laissera pas passer l'année sainte... Radio-Luxembourg dit que les Américains... ».

Rebatet – Les plus acharnés sont ceux qui ont consacré le plus de temps à la politique. On se demande ce qu'ils y ont appris... Aucune expérience ne leur sert. Ils n'ont pas encore compris que la France démocratique est incapable d'engendrer un événement, que le régime ne se renversera pas lui-même et que personne ne le renversera, sinon l'étranger. Ils ont le même frémissement à chaque panne du carrousel ministériel, à chaque grève, à chaque discours.

Cousteau – Ce sont de pauvres types. Attendre ainsi le miracle, jour après jour, c'est affreux.

Rebatet – C'est certainement déprimant. Ces gens-là perdent leur temps. Pas question pour eux de profiter de la retraite. Et ils deviennent vite insociables... Pour tolérer la prison, il faut, avant tout, laisser l'espérance au vestiaire. J'ai fait depuis cinq ans des observations curieuses sur le caractère malsain de l'espérance. Mais ça nous entraînerait trop loin.

Cousteau – On en reparlera.

Rebatet – Je puis du moins te dire que j'ai eu mes faiblesses moi aussi, que j'ai vécu assez fiévreusement mes six premiers mois dans cette prison, malgré l'accompagnement du scepticisme qui ne se tait jamais tout à fait chez moi. Je dois dire tout de même à ma décharge que les événements du second semestre 1947 étaient assez singuliers. Mais depuis le début de 1948, je suis devenu de marbre : ma libération ne dépend pas de moi, donc elle ne me concerne pas, comme notre mort. C'est certainement une des pensées qui m'occupent le moins.

Cousteau – Koestler explique dans *Le Zéro et l'infini* qu'en prison, l'existence est intolérable pour ceux qui ont la conviction de leur innocence. C'est là une disposition d'esprit bien malheureuse, mais hélas trop fréquente. Se croire innocent, c'est une manière comme une autre de croire à la justice et par conséquent de souffrir de ce qu'on tient pour une injustice.

Rebatet – Tu ne t'estimes tout de même pas coupable ?

Cousteau – Non. Mais pas innocent non plus. Nous ne sommes ni des coupables, ni des innocents, nous sommes des vaincus et nous subissons la loi du plus fort, qui est vieille comme le monde. Nous sortirons lorsque l'ennemi se sera fatigué d'être féroce.

Rebatet – Ou lorsque des circonstances imprévisibles l'y contraindront.

Cousteau – C'est simple. Mais encore convient-il d'être pénétré de ces évidences pour échapper à cette torture par l'espérance qui accable tant de nos camarades. Je constate que notre immoralisme nous prédispose l'un et l'autre à ce détachement hautain qui est une des conditions préalables du confort carcéral. Car nous n'avons pas attendu d'être ici pour savoir ce qu'il faut penser de la justice, du bien et du mal... Et d'ailleurs, y a-t-il donc tant de différence entre l'univers des hommes libres et le nôtre ?

Rebatet – Il y en a tout de même quelques-unes...

Cousteau – Certes, mais je ne vois pour ma part que des différences spécifiques. Il n'y a pas d'un côté la liberté et de l'autre l'esclavage. Il y a d'un côté et de l'autre diverses formes de liberté et diverses formes d'esclavage. Ici et là, les grandes lois fondamentales sont les mêmes. Simplement, de ce côté-ci des murs, les choses ont un aspect plus caricatural, le despotisme est moins nuancé, les instincts vitaux s'affirment plus crûment. C'est qu'il s'agit d'une société en formation, d'une société primitive, comme le serait un groupement de naufragés sur une île déserte... Mais très vite le décantage s'est fait, les caïds se sont révélés et les esclaves-nés se sont attelés aux besognes rebutantes. Dans cette société toi et moi nous avons tout naturellement retrouvé la place que nous occupions, toutes proportions gardées, dans la société des hommes libres. Il y a autant de distance entre Rebatet comptable et les ravaudeurs auxquels il vend *Le Pèlerin* qu'il y en avait entre l'auteur des *Décombres* et les typos de *Paris-Soir*.

Rebatet – Il y a autant de distance entre nous, chétifs comptables d'atelier et Dananas, super-technicien de l'industrie du bois, qu'il y en avait jadis lorsque ce trafiquant était servi par des domestiques mâles et que nous, nous prenions le métro...

Cousteau – Il demeure, bien sûr, que ni les uns, ni les autres, nous ne sommes libres. Ou plus exactement, que nous sommes tous beaucoup moins libres que jadis : matériellement, du moins.

Rebatet – Intellectuellement, nous en avons convenu tout à l'heure, notre liberté s'est accrue...

Cousteau – Mais là encore, je refuse de considérer que nous avons changé d'état, que notre état présent est le contraire de notre état antérieur. Il n'y a de différence que dans l'intensité et la fréquence des contraintes. Nos anges gardiens nous font faire – sans méchanceté dans l'ensemble – des tas de choses qui ne nous plaisent pas. Mais dehors, les libres citoyens sont brimés par la flicaille, rançonnés par le fisc, soumis à la conscription, mobilisés à la moindre alerte, jetés dans des guerres pour lesquelles nul ne les a consultés et condamnés, selon les cas, à mort, à l'infirmité temporaire ou à vie, à cinq ans de tranchées ou à cinq ans de stalag. Je ne m'indigne pas. C'est ça la société. Ici comme ailleurs, la société est quelque chose qui emmerde les individus et c'est à l'individu de se débrouiller pour accéder à un échelon où il reçoive le moins possible d'éclaboussures.

Rebatet – Nous sommes un petit monde clos, c'est évident. Il faut tout de même bien admettre qu'avec tant de vertus cette clôture a quelques désavantages. Je les ai déjà résumés d'un mot qui pour moi dit tout : c'est la province. À notre âge et après vingt ou trente ans de Paris, ça n'a plus la même importance que pour certains copains plus jeunes, moins « aérés ». Mais je t'avoue que l'idée d'être « en retard » – et nous y sommes fatalement – m'irrite un peu quelquefois.

Cousteau – Bah ! Est-ce tellement important ?

Rebatet – J'aurais aimé rester à la page, quand ce n'eut été que pour avoir des raisons supplémentaires et encore plus précises de mépriser les hommes libres. Plus je vais, plus j'ai le goût de l'information sérieuse. Il nous manque évidemment de nombreux détails pour nous faire un tableau complet, physique, intellectuel, moral de ce demi-siècle. Mais en revanche, quelle belle aptitude à la synthèse nous possédons maintenant ! Quelle cure salutaire pour des hommes bouffés par le métier quotidien, par Paris, comme nous l'avons été si longtemps ! Qu'est-ce que je dis : une cure ? C'est un survol planétaire. Admettons, comme nous le disions l'autre jour à propos du succès fabuleux de Gheorghiu, que nous eussions fermé nos gueules en 1940, retrouvé en 1944 une virginité, repris notre place d'avant-guerre dans l'antibolchevisme et les activités annexes...

Cousteau – Évidemment, nous mènerions aujourd'hui une brillante existence internationale, on nous photographierait pour *Life* et *Time* quand nous irions faire notre petit tour à New York...

Rebatet – Tu aurais la joie de me voir piloter une grosse voiture américaine. Nous aurions peut-être chacun notre chauffeur. Nous saurions quelle est l'audience exacte du bigle Sartre, si Hollywood est foutu ou non. Mais nous aurions la faiblesse de croire plus ou moins à notre boulot. Nos admirateurs se chargeraient, d'ailleurs, de nous y faire croire. Nous serions dans le coup.

Cousteau – Nous n'y sommes plus.

Rebatet – Le mythe de Sirius est devenu pour nous une réalité. Imagine encore que nous ayons quitté l'Europe après Munich, – ça, c'eut été la grande sagesse -, de Buenos-Aires ou de Santiago de Chili, nous nous serions certainement fait une idée assez fausse de l'Occupation. Mais nous ne nous serions pas dissimulé, dès la fin de 1941, que les Allemands ne gagneraient pas cette guerre, dès la fin de 1942 qu'ils la perdraient, comme nous nous le sommes dissimulé, parce que nous le *voulions*.

Cousteau – Parce que nous avions pris parti...

Rebatet – Que de risques d'erreurs quand on est engagé sentimentalement, matériellement dans un système, une croyance, un groupement d'humains ! Nous avons été patriotes, Aryens, Européens, parce que nous défendions nos intérêts de Français, de Blancs, d'Occidentaux : j'entends par là aussi bien notre bifteck que nos concepts les plus élevés. Or, on a eu la gentillesse de nous enlever tous ces soucis, notre compte en banque, nos frusques, nos journaux, nos lecteurs et nos sentiments...

Cousteau – Et nos concepts aussi !

Rebatet – Et nos concepts. Non, mais ! Te vois-tu reprenant les armes pour la défense d'un certain christianisme, d'un certain humanisme ? Les valeurs qui m'étaient les plus chères, les seules pour lesquelles j'aurais vraiment consenti à perdre ma vie sans regret, le patrimoine artistique de l'Europe, c'est aujourd'hui un domaine que l'on m'a interdit. M'alarmer pour le sort des cathédrales et des tableaux qui sont pour moi, maintenant, comme s'ils n'avaient jamais existé, tout cela dépasse mes ressources de générosité. Nous sommes dans la position de l'entomologiste qui note : « La fourmi rouge gagne du terrain sur la noire, la fourmi noire va de droite et de gauche. » Nous n'attendons même plus les satisfactions de la vengeance, car ce serait encore un lien. La négrification de la planète ne pourrait plus que nous divertir. Nous n'avons plus de maison, nous n'avons plus de ville, nous n'avons plus de patrie, nous n'avons plus de race. Mieux encore : nous n'avons plus de contemporains.

Cousteau était épanoui :

Cousteau – Je retiens la formule : « Nous n'avons plus de contemporain. » J'avoue que je n'y avais pas pensé. Toutes ces dernières années, la plupart de mes méditations avaient abouti à la conclusion que je n'avais plus de compatriotes et je me suis complu à remâcher cette idée-là. Mais je me rends bien compte à quel point cette exclusive est étriquée. Ce n'est pas « compatriotes » qu'il faut dire, c'est « contemporains ». On ne nous a pas seulement retranchés de cet hexagone. On nous a projetés hors du siècle. Et c'est pour cela que nous éprouvons une telle sensation de liberté.

Ayant dit, Cousteau s'interrompit brusquement et son visage se rembrunit :

Cousteau – Il me vient une objection qui écorne l'universalité de ce dont nous venons de convenir. Pour être tout à fait sincères – et nous le sommes ; c'est le principal mérite de nos dialogues – je dois t'avouer que j'adhère tout de même encore un petit peu à cette planète, que j'y compte encore quelques contemporains... et même quelques compatriotes.

Rebatet sursauta et émit un sifflement réprobateur.

Cousteau – Ne t'effarouche pas. Je te préviens tout de suite que ça n'est pas déshonorant... Oui, il existe encore sur cette terre une communauté d'hommes dont je continue à me sentir solidaire... Tu as deviné que je voulais parler des réprouvés de Clairvaux... Oh ! Je sais bien combien ces malheureux sont décevants. Je sais tout ce qu'on peut dire de ce ramassis hétéroclite de braves types et de canailles, d'idéalistes et d'imbéciles, de gamelards et de héros. Mais, tel qu'il est composé, ce groupement est encore, à tout prendre, le seul auquel il ne m'est pas absolument insupportable d'être aggloméré...

Rebatet – Nous avons tout de même, dehors, des amis fidèles.

Cousteau – Des amis fidèles, certes, mais des amis isolés, perdus dans la masse, sans crédit, suspects, tout juste tolérés. Dehors, il me semble que serait vrai le mot de Dostoïevski : « Je suis seul et ils sont tous. » Ici, ça n'est pas vrai. Ici, je peux être moi-même sans me heurter à la collectivité. Et c'est tout de même une chance... Comme quoi le Docteur Pangloss n'avait peut-être pas tellement tort.

Atelier de Lingerie de la maison centrale de Clairvaux, mai 1950.

DIALOGUE n° 12

ROOSEVELT, NOUS VOICI

> « L'Hypocrisie est un vice privilégié qui, de sa main, ferme la bouche à tout le monde et jouit en repos d'une impunité souveraine. »
>
> Molière, *Don Juan*

Cette semaine-là, les vaillantes troupes populaires de la Corée du Nord avaient entrepris d'arracher leurs frères méridionaux aux délices de la Démocratie yankee. Cela aurait pu n'être qu'un fait divers. N'était-ce pas la vingtième fois – ou la trentième – depuis le V Day[100] qu'on bousculait les pactes et les traités ? Mais tout de suite, sans qu'on sût trop pourquoi, les choses avaient tourné à l'aigre. Des bombardiers américains étaient intervenus, puis – ce qui est beaucoup plus grave – des fantassins. Le tout avec d'irrésistibles mouvements du menton et de grands airs de ne pas vouloir qu'on vous crache sur les pieds. Bref, le Kriegsgehfarzustand. Et même un peu plus. Le tout assaisonné à Paris de la traditionnelle, de l'inévitable crise ministérielle. Le monde s'embrasait et les Français s'expliquaient sur l'École laïque et le sexe des économiquement faibles.

Cousteau – Cette fois-ci, dit Cousteau qui venait d'achever la lecture clandestine d'un quotidien vieux à peine de deux ou trois jours, ça paraît bougrement bien engagé.

Rebatet – Je n'y croyais plus, du moins à brève échéance, je voyais ça

---

[100] *Victory Day*.

renvoyé à plusieurs années. Et voilà que ça s'allume, à l'endroit le plus inattendu.

Cousteau – Remarque qu'il n'est pas encore tout à fait sûr que ça soit vraiment le grand coup... Je suis devenu prudent, très prudent, ces derniers temps... Je me méfie de mes impulsions.

Rebatet – Moi aussi, je suis prudent. Mais il ne faut pas non plus que nos déceptions nous portent à un excès d'incrédulité. Regarde ces dépêches : elles existent, ça n'est plus du flan. Dans cette minute même, il y a des aviateurs américains qui se mitraillent avec des aviateurs russes, il y des G.I. couchés sanglants dans les sillons d'une Corée mal défendue.

Cousteau – Et parmi ces premiers Ricains butés, c'est bien le diable s'il n'y en a pas quelques-uns qui ont fait leurs premières armes en arrosant de phosphore les villes européennes.

Rebatet – Ce n'est peut-être pas la Troisième Guerre, comme ils disent. Mais ce qui est certain, c'est qu'en trois jours les Américains viennent de se foutre aux fesses une affaire considérable. Écoute-moi ce Truman : « En conséquence, j'ai donné l'ordre à la 7e escadre... ». Il va bien ce chemisier. Lis-moi ce topo : « Au sud de Séoul, le front est actuellement fluide. » Ah ! le beau style ! La parole est aux militaires. Elle est donc aussi au canon. Les divisions sont embarquées, les arsenaux alertés, les flottes ont fait leur plein de mazout, les trains de munitions vont rouler « *from coast to coast* ». Ne t'en fais pas, quand on en est là, il y en a pour un bout de temps.

Cousteau se mit à rire :

Cousteau – Après tout, ce qui se passe en ce moment, c'est justement ce que nous avions voulu éviter. Et on nous a condamnés à mort très exactement parce que nous avions voulu l'éviter. Ça nous donne le droit de nous marrer un peu avec une excellente conscience.

Rebatet – Oh ! il n'y a pas la moindre ombre sur ma conscience. Les Américains n'ont pas su faire la paix, ils n'avaient d'ailleurs aucun moyen de la faire. En détruisant l'armée allemande, ils devaient se trouver face à face avec les Russes. Nous l'avons suffisamment dit. Voici venir, comme dit le Grand Con [101], les événements qui sont notre justification formidable. Ce qui me désole, en cette occurrence, c'est que je ne suis pas certain du tout que les gens de l'extérieur sachent pourquoi les choses sont tragiques. Ils sont embêtés, les gens de l'extérieur, ils n'aiment pas ça, ils se lamentent, ils tremblent, mais ils se lamentent et ils tremblent comme on se lamente et comme on tremble devant un cataclysme de la nature. Fatalité. Manque de pot. Ça m'irrite que tous ces gens-là ne sachent pas très exactement pourquoi ils ont raison de se lamenter et de trembler.

Rebatet – Ça n'est pas par hasard.

Cousteau – C'est parce qu'on a commis le péché contre l'esprit, le seul péché inexpiable... Tiens, j'ai recopié sur ce cahier, ce propos de Koestler qui colle tellement bien avec les événements : « Nous savons que la vertu ne compte pas devant l'Histoire et que les crimes restent impunis ; mais que chaque erreur a ses conséquences et se venge jusqu'à la septième génération. » Je rêve d'un poste émetteur, où d'une île inconnue, je rabâcherais du matin au soir à l'univers : « Voilà où ça mène, une croisade des Démocraties ! ».

Rebatet – Ah ! oui, une belle idée ! On te collerait deux mille G.Men au cul, tu serais le Ferdonnet[102] mondial, le démoralisateur universel. Ça

---

[101] « Le Grand Con » désigne le général de Gaulle.
[102] Paul Ferdonnet était, avant-guerre, speaker français à Radio-Stuttgart. Il a publié en 1938 un livre de propagande antisémite intitulé *La Guerre juive*. Comdamné à mort après la Libération, il fut exécuté le 4 août 1945.

serait bien la peine d'avoir évité le poteau pour être passé à la chaise. Si tu as des idées comme ça pour notre prochaine guerre, ça nous promet du bonheur ! Tu es un type vraiment dangereux à fréquenter.

Cousteau haussa les épaules :

Cousteau – Possible, mais c'est très exactement le seul rôle que je pourrais tenir dans la guerre qui vient de commencer ou qui va commencer. Si on ne peut pas expliquer aux gens que tous les malheurs qui accablent présentement cette planète sont la conséquence de la politique de feu Roosevelt, alors autant fermer sa gueule.

Rebatet serra un peu les dents. Il ne pouvait jamais songer un moment à Roosevelt avec un parfait sang-froid. L'illustre pape protestant de la Démocratie partageait avec son confrère en catholicisme Ratti, ce pouvoir d'outre-tombe sur l'ex-polémiste qui les avait si copieusement insultés de leur vivant. Mais Rebatet prônait de plus en plus le détachement, l'inutilité de la colère et des épithètes vengeresses. Comme il avait déjà transgressé une dizaine de fois ces règles depuis le matin, à propos des poètes, des dominicains, du folklore bavarois et du bon sens paysan, il jugea séant de se contenir.

Rebatet – Je pense quelquefois, dit-il, aux années maudites de 1933 et 1939, ces années où Hitler obscurcissait l'Europe de son ombre effroyable, où les purs d'entre les purs démocrates rongeaient leur frein devant les ravages de la peste brune, crispaient leurs poings en grinçant : « Enfin, va-t-on se battre ? » Dans ces temps de honte et de paix criminelle, on prenait le rapide à la gare de l'Est, avec trois coups de tampon sur un passeport. Le contrôleur vous disait : « Vous allez jusqu'à Budapest ? Hé, hé, ça fait un bon ruban de voies jusqu'à Budapest. Bon voyage, Monsieur. » Et le lendemain soir, on dînait au bord du Danube, à Budapest, bonne et belle ville. Le surlendemain, on prenait l'apéritif à Bucarest, sur le boulevard Bratiano, un beau boulevard tout neuf, plein de magasins et de cafés « comme à Paris ». On pouvait rentrer très tranquillement par d'autres belles villes, non moins civilisées, Cracovie, Dresde, comme je l'ai fait en 1938, à la veille de l'infamie munichoise. En 1943, au plus fort de l'horreur hitlérienne, Véronique[103] a pu aller encore à Bucarest, presque aussi facilement qu'au temps de la honteuse paix. Il y avait 2 500 kilomètres de rails libres vers l'est. Aujourd'hui, au bout de 1 000, de 1 200 kilomètres, on se cogne au rideau de fer. Voilà la victoire rooseveltienne : 100 millions de Blancs, d'Européens, livrés à la Moscovie !

Le ton de Rebatet s'élevait, ses oreilles rougissaient.

Rebatet – Il est tout de même regrettable que l'on ne puisse pas crier ça sur les toits !

Cousteau – Je pense, moi, aux gens des pays baltes que j'ai connus. Ils étaient bien, ces pays baltes. C'était propre, c'était gentil, c'était coquet. Réval est une ville ravissante avec de vieilles maisons hanséatiques et les femmes les plus élégantes de l'est européen. Que sont devenues ces jolies femmes ? Elles doivent graisser les locomotives ou empierrer les routes... En 1943, vingt personnes m'ont dit à Riga et à Réval : « Les Allemands sont foutus, mais jamais les Américains ne laisseront les Russes s'établir chez nous. » Tu parles... Pour feu M. Roosevelt, toute l'Europe de l'est ne valait pas les ossements d'un hussard porté de l'Infanterie de Marine.

Rebatet – Maintenant les Marines se font descendre parce que M. Roosevelt a livré l'Asie aux Bolchevistes pour détruire les Japonais, comme par hasard le peuple le plus évolué, le plus civilisé de tout le monde jaune. Nous avons le nez sur l'Europe. Mais les crimes asiatiques de Roosevelt sont encore plus graves, plus stupides. Quand je pense que je trouvais à ce monstre une gueule sympathique, séduisante même,

---

[103] Épouse de Lucien Rebatet.

lorsqu'on le voyait aux actualités dans les premiers temps de sa présidence.

Cousteau – Tu n'es pas le seul. Je m'y suis trompé moi aussi. Et, à bout portant, si l'on peut dire. Puisque j'ai été reçu en 1935 dans le célèbre bureau en rotonde où le président tenait ses conférences de presse, encadré de deux poulets G.Men à têtes de gangsters, devant des gerbes de roses rouges et des modèles de frégates. En cherchant bien dans la collection de *Je Suis Partout*, on retrouverait un article enthousiaste qui est la honte de ma carrière.

Rebatet – Tu t'es rattrapé depuis avec les « Crétins solennels de la Démocratie ».

Cousteau – Certes, mais électoralement, la première impression avait été bonne, parce que superficielle. L'électeur moyen ne va jamais au-delà de l'impression superficielle, ce qui explique l'extraordinaire popularité de ce malfaiteur. Roosevelt avait vraiment un sourire enchanteur, un sourire « Colgate ». Il avait l'air brave, comme on dit à Cucugnan.

Rebatet – Tu as pensé, toi aussi, qu'il était « brave ».

Cousteau – Alors qu'en réalité ce masque débonnaire cachait un fanatisme de l'espèce la plus constipée, un fanatisme à la Savonarole, à la Calvin, à la Robespierre. Roosevelt croyait à son propre baratin. Dur comme fer. Et c'est là tout le drame. Il croyait aux quatre libertés, au *government of the people by the people for the people*, aux droits du Citoyen, au respect de la Personne Humaine, à la Conscience Universelle. Un vrai con. Et un con dangereux. Après avoir tout fait pour déclencher la croisade en Europe, il n'a eu de cesse que l'Amérique y participât. Il était prêt à faire tuer les trois quarts du genre humain pour que les survivants vécussent en démocratie.

Rebatet – Il n'était tout de même pas con[104] au point de croire ne fut-ce qu'une minute que Staline était un démocrate.

Cousteau – En principe, non. Pratiquement, oui. Ou plus exactement il a fini par s'en persuader. Les croyants sont comme ça. Ils finissent toujours par croire ce qu'ils ont envie de croire. Or, Roosevelt, ça n'est pas douteux, croyait honnêtement, sincèrement, profondément au machin des immortels principes. Il écartait donc tout ce qui le gênait avec autant d'aisance qu'un catholique auquel on oppose des objections de simple bon sens, auquel on apporte les preuves de telle ou telle imposture sacrée.

Rebatet – C'est bien connu : pour un croyant, tout ce qui est gênant, c'est exactement comme si ça n'existait pas.

Cousteau – En ce qui concerne le despotisme soviétique, il était d'autant plus facile à Roosevelt de l'escamoter que M. Staline emploie à peu de choses près le même vocabulaire que les potentats démocratiques de l'Occident. Il suffisait de le croire sur parole, de se contenter des mots. *Te baptiso carpam !* Je te baptise « *peace loving democracy* ». C'est là le crime impardonnable de Roosevelt. Il a feint d'abord – parce que ça l'arrangeait – de croire que Staline était un partenaire acceptable. Puis, il a fini par y croire vraiment. La connerie l'a emporté sur la fourberie.

Rebatet doutait que la naïveté de Roosevelt pût être allée jusque-là. Cousteau ouvrit son armoire, en tira le cahier où il notait à tout hasard, ses citations.

Cousteau – Écoute ça : « Il y a une chose dont je suis certain : Staline n'est pas impérialiste. » Et ceci : « Je ne crois pas que nous ayons à nous inquiéter de la possibilité d'une domination russe. » C'est signé Franklin D. Roosevelt. D'ailleurs, même si Roosevelt n'avait pas exprimé sa pensée d'une façon aussi claire, toute sa politique était basée sur ces

---

[104] Le lecteur est prié de remarquer que ce vocable complètement émoussé dans la bouche de Rebatet prend, dans la bouche de Cousteau, une vigueur maximum.

postulats et tout le gâchis actuel en est la conséquence... Je ne dis pas ça pour excuser Roosevelt.

Rebatet – D'ailleurs, la stupidité en politique n'est pas une excuse.

Cousteau – Et puis il y a tant d'autres domaines où la duplicité du personnage est éclatante. Tiens, écoute cette troisième citation : « Je l'ai déjà dit, mais je le répéterai et je le répéterai sans cesse : vos enfants ne seront pas envoyés au combat dans une guerre étrangère. » Or ceci est extrait d'un discours prononcé en 1940, et si Roosevelt a pu se faire des illusions sur M. Staline, il ne pouvait pas se méprendre sur ses propres intentions. Il voulait la guerre. Il savait qu'il finirait par l'avoir. Il savait qu'il enverrait les enfants de ses électeurs combattre sur une terre étrangère. Là, le mensonge est flagrant. Ce fanatique imbécile était aussi un malhonnête homme. Roosevelt était décidément complet.

Rebatet – Il est tout de même assez révoltant que l'Amérique ait enfanté Roosevelt et que ce soit le seul pays jusqu'à présent qui n'ait point pâti sérieusement des folies de ce paralytique.

Cousteau – C'est en effet ce qui me dégoûte profondément. En dépit de la stupidité abyssale de son système politique et de la cornichonnerie délirante de ses grands hommes, l'Amérique finit toujours par gagner.

Rebatet – Attention, Pac ! Tu parles comme un moraliste !

Cousteau – Je m'en excuse : c'est plus fort que moi. Je n'arrive pas à conserver mon calme devant l'immoralité des victoires américaines. Et elles sont d'autant plus irritantes que les Américains, eux, ne se font pas faute de les affubler d'un coefficient de moralité. Ce pays, façonné, depuis les origines, par l'Ancien Testament, a pris tout naturellement l'habitude d'identifier le succès matériel et la bienveillance divine. Plus un homme gagne d'argent – fut-ce en acculant ses concurrents au suicide comme Rockefeller – plus il est vertueux, puisque la preuve est faite que Dieu favorise ses entreprises. La vraie patrie du *Gott Mit Uns*, ce n'est pas l'Allemagne, c'est l'Amérique. Et pourtant l'histoire des États-Unis n'est qu'une succession d'actes de brigandage.

Rebatet – Comme d'ailleurs l'histoire de tous les peuples.

Cousteau – Avec toutefois cette différence que pour les autres peuples il y a des alternances de succès et de revers, alors que les brigandages américains sont uniformément couronnés de succès. C'est cette constance dans la réussite qui m'exaspère, parce que les Américains l'attribuent, tout autant qu'à la protection divine, à l'excellence de leurs institutions.

Rebatet – Tu as une très bonne thèse à ce sujet. Je dis thèse parce que je t'imagine, oh ! d'une façon tout à fait surréaliste, la développant aimablement, coiffé d'un bonnet carré, devant les étudiants de Harvard. Ça, ça contribuerait à leur ouvrir les méninges... s'ils ne te lynchaient pas.

Cousteau – Il n'est pas absolument certain que je serais lynché : les Américains ont des réactions déconcertantes, ils ont un certain goût du *fair play*, ils ne répugnent pas absolument à se faire engueuler... En tout cas, à ma connaissance, personne n'a encore pris la peine de leur expliquer gentiment que leurs guerres, si pompeusement enrobées dans une rhétorique vertueuse, furent toutes des guerres bassement matérialistes. Et personne ne leur a expliqué que toutes leurs victoires sans exception sont dues non à des vertus exceptionnelles, mais à l'abondance de leurs ressources matérielles. Les victoires économiques tout autant que les victoires militaires.

Rebatet – C'est sur ce point que ta thèse risquerait de choquer le plus sûrement les Yankees.

Cousteau – Dans ce pays où depuis cent cinquante ans, il n'y a eu qu'à se baisser pour ramasser de l'or, du pétrole, du fer et du charbon, où le bétail s'élève tout seul, où l'immensité des espaces autorise tous les gaspillages, les indigènes croient mordicus que leur prospérité est la conséquence directe de la Déclaration des Droits. Alors que c'est exactement le contraire et que la prospérité américaine s'est fondée malgré la démocratie, contre la démocratie et qu'elle serait encore plus insolente si elle s'était développée rationnellement et non dans l'anarchie. Là-dessus, les Ricains sont butés. Ils en sont arrivés à se persuader qu'il suffit qu'un peuple se foute en démocratie pour qu'aussitôt il devienne aussi opulent que l'Amérique. C'est bête à pleurer, mais c'est ainsi.

Rebatet – Nous touchons là à l'incommensurable capacité d'hypocrisie du puritain. Une hypocrisie telle, chez le Yankee, qu'elle n'est explicable que par une puérilité au moins égale. Les Américains n'ont pas encore atteint l'âge du sens critique. C'est peut-être un des secrets de leur force. Je t'avoue que j'aime encore mieux être décadent, mais sachant à quoi m'en tenir, sur moi et sur l'univers, que puissant, ascendant et ignorant comme les Américains le sont.

Cousteau – Tu as vu le numéro récent de *Life* où la conscience américaine s'élève avec horreur contre les règlements antinègres de l'Afrique du Sud. Comme si la ségrégation n'existait pas, n'avait jamais existé aux États-Unis, comme si le nègre y était un citoyen libre, sur le même pied que n'importe quel blanc.

Rebatet – Oui, mais la Constitution américaine dit que tous les hommes sont égaux et libres. C'est écrit, ça suffit à ces heureuses consciences. Dans un cas comme celui de *Life*, tout de même, j'admets difficilement qu'il n'entre pas une bonne part de mauvaise foi délibérée. Mais pour l'affirmer, il faudrait pouvoir se livrer à des Gallup d'un genre malheureusement peu pratiqué, et pour cause... Laissons l'hypocrisie de côté. Revenons à cette guerre de Corée. Il y a un fait : c'est que le président-chemisier de la plus pure démocratie du monde, a déclenché cette guerre lui-même, aussi brutalement que le plus infâme dictateur.

Cousteau – Les Présidents américains foulent aux pieds les principes démocratiques avec une incomparable virtuosité. Lorsque Wilson se lança dans la guerre, l'opinion publique était hostile à l'intervention, et, pour se faire élire, Wilson avait dû promettre solennellement que l'Amérique ne se battrait pas.

Rebatet – Même escamotage, très exactement, de la volonté du peuple souverain par Roosevelt.

Cousteau – Quant à Truman, pour lancer ses vaillantes troupes sur la Corée, il n'a demandé l'avis de personne. Ne parlons pas de Mac Arthur. À côté de ce reître, Seyss-Inquart fait figure de philanthrope débonnaire... C'est la chance de l'Amérique que sa constitution lui permette d'être un petit peu gouvernée – pas tout à fait, bien sûr – d'une façon totalitaire. Un régime démocratique est toujours absurde. Mais le régime américain est tout de même moins absurde que celui des Français.

Rebatet – Je connais mal la Constitution américaine. Elle est évidemment beaucoup moins imbécile que la française. Le Président a beau n'être élu que pour quatre ans, et terriblement soumis à l'électeur, il a des moyens de gouverner. Il l'a prouvé cet été. Je n'attendais pas de ce chemisier pareille énergie.

Cousteau – Minute, mon joli, ne t'excite pas comme ça. L'Amérique a mis le doigt dans un drôle d'engrenage. La voilà lancée à plein dans la *Weltpolitik*... Impossible de savoir comment cette entreprise se terminera. Ça se terminera peut-être très bien, par l'établissement sur cette planète d'une sorte de *pax americana*, à base de Coca-Cola, de bulletins de vote et de télévision. Où ça se terminera très mal par un étripage général et des effondrements de gratte-ciel. Je n'en sais rien. Et je ne me risque plus à faire aucune prévision. Les chances sont pourtant pour le grand bordel, parce que l'URSS ne cédera pas aux bonnes paroles et que tant que l'URSS existera, l'hégémonie américaine ne sera pas complète...

Rebatet – Les choses peuvent cependant rester longtemps au point où elles en sont aujourd'hui. Je crois que les Russes feront tout pour retarder la guerre et avec leur système politique les Américains sont incapables de déclencher une guerre préventive. En attendant, nous voilà en face du réarmement de l'Allemagne. J'y attache plus d'importance qu'à l'affaire de Corée.

Cousteau – C'est-à-dire que tout se tient, et que c'est la bataille d'Asie qui permet d'imposer la volonté américaine aux vassaux européens. Depuis que les « Marines » se font buter au-delà et en-deçà du 38e parallèle, les Américains ont de bonnes raisons de trouver scandaleux qu'on troufignonne dans les commissions parlementaires, qu'on blablablate à perdre haleine sur le sexe de la nouvelle Wehrmacht. Et comme en définitive, c'est eux qui distribuent le pognon, les hommes d'État occidentaux ont beau renâcler, ils n'ont plus qu'à se mettre au garde-à-vous, le petit doigt sur la couture du pantalon rayé.

Rebatet – Et puis, les Occidentaux ont une telle trouille qu'ils ne demandent qu'à être violentés pourvu qu'on les protège contre le grand méchant loup.

Cousteau – Protection d'ailleurs bien illusoire. Les Ricains ont mis tout le paquet en Corée. Ils n'ont plus rien en réserve. Si Joseph attaquait demain matin, le chemiser serait bien incapable de faire pour Tauriol ce qu'il a fait pour Syngman Rhee. Il n'empêche que l'Occident croit, ou feint de croire au bouclier américain. Même ici, parmi les victimes de l'article 75...

Rebatet – Je comprends mal les copains qui sont prêts à faire croisade derrière le drapeau étoilé. Ils flétrissent notre égotisme, j'en suis sûr. Mais ces soi-disant idéalistes me paraissent troquer bien facilement leurs idéaux. Nous préférons, en fin de compte, l'hypothèse de la victoire américaine, parce que c'est la victoire de la salle de bains. Je sais qu'une hégémonie américaine, sur le plan matériel, sera confortable, mais je sais que sur tous les autres plans, elle ne me dégoûtera pas moins que le marxisme universel. Je regarde le duel Amérique-Russie avec détachement. C'est d'ailleurs assez agréable de n'avoir plus à s'agiter, à s'émouvoir pour l'issue de la bataille en cours. Et je constate que les Américains ont l'air de se réveiller.

Cousteau – Ce réveil est dû – je le pense du moins – à cette espèce de gros bon sens mercantile qui est un des aspects les plus irritants, et parfois les plus séduisants du caractère américain. Car ces idéalistes sont, dans le détail de leur comportement privé, des businessmen impitoyables.

Cousteau – Un Américain à qui tu viens d'être présenté ne manque jamais de te demander après cinq minutes de conversation : « *How much do you make* ? ». Selon que tu gagnes 25 dollars par semaine, ou cent, ou mille, il saura quelle quantité de considération il devra t'accorder.

Rebatet – Tu me l'as déjà expliqué.

Cousteau – Ça, c'est l'aspect irritant de l'esprit pratique américain. Mais lorsque leurs généraux ou leurs politiciens traitent les grandes affaires sur des bases identiques, alors, c'est autrement moins idiot que les routines d'école de nos têtes cerclées ou le déconnage de nos ministres. Les Américains lancent une guerre comme une pâte dentifrice et administrent leurs forces armées comme les usines Ford. Combien faut-il de dollars, de bonshommes et de tonnes d'acier ? Où quand et comment peut-on se les procurer au plus juste prix ? Dans quelles conditions l'affaire donnera-t-elle des bénéfices ? Etc., etc. Tu penses si, avec des gens qui raisonnent comme ça, les imprécations maurrassiennes de M. Moch contre la Prusse éternelle ont des chances de leur faire renoncer au réarmement allemand !

Rebatet – Hélas, les généraux américains vont commencer à croire qu'ils sont vraiment des généraux. Et ça c'est bien inquiétant pour leurs futures entreprises. Déjà on sent des relents de la rue Saint-Dominique dans les échos du Pentagone. À propos de Pentagone, ce qui me fait rigoler, ce sont les papiers des appointés français de cette institution qui parlent de dresser le rempart pour la défense de l'Europe. Nous, nous avions le droit de tenir ce langage. Les Américains et leurs serviteurs ne l'ont plus. Car il n'est pas du tout question, que je sache, d'aller délivrer les Hongrois ou la patrie de Kant. Ce qu'il est question de défendre, ce sont les tronçons d'une Europe qui a été détruite par Roosevelt. Les experts et les banquiers américains ont décidé qu'il y avait un intérêt stratégique primordial à conserver ces tronçons : un point c'est tout. Mais il y a de plus en plus de chances pour que nous autres, nous ne revoyions jamais l'Europe que nous avons connue. N'oublions surtout pas, en constatant un redressement américain, que cet acte d'énergie et de sagesse succède à des années de crimes imbéciles et stupides aberrations.

Cousteau – Nous, nous ne l'oublierons pas, mais les autres l'oublieront. Ils l'ont déjà oublié d'ailleurs... C'est toujours la même histoire. Si Jésus avait été un psychologue vraiment sérieux, au lieu de l'apologue de l'ouvrier de la onzième heure, il aurait conté aux apôtres l'apologue du pompier incendiaire. Les hommes étant ce qu'ils sont, voilà ce qu'ils apprécient. Par-dessus tout, voilà ce dont ils raffolent. Regarde ce qu'il advient dans les manuels d'histoire des deux ou trois mille peigne-culs qu'il est convenu d'appeler les « grands apôtres ». Même dans les bouquins bien-pensants où l'on déverse sur leurs charognes des tombereaux d'excréments, on n'oublie jamais le coup de chapeau : « ... oui, mais la Convention a sauvé la France contre l'Europe coalisée ! ».

La belle affaire, nom de Dieu ! Qui l'avait déclaré cette guéguerre ? Qui avait foutu en France un tel bordel que le pays fut en effet à deux doigts de sa perte ? Les grands ancêtres et personne d'autre. Qu'ils se soient tirés au quart de poil d'une situation à peu près désespérée dont ils étaient seuls responsables, je ne vois vraiment pas qu'il y ait lieu de pavoiser.

Rebatet – Pourtant, on pavoise.

Cousteau – Et l'on pavoisera pour les Américains lorsqu'ils auront « sauvé » une Europe dont ils ont livré une bonne moitié à l'ennemi, dont ils ont déjà cassé la plupart des maisons. Une Europe qui sera d'ailleurs incomparablement plus abîmée encore après la prochaine guerre de libération. Je te le répète : l'avenir est aux pompiers incendiaires.

Rebatet – C'est tout de même bien vexant que l'avenir soit à eux. Enfin ! nous pourrons toujours nous consoler avec notre chère France ! Elle ne nous décevra pas. Tu as vu cette circulation de ministres au-dessus de l'Atlantique ? Truman siffle : Moch, Schuman, Petsche, s'envolent aussitôt pour les rives du Potomac et ils reviennent quatre jours plus tard annoncer bien sagement au Parlement les ordres qu'ils ont reçus. Tout ce que Washington autorise, c'est un petit baroud d'honneur aux tribunes. Je ne parle pas, bien entendu, des pourboires. Quand on pense que c'est la Chambre de la Résistance qui vient de voter le principe du réarmement allemand !

Cousteau – Combien de fois l'amiral Darlan et Laval sont-ils allés à Berchtesgaden[105] en quatre ans ? Je ne sais plus très bien. Deux ou trois fois peut-être... Moins souvent, en tout cas, que M. Jules Moch au State Department en moins de trois mois.

---

[105] Berchtesgaden était le « nid d'aigle » d'Hitler, perché dans la montagne, à portée de vue de l'Autriche. C'est dans ce décor grandiose qu'il recevait les visiteurs de marque, afin de mieux les impressionner.

Rebatet – On devrait appeler désormais la France le Quarante-Neuvième État.

Cousteau – Tu n'y penses pas ! Les États américains disposent d'une autonomie législative et administrative que la France a perdue depuis longtemps ! La France est tout juste un territoire fédéral à l'instar des « Réserves » pour Peaux Rouges. « *The F.F.A.R.* » en quelque sorte.

Rebatet – « *The F.F.A.R.* » ?

Cousteau – « *Federal French Aborigene Reservation...* ». Et c'est-y pas mieux comme ça ?

Bibliothèque de la maison centrale de Clairvaux, juin 1950.

Lucien Rebatet & Pierre-Antoine Cousteau

DIALOGUE n° 13

AU SECOURS DE CLIO

« Les prétendues vérités historiques n'ont pas plus de réalité que les prétendues vérités religieuses. »
Sieyes, *Vues sur les Moyens d'action*

Depuis que Rebatet et Cousteau étaient « descendus » à la bibliothèque, le champ de leurs possibilités culturelles s'était singulièrement élargi. Non que l'accès de cette bibliothèque leur eût été jusqu'alors refusé. Mais une chose est d'emprunter quelques volumes choisis sur un catalogue, et autre chose de grappiller au hasard sur les étagères poussiéreuses, parmi le meilleur et le pire, de lire ici quelques lignes, là quelques pages, sans idée préconçue, au gré de l'inspiration. Ce jour-là, Cousteau avait fait une découverte délectable :

Cousteau – Écoute un peu, Lucien... Écoute ça !... Et je te jure que je n'invente rien. D'ailleurs, c'est imprimé. Et pas dans un bouquin de pastiches, pas dans un « à la manière de... ». Dans un ouvrage tout ce qu'il y a de sérieux et d'officiel.

Et Cousteau, brandissant *La Petite Histoire de France*, de Pierre Bessège et A. Lyonnet, inspecteurs d'académie, se mit à lire :

Cousteau – « L'Empereur Napoléon III avait certes une bonne armée. Mais en 1870, Bismarck, le ministre du roi de Prusse LUI DECLARA LA GUERRE... ». C'est-y pas mieux comme ça ? Tout de même, ils sont gonflés, ces inspecteurs d'académie... Ça promet pour les manuels scolaires qui raconteront les exploits des maquisards et la « libération » de Paris.

Rebatet – À quel âge, demanda Rebatet, as-tu appris que c'était la France qui avait déclaré la guerre à la Prusse en 1870 ?

Cousteau – Je ne sais pas trop... Aux environs du bachot. Je dois te dire que je suis passé d'une notion à l'autre sans qu'il y eût vraiment conflit émotionnel dans mon psychisme. Tout au plus quelque pulsion... La motivation belliqueuse de Bismarck...[106]

Rebatet – Bon, bon, coupa précipitamment Rebatet qui redoutait d'entendre une psychanalyse du Chancelier de Fer. Pour moi, il en a été de même, mais mes pulsions ont été plus vives, parce que toute mon enfance avait été nourrie des récits de Soixante-Dix. Ma grand-mère maternelle avait eu son fiancé tué à Gravelotte, mon grand-père avait fait le siège de Paris. Ah ! je n'étais pas collaborateur à dix ans !

Cousteau – Moi non plus, fichtre ! Un de mes oncles dont je ne comprends le gâtisme qu'aujourd'hui mais qui m'en imposait alors énormément, avait été fait aux pattes avec Bazaine et déporté à Koenigsberg. Il ne vivait que pour la revanche et son lit conjugal était surmonté d'une Alsace et d'une Lorraine également perdues, également mélancoliques, dont je ne doutais point, dès l'âge des pulsions sado-anales, que mon devoir était de les reprendre à l'ennemi. Si j'ai fini par admettre pour le bac, textes en mains, l'initiative belliqueuse de Badinguet, la certitude que l'on m'avait inculquée dès ma prime enfance de la culpabilité prussienne a résisté à l'évidence jusqu'à ces dernières années, jusqu'à ce que cette bienheureuse incarcération m'ait permis de

---

[106] Cousteau accomplissait à ce moment-là ses travaux forcés en traduisant pour l'administration pénitentiaire un ouvrage américain de psychanalyse des criminels. Son vocabulaire jusque-là de bonne race en avait subi de graves altérations.

réviser toutes mes notions historiques et autres...

Rebatet feuilletait le manuel que venait de dénicher Cousteau :

Rebatet – C'est tout de même beau de voir ça imprimé noir sur blanc. En somme si nous confrontons ces textes et nos expériences, nous constatons qu'il y a déjà, du seul point de vue scolaire, deux espèces de vérités historiques : celle du certificat d'études et celle du bachot

Cousteau – Il y en a bien d'autres ! Plus je vais et plus je me convaincs que l'histoire est une foutaise. J'entends l'histoire telle que les cuistres prétendent nous en imposer une représentation idéale, l'Histoire-Science, l'Histoire impartiale, objective. Il n'y a pas d'histoire impartiale et il ne peut pas y en avoir. Du moins en ce qui concerne l'ère chrétienne. Et pour tout ce qui précède, ma foi, c'est tellement lointain et les documents sont tellement rares et tellement suspects qu'il ne peut pas y avoir d'histoire du tout.

Rebatet – Eh bien, adieu fit Rebatet en se levant. Puisque c'est tout ce que tu as à dire sur l'histoire, je vais faire un petit tour au soleil.

Cousteau s'élança pour retenir son ami par la manche de sa chemise. Cette manche qu'un assaut de judo avec un surveillant avait déjà mise en lambeaux lui resta dans la main.

Rebatet – Bordel de Dieu ! Vérole de sort ! Fan de pied ! hurla Rebatet en adoptant pour ses jurons l'intensité dégressive de la Marquise de Cambremer douairière[107].

Sans s'émouvoir autrement, Cousteau reprit :

Cousteau – Mais, voyons, il y a des tas de choses à dire sur l'histoire.

---

[107] Pour ceux qui l'ignoreraient, il s'agit d'un personnage de Proust.

J'adore l'histoire, je ne lis presque exclusivement que des bouquins d'histoire. Seulement, avant tout, il faut savoir qu'en soi, c'est une foutaise. Lorsqu'on s'est bien pénétré de cette vérité de base, rien n'empêche de s'adonner à ce divertissement et d'en deviser agréablement.

Rebatet – Non, décidément, je vais me promener, dit Rebatet.

Il se dirigea avec résolution vers l'escalier. Sur la seconde marche, toutefois, il s'arrêta et se retourna :

Rebatet – Je sais très mal l'histoire, dit-il dignement, j'ai peu de confiance en elle. Mais je ne voudrais tout de même pas qu'on la ravale au rang de la métaphysique.

Cousteau – Soit, répondit Cousteau. Je te concède que l'histoire ne participe pas d'une frivolité aussi gratuite. Mais sa nature n'est point tellement différente. Comme les métaphysiciens, les historiens se proposent – consciemment ou inconsciemment – d'étayer leurs préférences personnelles d'arguments acceptables. En un mot, quoi qu'ils en prétendent, ils s'efforcent de démontrer. Et il ne peut en être autrement. Ecrire l'histoire, c'est d'abord faire un tri, c'est choisir entre les événements ceux qui paraissent les plus significatifs. Et chacun choisit fatalement selon son propre tempérament. Aussi y a-t-il des historiens de droite et des historiens de gauche qui racontent les mêmes événements d'une façon rigoureusement contradictoire.

Rebatet – Bien entendu, les historiens du type Bainville[108] pour qui l'histoire s'arrête en 1789, et les historiens du type Seignobos pour qui

---

[108] Jacques Bainville, historien réactionnaire, élu à l'Académie en 1935, un an avant sa mort, était un des théoriciens de l'Action Française. Son livre *Les Dictateurs* (Denoël et Steele, 1935) avait été en partie rédigé par les jeunes de la maison maurrassienne, dont Rebatet et Brasillach.

l'histoire commence en 1789.

Cousteau – Moi, ça ne me dérange nullement. C'est ma conception personnelle de l'histoire. Je n'y cherche que ce qui peut consolider mes préjugés et j'admets bien volontiers que d'autres en usent de la même façon. La seule chose qui m'irrite, c'est qu'on nie cette évidence, c'est qu'on prétende à je ne sais quelle impartialité transcendantale. Dès qu'un auteur se prétend objectif, je flaire une escroquerie.

Rebatet avait consenti à se rasseoir. Mais sa physionomie ne témoignait pas que les propos de son compagnon le passionnassent.

Rebatet – C'est évident, dit-il d'un ton bougon. Il faudrait imaginer un historien sans idées politiques : mais il ne comprendrait rien à l'objet même de son étude. Il existe une philosophie de l'histoire, les Frisés ont beaucoup tartiné là-dessus, probablement pour habiller leur mauvaise foi qui est remarquable en la matière. Je n'ai jamais été foutu de lire jusqu'au bout un livre sur ce sujet. L'historien est un personnage presque aussi utile que le flic dans un régime.

Cousteau – C'est le créateur de la vérité du parti.

Rebatet – Plutôt un triste métier, en somme, surtout dans le bas de l'échelle. Un truand est plus estimable qu'un agrégé qui écrit une histoire républicaine à l'usage des gosses de treize ans. Les gens d'A.F. ont eu raison d'insulter les Seignobos, c'étaient des valets.

Cousteau – Oui, mais les historiens d'A.F. n'ont pas plus d'objectivité.

Rebatet – Je te l'accorde. Ils ont rendu justice à Richelieu et à Louis XIV, mais pour vilipender Napoléon. Ils avaient un agrément : celui de remettre en lumière un certain nombre de faits qu'on cachait depuis cent ans. Mais le sieur Gaxotte est tout de même allé fort en faisant de Louis

XV un grand souverain. Et Bainville qui a écrit l'histoire de la Troisième République avec une ligne sur la maçonnerie et pas un mot sur les Juifs, parce qu'il avait envie d'être académicien ! Tout ça n'est guère sérieux, pas tellement au-dessus de Dumas et de Paul Reboux. Un trait cependant à la louange de ce bourgeois de Bainville, qui écrivait bien mais à qui je n'ai jamais pu pardonner ses faux-cols : il s'est toujours refusé à faire une histoire de Louis XVI qu'on lui demandait de toutes parts. Il jugeait Louis XVI trop bête et ne voulait pas le dire. Mais alors, c'est le cas du mensonge par omission.

Cousteau – C'est le plus fréquent. On ferait un bien joli recueil des données fondamentales qui sont tout simplement passées sous silence dans les manuels d'histoire. Depuis que la République m'a offert des loisirs, j'en ai découvert quelques-unes, au hasard. Par exemple, on ne dit jamais combien il y avait d'Anglais et de Français en présence pendant la guerre de Cent ans : sept Français contre un Anglais. On ne dit jamais qu'à Jemmapes les Français luttaient à deux contre un. On ne dit jamais que les combattants français assiégés dans Paris en 1871 étaient trois fois plus nombreux que les Prussiens. Que deviendrait la fierté nationale sans ces mensonges par omission ?

Rebatet – Sans se piquer d'une objectivité qui n'est pas de ce monde, on doit dire que les Français n'ont pas le monopole de ces mensonges pieux. Tous les pays ont leur catéchisme historique. Il me semble que celui des Anglais est gratiné.

Cousteau – Cela va de soi. Rappelle-toi tout ce que j'ai découvert dans le manuel d'histoire de mon fils [109]. Jeanne d'Arc y est brûlée exclusivement par le clergé français... La guerre de Cent ans se termine parce que le roi d'Angleterre décide tout d'un coup, par pure bonté d'âme, qu'on a fait couler assez de sang... Et c'est toujours par bonté

---

[109] En pension chez les maristes à Exeter, Devon, Angleterre.

d'âme, par altruisme, pour libérer les malheureux peuples d'Europe brutalisés par le tyran que l'Angleterre s'impose la charge de lutter contre Napoléon... Enfin l'Angleterre gagne toute seule la guerre de Crimée sans que le lecteur puisse soupçonner que les Français ont laissé des dizaines de milliers de cadavres devant Sébastopol... Si nous avions sous la main des manuels scolaires allemands ou russes nous trouverions bien d'autres joyeusetés... Mais, après tout, il ne peut en être autrement. Il est inconcevable qu'on puisse rédiger impartialement un livre d'histoire.

Rebatet tournait en rond, l'air maussade, puis il se laisser retomber sur sa chaise :

Rebatet – C'est con, c'est con, grognait-il.

Cousteau – Qu'est-ce qui est con, Lucien ? fit Cousteau avec affabilité.

Rebatet – Voilà deux heures que je suis de très mauvaise humeur. Merde, je ne sais pas si c'est parce que je suis malade ou que je me porte trop bien. Je suis mal foutu, mais j'ai envie de tirer mon coup. J'ai été obligé de rouvrir la Bible, bordel de sort ! Je suis à cran, j'ai envie de m'engueuler avec quelqu'un. Je ne peux pas m'engueuler avec le SS Marschiert[110], il ne veut pas, il a trop d'amitié pour moi, le couillon ! J'espérais que j'allais m'engueuler avec toi, mais il n'y a pas moyen. D'accord pour les historiens, hélas ! d'accord. La seule remarque que je pourrais te faire, elle n'est pas du tout polémique. Je voudrais te dire : il y a les historiens, mais il y a tout de même l'Histoire.

Cousteau – Oui, mais l'histoire échappe à toute espèce de définition. Elle est comme Dieu. On ne sait pas ce qu'elle est et chacun la façonne à son image... Les marxistes pelliculeux et sartriens en chemises à carreaux me

---

[110] Sobriquet d'un bagnard stéphanois, ancien chef milicien du Jura, artilleur de la brigade Charlemagne, grand lecteur de littérature contemporaine et s'apparentant pour la stature aux athlètes militaires d'Arno Breker.

font doucement rigoler lorsqu'ils prononcent le mot avec une vénération superstitieuse. *To be or not to be* dans le courant de l'Histoire ! Haro sur les maudits qui marchent en sens contraire ! Gloire aux élus qui ont pris la bonne direction !... Tas de fumistes ! Tas de charlatans ! Voilà une religion aussi burlesque que la religion du Progrès des barbousards de Quarante-Huit.

Rebatet – C'est d'ailleurs la même religion. Il n'y a guère qu'une substitution de vocabulaire...

Cousteau – Comme si l'Histoire avait un sens ! Comme s'il y avait une harmonie préétablie, une finalité dans les catastrophes saugrenues qui secouent la misérable espèce humaine depuis Neandertal ! Je n'y vois, pour ma part, qu'un cafouillage répugnant et s'il est possible de déduire de ce spectacle un certain nombre de lois – pas beaucoup ! – et de progresser en se penchant sur le passé dans la connaissance de l'homme, c'est là une entreprise qu'on peut mener à d'aussi bonnes fins avec un champ d'expérience infiniment moins vaste. Proust en sait autrement plus long que Michelet sur la condition humaine. Et il lui suffit, pour se mettre en branle, d'une madeleine immergée dans une tasse d'infusion... Cela dit sans prétendre médire des études historiques. Je te répète que j'adore les récits du passé. Mais je n'ai pas l'impression que ces récits m'enrichissent véritablement. Je suis comme tout le monde ! Je n'y trouve que ce que je veux bien y trouver.

Rebatet laissait aller sa tête sur la table avec accablement.

Rebatet – Tu me donnes le coup de grâce ! Toi, invoquer la madeleine de Proust ! C'est fini, il n'y a plus aucun thème d'engueulade possible entre nous. Tout est possible désormais. Dans un an, tu me feras peut-être une conférence sur *L'Art de la fugue* de Bach[111]. C'est consternant,

---

[111] L'inappétence à la musique de P.-A. Cousteau rend cette hypothèse aussi singulière que celle par exemple d'un budget en équilibre sous un ministère socialiste.

désespérant ; tu as parfaitement raison : il n'y a pas plus de métaphysique de l'Histoire, d'Histoire en soi qu'il n'y a de société en soi. Ah ! oui, merde pour l'historicité, c'est un transfert du sentiment religieux. Mais il existe un certain réalisme historique. C'est justement à ce réalisme que les progressistes tournent le dos. Tu viens de me dire que tu adores les récits du passé. Les progressistes, eux, les détestent parce qu'ils les dérangent, parce qu'ils démontrent l'éternel recommencement de tout, vue désagréable également à certains moralistes.

Cousteau – En somme, toi aussi tu regardes l'histoire en fasciste, en sceptique, et tu en tires les traits qui te vont.

Rebatet – C'est malheureusement vrai... Nom de Dieu ! Nous entrons dans un domaine excessivement philosophique, la relativité, la subjectivité, tout le tremblement. Et je suis à peu près aussi apte à philosopher aujourd'hui qu'à servir une messe pontificale. Mais l'histoire, c'est tout de même la collection d'un certain nombre de faits, de documents. Ces documents sont souvent douteux, falsifiés à l'origine par les partis. Cependant, je ne peux pas donner raison à Valéry qui atomise l'histoire, lui nie en somme toute réalité.

Cousteau – Je ne vais pas non plus jusque-là.

Rebatet – L'histoire laisse derrière elle une espèce de dessin général qui a une valeur de témoignage. Nous pouvons refaire le processus historique de la décadence d'Athènes, de Rome, de Byzance, de la France. L'histoire nous permet de repérer certains faits dont la répétition entraîne les mêmes résultats. Je crois à la possibilité de dégager un certain principe historique de la causalité.

Cousteau – Ça ne va pas très loin.

Rebatet – Oh ! je te l'accorde. Mais un des caractères fondamentaux du démocrate, c'est de se refuser à cette vue, parce qu'elle montre la permanence de la nature humaine. Et puis, je suis trop foncièrement irréligieux pour laisser tomber l'histoire. C'est une arme trop considérable contre les croyants. L'escroc Sartre nous a volé le mot d'historicité qui était commode, pour en faire une logomachie, alors que nous entendons par là une notion de bon sens très simple et honnête. Tu me comprends : l'historicité de César est tout de même un peu plus solide que celle du Christ. Je tiens beaucoup à la discrimination de l'histoire et de l'hagiographie.

Cousteau était sensible à cette démonstration. Il prisait fort chez son ami un redoutable bon sens quasiment paysan[112] dont l'évidence échappe à ceux qui ne voient dans les *Décombres* qu'un ouvrage d'énergumène.

Cousteau – Soit, dit-il, n'atomisons pas l'histoire à notre tour. Toi et moi, lorsque nous lisons des récits du passé, ce qui nous frappe, c'est que c'est toujours la même chose, c'est que les hommes sont toujours les mêmes. Et, soit dit en passant, ce sentiment est en ce moment chez moi d'autant plus vif que je suis plongé dans le bouquin d'Alberic Varenne, *Quand la France occupait l'Europe*, où les analogies sont éclatantes avec l'Occupation chleuh de 1940-1944. Mais d'autres, qui ne sont pas fatalement de mauvaise foi, lisent les mêmes textes que nous et en concluent avec tout autant d'assurance que ça n'est pas toujours la même chose et que les hommes évoluent.

Rebatet – Ils ne s'en font pas faute.

Cousteau – Ça n'entame pas, Dieu merci, la certitude que j'ai d'avoir raison, mais ça me laisse méfiant à l'égard de l'histoire. Il est vraiment

---

[112] Rien ne saurait irriter Rebatet plus sûrement que cette assimilation aux fils de la glèbe. La possession par l'auteur des *Décombres* d'un certain nombre d'hectares de bonne terre française, quelque part dans le Dauphiné, permet toutefois d'affirmer que le bon sens paysan de Rebatet n'est pas seulement héréditaire. (Note publiée malgré de violentes protestations de Rebatet).

trop facile de l'orienter quand ça ne serait que par omission, comme nous le disions tout à l'heure. Un exemple : tout le monde s'accorde à saluer bien bas la mémoire du général Hoche. Il était beau, il était bon, il était brave, il était républicain, il était magnanime. Pas une bavure sur cette figure de proue. On me l'avait seriné à l'école et je l'avais lu si souvent dans des textes si divers que j'avais fini par en être convaincu. Après tout, il pouvait bien y avoir eu un grand ancêtre qui n'était pas un voyou... Mais voilà que je lis l'autre jour le récit de l'équipée de Quiberon par un des rares survivants. Et qu'est-ce que j'apprends ? Car, bien sûr, je n'avais lu ça dans aucun manuel scolaire. Que la capitulation des émigrés battus et encerclés eut lieu entre les mains de ce même général Hoche sans peur et sans reproche, après que les vaincus eussent reçu du vainqueur la promesse solennelle qu'on leur laisserait la vie sauve. Les malheureux jettent donc leurs armes et tout de suite après, le vertueux, le loyal M. Hoche les fait fusiller un par un jusqu'au dernier.

Rebatet – C'est tout de même la Convention qui lui avait donné ces ordres-là.

Cousteau – Mais ça ne change rien à l'affaire. Un bonhomme qui tue des prisonniers à qui il a promis la vie sauve est un misérable. Si j'avais à écrire quelque chose sur Hoche, je négligerais tout le reste. Mais tous ceux qui ont raconté la vie du général Hoche ont adopté la méthode inverse. Ils ont insisté sur les chevauchées photogéniques et gazé sur la capitulation de Quiberon.

Rebatet – Cependant, fit Rebatet, nous savons que Hoche a massacré ses prisonniers et il n'y a pas besoin de compulser vingt tonnes d'archives pour le savoir. Donc, il existe bien une certaine vérité historique indépendante des historiens. Ce que nous constatons surtout, c'est que les historiens professionnels taillent dans cette vérité, la grossissent ou la dissimulent, selon les sentiments qui les animent. L'exemple de Hoche est très intéressant en effet : il démontre bien le caractère bassement féroce de la Révolution, qui a fait un parjure et une espèce d'assassin d'un de ses plus honorables généraux. Mais tu me dis que si tu avais à écrire une histoire de Hoche, tu ne parlerais que de Quiberon. Là, je ne marche plus.

Cousteau – Tout de même, je n'irais pas jusque-là, je parlerais aussi des autres circonstances de sa carrière, mais il est exact que c'est sur Quiberon que je mettrais le grand coup de projecteur.

Rebatet – Je le vois d'ici ton coup de projecteur ! Hoche serait traité à peu près comme M. Roosevelt ou le général Giraud. Je ne trouve pas cela équitable ni même utile... Ne parlons pas de ma sympathie toute personnelle pour ces jeunes traîneurs de sabres qu'on a vu surgir entre 1792 et 1800 et qui sont à mon avis les figures les plus attachantes et les plus intelligentes de l'histoire militaire française. Je constate qu'historiquement parlant Hoche était un homme propre, très au-dessus des politiciens qui l'employaient. En lui reconnaissant ses qualités, en montrant que malgré ses qualités il a dû se changer en bourreau, par ordre, on est encore plus sévère pour la Convention qui a trempé dans sa boue même celui-là. On est tout à fait libre de dire qu'un homme tel que Hoche n'aurait jamais dû servir les salauds de Paris, qu'il courait après l'impossible en prétendant être à la fois un homme d'honneur et un général révolutionnaire opérant sur le territoire français. Mais dire purement et simplement : Hoche l'assassin de Quiberon, c'est de la propagande qui répond à une autre propagande. Je t'avoue que je suis fatigué des propagandes. Nous voyons tous les jours pour cette guerre de Corée par exemple, s'accumuler les énormités des propagandistes.

Cousteau – Et alors ?

Rebatet – Devant cette marée de mensonges, de tartuferies, n'éprouves-tu pas le besoin de prendre une position de civilisé ? Une certaine vue de l'histoire, considérée d'une altitude suffisante me semble appartenir à la civilisation. De cette hauteur-là, on écrase beaucoup plus sûrement les Aulard, les Seignobos, les historiographes des Fifis et aussi les Truman, les Dean Acheson et les quelconques Pleven qu'en se mêlant à leurs sordides bagarres. Nous avons lu tous les deux avec la même admiration, ce volume, malheureusement unique ici, *De la Révolution* d'Albert Sorel. Voilà ce que j'appelle dominer un sujet. Il me semble qu'après avoir lu un bouquin de cette allure, on est autorisé à se faire de l'histoire une notion moins totalement nihiliste que la tienne.

Cousteau était quelque peu ébranlé :

Cousteau – Il y a du vrai dans ce que tu dis. Mais il est hélas dans mon tempérament, de toujours ramener les événements passés, présents et futurs aux dimensions d'une manchette de journal... Et pas d'un journal objectif, tu t'en doutes bien. Depuis cinq ans que les « autres » m'ont exilé des imprimeries, je passe mon temps à me fabriquer des titres adéquats à la conjoncture... C'est plus fort que moi, je n'arrive pas à être dégoûté de la propagande... Je suis donc fort loin de cette belle sérénité qui me permettrait d'observer sans irritation les chapelets d'absurdités accrochées les unes aux autres qui constituent l'histoire du monde...

Rebatet – Mais Albert Sorel ?

Cousteau – C'est autre chose. On se trouve là devant un phénomène assez exceptionnel et mes imprécations, dans ce cas précis, cessent d'être justifiées. Mais je me demande si le plaisir que j'ai éprouvé à lire sa *Révolution* ne provient pas principalement de l'énormité de sa documentation, de l'extraordinaire richesse des citations et des références ? Le lecteur a vraiment l'impression d'avoir en main toutes les pièces du dossier et d'être libre – ça n'est peut-être qu'une illusion – de les interpréter à sa guise. Avec Bainville et Seignobos – pour ne parler que des têtes de files – je n'ai jamais rien ressenti de pareil, j'ai toujours eu la sensation de lire un dossier truqué. C'est pour cela que je préfère aux livres d'histoire proprement dits les recueils de documents et les témoignages des contemporains. Ils sont partiaux, certes, mais supportables puisqu'ils ne prétendent pas à la synthèse de la vérité. Et là, du moins, je suis toujours sûr de grapiller de bric et de broc quelques menus matériaux qui coïncident avec ma vérité à moi.

Rebatet – Mais ta vérité à toi, c'est tout de même l'histoire qui a contribué à la former, les rapports que tu as établis entre les événements actuels et les événements passés, et qui t'ont démontré l'absurdité de telle ou telle croyance, de telle ou telle politique. Tu vas me répondre sans doute que je suis effroyablement prétentieux et que j'apporte moi-même un exemple contre ma thèse : mais je dirais volontiers que la vérité *historique*, c'est la nôtre. Notre vérité en tout cas est certainement la moins éloignée de la réalité, de ce qui fut vraiment.

Cousteau – Ça, j'en suis bien convaincu.

Rebatet – C'est que nous ne cherchons pas dans l'histoire la justification de la croyance au progrès, que nous ne sommes inféodés ni à une thèse spiritualiste ni à la thèse marxiste qui nie le rôle des individus. Si l'histoire était purement relative, il faudrait admettre que dans cent ans on pourra tresser des couronnes aux personnages de la IVe République française. Cette proposition m'apparaît impensable. Je prétends que la courbe de la décadence française est inscrite dans l'histoire et que les topos des menteurs officiels, de Sorbonne ou d'ailleurs n'y changeront rien.

Cousteau – Ça c'est à voir...

Rebatet – Pas du tout. Un moment viendra où l'on écrira et pensera sur l'ensemble de cette planète, que la France a cessé d'être une nation de premier ordre en 1919, qu'elle n'a cessé de dégringoler la pente jusqu'à telle époque, celle de sa disparition ou de son redressement. L'histoire, à mon avis, c'est ça. Elle est davantage conforme à nos vues qu'à celles de M. Albert Bayet, parce que nous sommes beaucoup plus clairvoyants que M. Albert Bayet. Quand nous affirmons que Louis XI, Richelieu, le Grand Frédéric, Catherine II, Bismarck, Mussolini ont été de plus grands personnages que Louis XIII, Charles X, Nicolas II ou Albert Lebrun, cela m'apparaît du même ordre d'évidence que lorsqu'on dit que Proust est meilleur écrivain que Georges Ohnet.

Cousteau n'avait rien à opposer à une argumentation qui sur ce point, était sans faille.

Rebatet – Il y a certaines constantes historiques qui me semblent aussi plus solides que les plus solides des lois scientifiques : que par exemple les grands empires amènent la prospérité, que les guerres entreprises dans un but fédérateur ont au moins l'avantage de pouvoir inaugurer une ère de paix, tandis que le principe wilsonien de l'égalité des nations, petites ou grandes, est une régression vers la féodalité, qu'il multiplie les conflits d'intérêts. Ce sont des phénomènes dont on peut observer la régularité depuis Babylone. Se persuader de cette régularité, y conformer sa politique, c'est en somme croire à l'histoire. Si nous n'admettons pas cela, nous avons tout au plus le droit de dire que nous avons été fascistes parce que nous aimions par-dessus tout les chemises noires et les hymnes hitlériens. Ce sont des raisons un peu courtes.

Cousteau sourit :

Cousteau – Et si, moi, je n'avais été fasciste qu'à cause des chemises de couleur et du *Horst Wessel Lied*[113] ?

Rebatet rugit quelques injures :

---

[113] Horst Wessel est un jeune militant du parti nazi, à ses débuts, qui fut tué. Un chant à sa mémoire est devenu le chant du parti.

Cousteau – Ne te fâche pas, reprit Cousteau. Mon fascisme avait d'autres raisons. Mais je ne crois pas tellement que ce furent des raisons historiques. Ou du moins, l'histoire n'a été qu'un facteur de causalité accessoire et sous-jacent.

Rebatet – Voilà que tu recommences à déconner en charabia.

Cousteau – Bon. Je vais te faire la concession de « causer » français... Je disais donc que si j'ai été amené aux vues qui sont les miennes, c'est beaucoup plus grâce à l'idée que je me suis formée de l'homme en général et plus précisément de l'homme contemporain, de celui qu'on peut toucher, voir et entendre, qu'en m'appuyant sur des déductions historiques. Ce qu'on apprend de l'homme dans une chambrée ou dans un métro suffit pour qu'on lui dénie, sous quelque prétexte que ce soit, le droit de se gouverner lui-même. Les enseignements de l'histoire me semblent beaucoup moins convaincants.

Rebatet – L'histoire montre tout de même que la Démocratie avilit un peuple. Exemples : la France, l'Angleterre, l'Allemagne de Weimar pour ne regarder qu'autour de nous. Ce ne sont pas des hypothèses mais des faits. Si ces faits-là ne ressortissent pas à l'histoire, qu'est-ce que l'histoire ? Partout les périodes d'autorité sont des périodes de santé sociale ; au contraire, la démagogie provoque, depuis les Grecs, les mêmes phénomènes de désintégration.

Cousteau – Tu penses bien que je ne vais pas te contredire. Je suis entièrement d'accord sur toutes ces vérités premières... Mais si j'avais la tripe républicaine, il me semble que je trouverais dans l'histoire autant de bonnes raisons de croire à l'excellence des immortels principes. Nos ennemis d'ailleurs ne s'en font pas faute. J'achève de lire une histoire d'Angleterre d'un abruti dénommé Trevelyan qui démontre que toute la vie des insulaires depuis les Jutes, les Angles et les Saxons est une courbe harmonieuse tendant vers une *better and bigger democracy*... On peut aussi bien démontrer que les périodes d'autorité sont néfastes pour les beaux-arts, que les dictatures s'abîment dans le gâchis et que l'humanité entière tend vers l'élargissement de ses libertés fondamentales, le respect de la personne humaine et l'abolition des guerres...

Rebatet – On peut vraiment parler des guerres démocratiques. Les plus affreux carnages qu'on ait enregistrés. Les nations entières mobilisées. Je suis d'ailleurs convaincu qu'à part les Américains qui sont à tous points de vue au stade infantile et qui n'ont encore souffert d'aucune guerre, dans leur peau pas plus que dans leurs biens, les contemporains sont édifiés sur le mythe démocratique. Ton argument – excuse-moi ! je ne tiens pas à te l'attribuer ! enfin, l'argument que tu emploies – bref, ton argument était valable pour les hugolâtres ; aujourd'hui, il ferait rigoler les électeurs.

Cousteau – Ça, je n'en suis pas absolument certain. Les gens sont tellement stupides ! En tout cas les fils et les filles des électeurs continuent à apprendre dans leurs manuels que grâce à la démocratie, les guerres sont de plus en plus rares, que les rois se battaient tout le temps, alors que les démocraties ne se battent qu'accidentellement et à contrecœur, lorsqu'un monstre réactionnaire menace leurs libertés. Et l'on évite autant qu'on le peut de convenir qu'en définitive on tue beaucoup plus de monde en beaucoup moins de temps. D'ailleurs, autrefois aussi, on tuait beaucoup de monde. La guerre de Trente Ans n'a pas été des roses pour les Chleuhs. Wallenstein et Gustav Adolf valaient bien les escadrilles bénites de Mgr Spellman... La vérité, c'est que c'est toujours la même chose.

Rebatet – Sans doute. Mais c'est encore une constatation historique, un enseignement que nous tenons de l'histoire et de l'histoire seule. Ce qui m'embête, quand je te vois discréditer l'histoire, c'est que tu apportes des arguments à nos ennemis, curés, progressistes de tous poils qui se débarrassent de l'histoire parce qu'elle les gêne dans leurs divagations.

Cousteau – Mais crois-tu, cher Lucien, que l'histoire ne me gêne pas, moi aussi ? Lorsque je me penche sur le passé, j'ai la sensation de ne pas avoir été battu seulement dans cette guerre-ci, j'ai la sensation d'avoir toujours été battu. Du moins au cours de la période contemporaine. J'ai été battu à Valmy, j'ai été battu en Vendée, j'ai été battu à Moscou, à Leipzig et à Waterloo, parce qu'après avoir été contre la Révolution, je me serais rallié à Napoléon qui était l'Ordre. J'ai été battu sur les barricades en 1830 et en 1848. J'ai été battu en Géorgie par Sherman et par Grant. J'ai été battu par les gens du Quatre Septembre, battu avec les armées de Wrangel et de Koltchak, battu en Normandie par Eisenhower et dans le bunker de la Reichskanzellrei par Joseph Vissarionovitch. Une seule exception qui confirme la règle : j'ai gagné avec Franco contre le *Frente Popular*, mais ce fut tellement inespéré que je n'en suis pas encore revenu. Historiquement, le *Frente Popular* aurait dû gagner puisqu'il était la canaille. Ah ! Nos ennemis ont la partie belle de nous jeter à la figure que l'histoire nous accable !

Rebatet – Oui, mais c'est depuis que nous sommes battus que le monde va de travers. Depuis que l'on a cessé de balayer la canaille. Malgré toutes les défaites de notre parti, le parti de Rivarol, de Bonaparte, de Nietzsche, de Mussolini, nous avons raison sur les principes. Leur excellence est démontrée par chacune de nos défaites qui fait descendre l'espèce humaine d'un cran plus bas. Il faut tout de même revenir à une notion simple mais saine de cette vieille bique de Maurras : la loi du nombre. Depuis cent cinquante ans, le monde vit sous cette loi. Comme les imbéciles et les salauds sont infiniment plus nombreux que les « bons », il est à peu près fatal que les « bons » succombent sous la marée des imbéciles. Et ceci encore, l'histoire l'enregistre implacablement. Nous sommes du bon côté de l'histoire.

Cousteau – Bien dit Cousteau. Comme ça, ça va. Voilà une loi historique qui me réconcilie avec l'histoire. Et c'est une loi qui n'a de paradoxal que les apparences. De même que l'indignité nationale est en France, depuis 1944, un critérium d'honorabilité, de même, depuis 1789, l'honorabilité d'une cause politique peut s'estimer à l'étendue de ses échecs matériels. C'est parfait. L'histoire est avec nous. N'en parlons plus.

Mais Rebatet sentait bien qu'il n'avait pas fait reculer d'un pouce les redoutables convictions de son ami.

Bibliothèque de la maison centrale de Clairvaux, juillet 1950.

DIALOGUE n° 14

L'ESCARPOLETTE

« Les vocations de délateur abondent dans l'espèce humaine, mais le milieu social ne les favorise pas toujours. Il arrive aussi que certaines époques aient des préjugés d'élégance morale à cet égard, que les gouvernements soient gênés de se servir d'espions à l'intérieur, que les corps constitués, les organisations professionnelles les pourchassent ou rendent leurs services inutiles. C'est alors pour eux une longue morte-saison. Mais qu'une circonstance exceptionnelle se produise – révolution, guerre, régime d'oppression, dictature – et les délateurs relèvent la tête comme l'herbe après la pluie. »

Jules Romains, *Les Hommes de bonne volonté* VIII

Ce dimanche-là, l'équipe de Clairvaux-ball[114] des « P.-M. »[115] s'était couverte d'une gloire impérissable. Sous les acclamations des connaisseurs, Jardin avait rentré quatorze buts au goal du Tissage, réputé, cependant comme le meilleur de la Centrale. À l'issue de la partie, tout le monde, ou presque avait tenu à le féliciter. Pourtant, Jardin était, de notoriété publique et sans qu'aucun doute fût possible, l'une des plus vilaines fripouilles de Clairvaux. Un « mouton » comme disaient les compagnons de chaîne de Jean Valjean. Un « balanceur », comme disent les commensaux de Maurras et de Benoist-Méchin. Il était choquant pour l'esprit qu'un mouchard

---

[114] Sport athlétique dérivé du handball, adapté à l'espace exigu des cours de prisons et codifié minutieusement à Clairvaux par d'ingénieux bagnards.
[115] L'atelier des Portemanteaux.

aussi avéré demeurât en vie. Plus choquant encore qu'on lui manifestât si peu de mépris et qu'il récoltât chaque jour tant de sourires et tant de poignées de main. On commentait la partie à la bibliothèque ni plus ni moins qu'après un match à Colombes. Rebatet était partagé entre une admiration sincère pour les irrésistibles shoots de Jardin et le souvenir des quinze jours de mitard (avec sursis) qu'il devait à ce sportif.

Rebatet – C'est tout de même un fameux salopard. Il aurait mérité au moins une petite correction. Je l'avais signalé à des truands qu'il a emmerdés. Ils n'y ont pas touché. Bah ! Il faut en prendre son parti. C'est encore un des traits permanents de la nature humaine. Tiens, nous en avons un exemple à portée de la main...

Rebatet prit dans le rayon historique assez bien pourvu de la bibliothèque un bouquin recouvert de la toile grisâtre qui est l'uniforme, le droguet de la littérature internée. C'était un choix de choses vues et entendues pendant la Révolution française.

Rebatet – Connais-tu ce texte ? C'est un fragment des *Mémoires* de Pasquier, sur les prisons de la terreur.

Rebatet se mit à lire : « Il y avait dans chacune des grandes prisons un certain nombre de misérables, détenus en apparence comme les autres prisonniers, mais apostés pour dresser des listes et présider au choix des victimes. Plusieurs d'entre eux avaient fini par être connus, et, chose incroyable ! ils ne périssaient pas sous les coups de ceux au milieu desquels ils accomplissaient cette honteuse mission. Bien plus, on les ménageait, on les courtisait. Un de mes beaux-frères, regardant par la fenêtre, se mit à dire : "Ah ! voilà Pépin Dégrouettes qui commence sa promenade, il faut que nous allions nous montrer"... On m'apprit qu'il était le principal entre les scélérats dont j'ai dit l'abominable rôle... Chaque après-dîner, il faisait sa tournée dans la cour et c'était pour lui l'occasion d'une espèce de revue du troupeau qu'il devait envoyer successivement à l'abattoir. Malheur à qui avait l'air de se cacher, d'éviter ses regards ! Celui-là était aussitôt noté et sa place se trouvait marquée dans la prochaine fournée... Je le vois encore, haut de quatre pieds, sept à huit pouces, bossu, tordu, bancal, roux comme Judas. Un cercle l'environnait ; il s'en trouvait qui marchaient à reculons devant lui, briguant la faveur d'un regard. »

Rebatet, satisfait de sa trouvaille, posa le bouquin parmi les autres bouquins qui s'amoncelaient sur sa table, retira ses lunettes et se mit à arpenter la bibliothèque dont le plancher, toujours aux mêmes endroits, craquait sous ses pas.

Rebatet – Tu vois mon vieux que les balanceurs auraient bien tort de se gêner. On peut même établir cette règle basée sur la lâcheté : plus le balanceur est ignoble, plus il est respecté à cause de la crainte qu'il inspire. Mais nous n'avons pas besoin de remonter jusqu'à la terreur. Un des plus remarquables pourvoyeurs des kommandos d'extermination à Dachau est devenu ministre[116].

Cousteau n'acquiesça qu'à demi :

Cousteau – Ça n'est pas tout à fait la même chose. Entre les mouchards du type Jardin et les mouchards comme le ministre en question, il y a quand même une différence qui me paraît considérable. En somme, à quoi se ramènent les faits que l'on reproche à ce ministre ? Il a collaboré avec ses vainqueurs. Et de cela, décemment, nous ne pouvons lui tenir rigueur. Nous ne pouvons pas lui tenir rigueur, non plus, d'avoir profité de ses fonctions pour planquer ses camarades de parti et pour réserver les Kommandos d'extermination à ses seuls adversaires politiques. Toi et moi, dans des circonstances identiques, nous n'agirions pas autrement.

---

[116] Allusion à une diffamation régulièrement proférée à l'encontre de Marcel Paul, communiste, résistant déporté. La Justice a été saisie jusqu'aux années 80 de cette affaire.

Un balanceur comme Jardin ou les balanceurs « cajolés » des prisons de la Terreur ne peuvent se prévaloir des mêmes mobiles parfaitement avouables.

Rebatet – Bien entendu, bien entendu, mais tu vas trop vite, protesta Rebatet. J'ai l'intention de faire un éloge de la dénonciation. Tu as raison, il y a certaines différences entre le sieur Pépin Dégrouettes et le kapo politique. Mais tu viens de parler de « circonstances ». Ce sont justement ces circonstances qui méritent l'attention. Dachau était un camp gardé par des spécialistes SS ; ces spécialistes, pour dresser les listes d'extermination n'ont pas hésité un instant à s'adresser aux détenus. Et comme prévu, il s'est trouvé tout de suite des détenus pour cette besogne. C'est un phénomène qui doit être assez surprenant pour des hommes libres. Je suis d'accord : le futur ministre, en balançant les non-communistes pour les mines de sel, a agi en politique, il mérite donc l'absolution. Tu reconnaîtras cependant que c'est le cas extrême de la dénonciation politique. Et puis, nous sommes de trop vieux taulards pour ne pas savoir que la taule est rarement pure. Les dresseurs de listes, les comptables à l'extermination devaient avoir d'assez jolis avantages.

Cousteau – C'est inévitable. C'est dans la nature des choses. En prison ou en dehors des prisons, les hommes qui font de la politique et qui arrivent à une certaine éminence bénéficient par cela même d'avantages matériels qui font aussitôt douter de leur pureté.

Rebatet – Le tout est de savoir si leur engagement fut déterminé par ça ou par autre chose.

Cousteau – Si le communiste a envoyé les résistants de droite au crématoire pour toucher une double pitance c'est un franc fumier. Mais je ne le crois pas. Il a eu la double pitance par surcroît, comme Lénine a eu par surcroît une salle de bain impériale. Je maintiens que les mouchards qui dénoncent leurs camarades dans le seul espoir – d'ailleurs bien illusoire, le plus souvent – d'améliorer leur situation personnelle ne doivent pas être confondus avec les dénonciateurs politiques.

Rebatet – N'oublions d'ailleurs pas que le vocabulaire français fait déjà une distinction importante entre délateur et dénonciateur. Le délateur est celui qui balance pour de l'argent, par profession. N'oublions pas non plus que le verbe dénoncer possède un sens noble : « Je dénonce l'imposture dont notre peuple est victime... Je dénonce la scélératesse de ces ministres... ! ». Nous avons énormément dénoncé dans ce style, sitôt que nous avons écrit et parlé de politique. C'est le moment où l'on se penche dramatiquement sur la tribune, celui où la salle éclate en bravos nourris. Dès qu'un journaliste ou un orateur ont un peu de tempérament, ils se mettent à dénoncer ainsi et ça leur vaut un brevet de courage.

Cousteau – Oui certes, nous sommes bien, toi et moi des dénonciateurs. Qu'est-ce que nous avons balancé en quinze ans de journalisme... Mais il parait que seules nos dénonciations du temps de l'Occupation sont vraiment abominables, et que les autres, celles de l'avant-guerre relèvent des règles normales de la polémique... En tout cas, nos dénonciations de 1940 à 1944 ont eu plutôt un autre effet que celui que nous escomptions... Rappelle-toi : il suffisait d'imprimer qu'un sous-préfet était gaulliste pour qu'il fût nommé préfet dans les trois semaines par les Résistants de l'Hôtel du Parc. L'amusant c'est que les gaullistes ne leur en ont eu aucune reconnaissance et que les techniciens du double jeu ont atterri eux aussi sur la paille humide... L'histoire a de ces drôleries[117].

Rebatet – L'histoire est drôle, mais la morale l'est plus encore. Imagine

---

[117] De fait, Rebatet et Cousteau ont désigné ouvertement des ennemis politiques ou de simples citoyens qui ne partageaient pas leurs positions. Rebatet a participé, dans *Le Cri du peuple*, au début de l'Occupation, à une rubrique intitulée « Le coup de balai », où certaines personnes étaient désignées nominalement. Il n'hésite pas à écrire au ministre de l'Education de l'époque (Abel Bonnard) pour lui demander de révoquer un responsable d'une école des cadres de sa région, qui protégeait un jeune Juif. Dans *Je Suis Partout*, à la faveur d'un reportage en zone sud, il indique le lieu de résidence à Marseille d'un certain Jean Bardanne, Résistant. Cet article entraîna une intervention de la police.

notre sursaut indigné devant le monsieur qui en 1938 se serait permis de nous traiter de dénonciateurs. Or nous dénoncions. Les communistes de choc, les saboteurs d'usine dont nous révélions dans nos journaux les faits et gestes nous tenaient pour des balanceurs. Le fin du fin de l'écho, du reportage politique, ça sera toujours la dénonciation. C'est du balançage que sont friands les lecteurs et les rédacteurs en chef. C'est ce que nous ont toujours reproché les défenseurs de la personne humaine, de Gide à Thierry Maulnier, c'était le grand argument de la gauche contre l'Action Française : « Maurras et Daudet s'en prennent à la vie privée de leurs adversaires. »

Cousteau – C'est ce que sous-entend Gide, parlant des *Décombres*, quand il dit que tu appliques le principe de Joseph de Maistre : « On n'a rien fait contre les idées tant qu'on ne s'est pas attaqué aux hommes. »

Rebatet – Thierry Maulnier ne mettait pas de noms propres dans ses articles politiques, avant la guerre.

Cousteau – Il en met beaucoup aujourd'hui.

Rebatet – Parce qu'il a peur des communistes et qu'il est bien obligé de se battre contre eux. La vérité, c'est qu'en quelque temps que ce soit, la dénonciation est la forme essentielle de l'action politique. Que demande-t-on au militant d'un parti ? De balancer l'adversaire. Si les Popofs occupent la Californie, Adolf Menjour, Greta Garbo, Gary Cooper et la moitié d'Hollywood iront droit aux chaînes pour les grands balançages qu'ils firent en 1947 sur l'activité communiste de leurs copains. La « gendarmerie supplémentaire » dont parlait si souvent Maurras, c'était un bon réseau de Camelots du roi balanceurs. Les militants P.P.F. couverts d'ordures et fusillés comme mouchards pour avoir crevé des groupes de F.T.P., ne faisaient en somme qu'obéir au code qui condamne la non-dénonciation des attentats contre l'État. C'est le déshonneur des avocats de n'avoir pas plaidé une seule fois le code dans ces cas-là.

Cousteau – D'autant que nos ennemis victorieux ne se sont pas gênés pour réhabiliter la dénonciation. Dès le lendemain du départ des Allemands, Paris était couvert d'affiches invitant les bons citoyens à moucharder les sales fascistes. Ce n'est donc pas la dénonciation qui est mauvaise en soi, mais l'orientation que l'on donne à ce devoir d'État. Je dis bien « devoir », parce que c'est un truisme qu'aucune société ne peut fonctionner si les amateurs ne collaborent pas avec les professionnels du maintien de l'ordre.

Rebatet – Et aucune opération militaire n'est possible sans services de renseignements...

Cousteau – Il n'empêche que pour indispensables qu'ils soient, les dénonciateurs et les espions sont frappés d'un légitime discrédit. C'est que neuf fois sur dix, ces gens agissent par appât du gain : il n'y aura jamais assez de crachats pour ces sortes de balanceurs-là. C'est aussi qu'il y a quelque chose de profondément répugnant dans la duplicité que même les balanceurs désintéressés sont obligés de déployer pour obtenir leurs informations. Ça, bien sûr, c'est un point de vue personnel, une question de tempérament. Tous les espions me dégoûtent indistinctement.

Rebatet – Moi aussi !

Cousteau – Je ne me vois pas simulant des sentiments que je n'éprouverais pas, multipliant les sourires et les courbettes, buvant le coup et cassant la croûte avec des gens dont un mot de moi, ensuite, consacrerait la perte... C'est impensable. Mais si le hasard m'avait fait découvrir, pendant l'Occupation un réseau de terroristes, je les eusse fait massacrer, sans une seconde d'hésitation, sans le moindre remords.

Rebatet – Oui, mais le hasard ne suffit pas.

Cousteau – C'est bien pour cela, parce que nous ne comptions que sur le hasard que nous n'avons découvert aucun complot et que matériellement, nous n'avons pas de sang sur les mains (moralement nous en avons beaucoup mais c'est une autre affaire...). Donc, pour percer les secrets de l'ennemi, il est indispensable d'aider la chance et d'aller chercher les secrets là où ils sont, en se livrant aux contorsions qu'exige pareille entreprise. C'est là que je renâcle. Et sans doute ai-je tort...

Rebatet – Les marxistes diraient que tu as des scrupules petits-bourgeois.

Cousteau – Oh ! je sais bien que les purs du communisme ne font pas tant de chichis. Ils acceptent d'avoir les mains sales. C'est eux qui sont dans le vrai. Il faut croire que j'étais décidément impropre à la véritable action révolutionnaire. Je m'en console aisément. Après tout, je luttais pour la sauvegarde d'un certain nombre de valeurs aristocratiques et cette lutte n'aurait plus eu aucun sens si j'avais, de moi-même, renoncé à l'une de ces valeurs...

Rebatet – C'est un aspect de la question : toute besogne de S.R.[118] réclame en effet des aptitudes singulières et peu ragoûtantes. J'ai toujours eu de la peine à comprendre comment un garçon bien né tel que Staës[119] avait pu faire pendant trois ans son métier de faux résistant. La réussite dans l'espionnage suppose un fond de nature bien inquiétant. Nous avons fréquenté suffisamment d'espions depuis cinq ans pour savoir en quoi consiste leur travail. Il est plaisant que ce soient justement ces personnages de sac et de corde que l'on magnifie quand le parti pour lequel ils ont le plus servi est vainqueur. Je pense à la ribambelle d'« héroïnes » françaises décorées jusqu'au barbu.

---

[118] S.R. : service de renseignement.
[119] Jacques Staës, étudiant en médecine, fusillé à Montrouge en 1947. Il s'introduisit sous un faux nom dans les maquis et en fit détruire plusieurs. Le soir de sa condamnation à mort, en revenant du Palais, il résumait ainsi son procès : « Ça n'étaient pas des témoins à charge, c'était une charge de témoins. »

Cousteau – Si l'on parle de « devoir », c'est évidemment chez ces professionnels que cette notion est la plus faible. Si l'on parle de « valeurs », il faut dire que la pureté doit être assez rare, même dans la dénonciation la plus parfaitement politique.

Rebatet – Jusqu'à quel point le goût de la vacherie ne domine-t-il pas chez le militant, si convaincu soit-il, qui balance l'adversaire ? Dans toute dénonciation, il y a au moins une inélégance. Mais quel est celui qui, dans le combat politique peut se flatter d'une élégance possible. Une mouche lui met en mains des documents qui entraînent l'emprisonnement, peut-être la mort d'adversaires dangereux. Quel est le journaliste politique qui refusera d'exploiter ces documents, soit en les publiant, soit en les remettant aux pouvoirs qualifiés ? Cet homme-là n'existe pas. Ça ne s'est jamais vu. Je voudrais ériger en principe que sitôt qu'on touche à la politique, on trempe dans la dénonciation. Cette certitude pourrait être une des raisons valables du non-engagement.

Cousteau – Et tu as raison de souligner qu'il entre toujours une certaine dose de vacherie dans la dénonciation la plus désintéressée. Le malheur des autres est une satisfaction qu'on s'avoue rarement mais qui est commune à l'ensemble de l'espèce.

Rebatet – Proust a écrit là-dessus des choses définitives...

Cousteau – Et que dire alors de la dose de vacherie des dénonciateurs qui ne sont PAS désintéressés ? Parfois c'est la vacherie qui est le mobile unique, qui l'emporte sur toute autre considération. On a alors le délateur à l'état pur (si j'ose dire). Le dénommé Leboucq[120] en était le modèle accompli, la réplique pénitentiaire du « Corbeau ». Il balançait comme il respirait, par dilettantisme, par sport, pour le seul plaisir de balancer, sans

---

[120] Ex-chef du personnel d'une grosse entreprise industrielle. Condamné à vingt ans de bagne pour intelligence avec l'ennemi, en réalité pour dénonciations. Libéré par anticipation après trois ans de travaux forcés, son dossier de délateur ayant incliné la commission des Grâces à l'indulgence.

aucune nécessité, sans se soucier des avantages que cela pouvait lui valoir. Et il balançait n'importe qui, les matons, ses copains, ses ennemis, il eût balancé père et mère... Je crois même qu'il eût poussé l'amour de l'art jusqu'à payer pour balancer. On n'atteint pas tous les jours à une telle perfection. Les autres balanceurs sont plus nuancés.

Rebatet – Oui, mais nous entrons, semble-t-il, dans le domaine de la pathologie. Nous avons coudoyé, nous coudoyons encore des dizaines de Leboucq. Le physique même de ces charmantes créatures du Bon Dieu nous renseigne : ce sont des malades, la dénonciation devient chez eux un réflexe. Moralement, si je me permets encore d'employer ce terme pour la rapidité du discours, ils ne sont pas responsables, ou, en tout cas, leur responsabilité est très atténuée. Ils accomplissent une fonction naturelle. Ce n'est pas la faute d'un putois s'il pue. Mais il serait curieux de connaître l'utilisation sociale qui est faite de la spécialité de ces gens-là, indicateurs, bien entendu, mais pas toujours.

Cousteau – Leboucq était chef de personnel d'une usine.

Rebatet – Hé ! hé ! voilà un agréable aspect du capitalisme. Je te parie que Leboucq était très apprécié et honoré en accomplissant exactement la besogne qui lui a valu ici même, le mépris de nos geôliers. Il y aurait encore à considérer tous les dénonciateurs par moralité, en cherchant quelle est la part de plaisir qu'ils goûtent dans leur pieuse besogne. Nous avions déjà, avant d'entrer ici de jolis documents sur la saloperie du prochain. Mais que de perspectives nouvelles ! Nous ne pourrons plus jamais oublier la délation chaque fois que nous regarderons la société ou l'histoire. Félicitons-nous en : c'est encore un pas que nous faisons dans la connaissance du réel.

Bibliothèque de la maison centrale de Clairvaux, août 1950.

DIALOGUE n° 15

LES PIEDS SALES

« Il y a des temps où l'on ne doit dépenser le mépris qu'avec économie, à cause du grand nombre de nécessiteux. »

Chateaubriand, *Mémoires d'Outre-Tombe*,
L. 22, ch. 16

Le dernier numéro des *Temps Modernes* venait d'arriver à la bibliothèque. Le SS Marschiert et Rebatet s'étaient jetés dessus, épaule contre épaule, pour lire aussitôt la suite du grand papier de Sartre sur Jean Genêt, tante professionnelle, indicateur de police, voleur, poète, et, pour toutes ces raisons, l'une des gloires de la plus récente littérature française. Rebatet hurlait sa joie :

Rebatet – Ah ! que c'est beau ! C'est le sommet de Sartre : la métaphysique de l'enculage. Écoute-moi un peu ça, Pac ! « Cette Visitation se fait comme il convient, non par les parties nobles comme chez les mystiques qui prisent par-dessus tout l'intuition intellectuelle mais par les parties basses, celles qui sont vouées à l'excrétion. Le Mal, le criminel, Genêt lui-même ne sont-ils pas les excréments de la société ? Il n'est pas jusqu'à la brûlure qu'il ressent qui ne soit ambiguë, contradictoire en son essence. Le pédéraste ignore, dans l'acidité irritante de sa douleur, s'il chasse un excrément ou s'il s'ouvre à un corps étranger. » Pour parler français : il ne sait plus s'il chie ou s'il se fait mettre ! « Et pourtant, continue Sartre, dans cette posture abjecte et ridicule, au milieu de ses souffrances et de sa pourriture, c'est tout de même son Dieu qu'il reçoit. »

Si Rebatet laissait éclater sa joie, Cousteau, lui, se renfrognait :

Cousteau – C'est foutu ! Plus moyen de pasticher[121] Sartre... Après un coup pareil, aucune caricature n'est possible...

Rebatet – Et ça, continuait Rebatet, emporté par sa lecture : écoute-moi cette définition du dur, du mac : « Le Dur, c'est, pour parler comme Hegel, le Mal transformé en absolu-sujet. » Et ça, toujours sur l'enculage : « Autour de cette relation horizontale, axe de la féodalité ("Ah ! que j'aime cet axe !") s'ordonnent des rapports horizontaux de juxtaposition. »

Cousteau était pantois. Non que ce vocabulaire ne lui fut familier. Depuis que pour lui faire expier ses crimes, l'Administration pénitentiaire lui avait imposé de traduire des brochures américaines rédigées en jargon husserlien, aucun outrage à la langue française ne le rebutait plus. Et, de Sartre, il s'attendait à tout. Mais tout de même pas à ça.

Cousteau – Ce bonhomme pue, finit-il par dire avec une lueur de meurtre dans le regard. Moralement il pue des pieds. À la scène : les mains sales[122]. Dans ses souliers : les pieds sales. Et l'extravagant c'est que ce bigleux qui folâtre si galamment dans le trou du cul de M. Jean Genêt, qui trouve ce trou du cul tellement exaltant et qui le hisse – si l'on peut dire – à des altitudes métaphysiques, est le censeur suprême du gang des vainqueurs, l'oracle qui décide du Bien et du Mal. Le trou du cul de M. Jean Genêt, c'est de toute évidence le Bien. Et nos articles à toi et à moi

---

[121] Après lecture des *Chemins de la Liberté*, Cousteau avait commis un petit pastiche de Sartre que l'on trouvera en annexe à ce dialogue. L'insuffisance de la caricature est manifeste. Pour descendre plus bas que Sartre, il faut être Sartre lui-même.
[122] Dans sa pièce de théâtre *Les Mains sales* (1948), Jean-Paul Sartre revient sur la question de l'engagement.

(ou même simplement nos personnes) c'est le Mal.

Rebatet – Je suis au comble de la joie ! s'exclamait Rebatet qui n'avait pas entendu un mot de ce que Cousteau disait. Je savais depuis longtemps ce qu'est Sartre : un salaud, un homme de talent, ce qui m'ennuyait, mais aussi un pion et un farceur travaillant dans le genre attrape-bourgeois. Jusqu'à présent ces deux dernières faces de son être, pour parler comme lui, étaient encore voilées.

Cousteau – Maintenant, il les affiche.

Rebatet – Le monsieur qui parlant des bittes qu'un truqueur prend dans le cul écrit : « Cette tentative passe sans cesse de l'essentialisme à l'existentialisme », ce monsieur se qualifie lui-même. Il y a indiscutablement deux choses qui en littérature épatent nos « dissemblables », les propos sur le cul et le jargon philosophique. Sartre a été un virtuose de l'un et de l'autre filon. Mais il vient de mélanger les genres : parler de Genêt en cuistre de Sorbonne. C'est sans doute l'effort suprême. Mais il n'ira pas plus loin. Qu'il en soit déjà là après cinq ans de carrière, c'est inespéré. C'est le signe que la boutique existentialiste fout le camp. Il n'est plus possible désormais de parler de Sartre sérieusement. Or c'était absolument indispensable pour le prestige, la fortune du personnage.

Cousteau hochait la tête avec scepticisme :

Cousteau – J'en suis, hélas, beaucoup moins sûr que toi. Pourquoi diable, nos « dissemblables » ne continueraient-ils pas à prendre ce faquin au sérieux ? Je crois au contraire à la pérennité de la gloire sartrienne. Il a tout ce qu'il faut pour réussir dans la France des « autres ». Et il a surtout tout ce qu'il faut pour que les autres lui restent fidèles. D'abord, si tu fais abstraction des procédés charlatanesques (jargon philosophique et sujets artificiellement scabreux), les thèmes fondamentaux de Sartre sont les vieux thèmes éprouvés de la tradition littéraire quarante-huitarde, celle qui va des *Misérables* à *Nana* et à *La Porteuse de Pain :* la douce prostituée, le vilain hobereau, le bon cambrioleur, le méchant flic. Ça c'est du solide, du garanti sur facture, un placement de père de famille. Tu as lu la *Putain Respectueuse* ?

Rebatet – C'est l'« Ambigu » d'avant l'autre guerre.

Cousteau – Et il y a toujours en France, pour cette sorte de mélo « social », un public tout prêt à conspuer le traître et à pleurer sur l'infortune de Fantine et de Cosette. Sartre, c'est le Victor Hugo du XXe siècle. Que ses trucs soient percés à jour par des gens clairvoyants, comme les trucs des *Misérables* furent percés à jour par Flaubert ne l'empêchera ni de consolider sa gloire ni de la faire durer.

Rebatet – Certes, le Jean-Paul est remarquablement adéquat à son époque. Il en est le bouillon. Tu tiens surtout à tirer de Sartre un jugement sur le monde extérieur pour prouver que les va-de-la-gueule, les merdeux, les gobe-mouches y sont la majorité. C'est un bon point de vue, je l'approuve. Mais moi, je m'intéresse à Sartre « en soi ». Parce que, s'il est réconfortant de penser que le grand génie d'une époque est ce bateleur, ce cuistre, il n'en reste pas moins que le bateleur et le cuistre a toutes les prérogatives du génie et que notre mépris ne l'atteint pas plus que de la bave d'escargot.

Cousteau – On peut toujours espérer que Sartre ira un jour au trou entre quatre policiers kalmouks. Mais les policiers kalmouks sont longs à venir.

Rebatet – Et du reste je suis convaincu que Sartre ne les attendra pas. Il n'y aura pas d'avions pour nous, fascistes infects, si nous avons encore le malheur de fouler le sol de ce continent, mais il y aura une « constellation » pour toute la clique déviationniste, marxiste mais pas communiste des *Temps Modernes*, qui aura la plus foireuse pétoche au cul. Je suis avide de vengeances plus concrètes, plus rapides. Je guette depuis quatre ans les fissures dans le socle tout de même extravagant sur lequel Sartre s'est hissé. Je te dis que ça vient.

Cousteau – Oh ! crois-tu ?

Rebatet – Ce n'est pas moi qui dis que la littérature « libérée » est en pleine faillite, ce sont d'anciens résistants eux-mêmes qui le proclament, qui ont cru que l'année 1945 allait inaugurer une ère nouvelle constatent cinq ans plus tard que cette renaissance se solde par une série de pets.

Cousteau – La faillite n'est pas contestable.

Rebatet – Sartre a pu se maintenir en flèche à cause du pognon qu'il a déjà pris, du formidable baratin dont il a été entouré, du talent, malheureusement indiscutable qu'il a dans plusieurs registres. Mais il arrive au bout du rouleau. Non pas, tu me comprends bien, que je trouve inouï que l'on consacre cinquante pages à un enculé professionnel, je dirai même que c'est un sujet intéressant. Mais c'est le ton, la moralité que prétend dégager Sartre de cette étude qui indiquent que nous touchons à la fin d'un genre. Si Sartre s'acharne, et ça a bien l'air d'être dans son caractère de bonimenteur doctoral, il est foutu. Nous le verrons faire une chute sensationnelle. Voilà en tout cas la vengeance que j'espère. Car, nom de Dieu, s'il y a un type à qui je souhaite du mal, c'est bien celui-là.

Cousteau avait le sourire oblique et le regard mauvais :

Cousteau – Je crois bien que c'est l'homme que je hais le plus au monde. Si Sartre m'inspire une telle haine, ce n'est pas parce qu'il est un ennemi parmi des ennemis. Ce n'est pas parce qu'il aime tout ce que je méprise et qu'il méprise tout ce que je respecte. Il y a comme ça dans le monde, des millions et des millions d'individus qui ne pensent pas comme moi et qu'il serait puéril de s'acharner à haïr. Il est plus confortable de les ignorer, de faire comme s'ils n'existaient pas. Sartre, lui, je ne peux pas l'ignorer. Et dès qu'il est en cause, je ne peux pas non plus conserver mon sang-froid et je me mets à frétiller de l'épithète.

Rebatet – L'épithète, l'épithète... c'est une soupape. C'est une bonne arme par temps de bagarre, on l'a toujours sous la main. Nous avions le droit d'en abuser quand nous étions jeunes, parce que nous ne savions pas grand-chose. Mais aujourd'hui, nous connaissons les faits et gestes de nos contemporains. Je trouve qu'il est beaucoup plus efficace désormais de raconter les gens, de les décrire plutôt que de les qualifier.

Cousteau – Tu as raison, Lucien. Mais c'est plus fort que moi. Je vois rouge. Je vois rouge, je te le répète, parce que Sartre n'est pas seulement un ennemi, parce que c'est d'abord un malhonnête homme, parce qu'il est profondément, essentiellement malhonnête, parce qu'il triche sans arrêt de la première à la dernière ligne de chacun de ses livres, de chacun de ses articles, parce qu'il triche comme d'autres respirent, par goût, par besoin, par nature. Je veux bien me battre sans espoir contre le monde entier, mais pas contre un homme qui n'emploie jamais que des coups défendus. On ne discute pas avec un tricheur.

Rebatet – Il n'est pas question de discuter avec Sartre. Lui-même du reste ne discute avec personne, sauf avec quelques crypto-communistes qui pourraient lui voler des clients. Ce qu'il faudrait, c'est le décrire aussi exactement que possible. Et ce que tu dis de sa malhonnêteté est fort utile pour cette description.

Cousteau – C'est le trait dominant du bonhomme, son contour essentiel, celui que saisit d'abord un dessinateur devant son modèle.

Rebatet – Je t'ai dit depuis déjà longtemps que je subodorais dans la philosophie de Sartre une grosse escroquerie dont les Allemands contemporains avaient fait les frais. Or, il semble bien que ce soit l'avis des Allemands eux-mêmes, de tous ceux qui ont fréquenté Husserl, Heidegger et autres abstracteurs. Sartre les a pillés sans vergogne.

Cousteau – Le surprenant, c'est qu'on ne l'ait pas déjà écrit plus ouvertement.

Rebatet – Mais sans doute les philosophes français n'ont-ils pas intérêt à ouvrir un procès de plagiat où ils passeraient vite du rôle de témoins à celui d'accusés... Remarque bien que j'incline de plus en plus à croire que toute philosophie est une escroquerie, dans un certain sens. Mais chez Sartre, il s'agit de l'escroquerie pure et simple : il vole à d'autres auteurs leurs observations, leur vocabulaire, leurs méthodes.

Cousteau sourit :

Cousteau – Tu penses bien que je n'ai pas la compétence nécessaire pour déterminer la part du plagiat dans l'œuvre philosophique de Sartre.

Rebatet – Moi non plus d'ailleurs.

Cousteau – Il ne doit pas y avoir en Europe plus de deux ou trois douzaines de techniciens capables de démonter le mécanisme de cette imposture-là.

Rebatet – Or, chaque fois qu'on tombe sur un de ces techniciens, il s'empresse d'affirmer que Sartre s'est contenté de démarquer grossièrement les enculeurs de mouches fridolins.

Cousteau – Croyons-les donc sur parole. Mais là où le concours des techniciens est inutile, c'est lorsqu'il s'agit de juger l'homme « en soi ». Son improbité est tellement évidente qu'il est tout de même un petit peu monstrueux qu'elle n'ait pas été plus sérieusement dénoncée. Pas par nous ou par les amis qui nous restent. Par les gens d'en face. S'il y a des garçons honnêtes dans le camp adverse, ils ne doivent pas être tellement fiers d'être coiffés par un rigolo de ce calibre. Car il est bien entendu, n'est-ce pas, que Sartre est une sorte de Pape de la résistance ? Dès la libération, il a surgi, il s'est imposé et il s'est mis à trancher de toutes choses, à distribuer les satisfécits et les excommunications, à séparer les purs des impurs, à décider du Bien et du Mal. De quel maquis sortait-il, ce pontife ? Il me semble que si j'avais un tout petit peu risqué ma peau pour la résistance, je me serais au moins posé la question. Eh bien, Sartre sortait du maquis des Deux Magots.

Rebatet – Où l'on a terriblement peu risqué le crématoire.

Cousteau – Et coupé énormément de cheveux en quatre et extrêmement peu de gorges teutonnes. Je ne le lui reproche pas : je lui reproche de se faire passer pour ce qu'il n'est pas, d'être le type même du résistant-bidon du 32 août[123]. Avant le 32 août, il n'attendait pas les Boches au coin des rues, il se faisait éditer comme tout le monde avec l'*imprimatur* de la *Propaganda Staffel* et en dédicaçant ses ours au lieutenant Heller[124]. Et il se faisait jouer – toujours avec l'*imprimatur* de la *Propaganda-Staffel* – devant des rangées de messieurs en vert. Ça, je l'ai vu de mes yeux ; j'étais à la générale de *Huis Clos*.

Rebatet – Je n'étais pas à la générale de *Huis Clos*, celle des *Mouches* m'avait suffi. J'ai eu tort puisqu'il semble bien que *Huis Clos* soit très supérieur aux *Mouches*. En tout cas, pour les *Mouches*, au théâtre Sarah Bernardt, il n'y avait pas moins de Friquets qu'au Vieux Colombier. Et, sauf erreur, Sartre partageait l'affiche avec Paul Morand, collaborateur de Laval, ambassadeur de Pétain, bref, un fasciste atroce.

---

[123] Cette expression « 32 août » désigne la résistance de la dernière heure.
[124] Chef de la censure allemande des livres à Paris.

Cousteau – Encore une fois, ça ne me choque pas qu'il se soit employé, cet écrivain, à distraire l'armée d'occupation. Ce qui me donne des nausées, c'est qu'il ait eu le culot d'écrire – c'est dans *Situations III*, on peut retrouver la référence – que pendant toute l'Occupation, les Parisiens ont vécu sous la terreur, que tous les Français brûlaient du désir – tu te rends compte ! – de reprendre le combat et que lui, Sartre, se consumait d'une rage impuissante et poussait l'intrépidité – je n'invente rien ! – jusqu'à continuer à écouter la radio anglaise pendant les alertes au lieu de descendre à la cave.

Rebatet – Plus fort que le joli mouvement du menton de Barrès.

Cousteau – Les spectateurs de la générale de *Huis Clos* (je n'étais pas seul et il n'y avait pas, après tout, *que* des Allemands) devraient être fixés sur l'intransigeance patriotique du bonhomme. Il semble d'ailleurs avoir prévu l'objection, puisqu'après la libération, il y a eu une nouvelle « générale » de *Huis Clos* et que la presse a été chargée d'imprimer que l'autre ne comptait pas, qu'elle avait été polluée par d'abjectes présences nazies et que c'était la nouvelle « générale » seule qui était la bonne, la vrai de vraie. Ce n'est tout de même pas sérieux.

Rebatet – Nous disions l'autre jour que si Adolf avait gagné la guerre, Sartre ferait actuellement des conférences à Heidelberg, présenterait ses pièces à Berlin. Il n'y avait absolument rien dans son activité passée qui pût l'empêcher d'affirmer son national-socialisme. Sa nouvelle *Un Chef*[125] aurait peut-être fait tiquer quelques puristes : on y voit des Camelots du roi qui se mettent à quinze pour rosser un émigré juif ; puis, le plus faraud de la bande se fait enculer par un poète surréaliste. Mais Sartre aurait démontré le plus facilement du monde qu'il avait stigmatisé là les réactionnaires, les maniaques de la germanophilie. Il aurait proclamé sa gratitude pour la culture allemande, à laquelle il doit, en

---

[125] Cette nouvelle qui s'intitule en réalité « L'Enfance d'un chef » figure dans *Le Mur*, publié en 1939.

effet, presque tout. Il aurait été le bon Européen qui avait poursuivi sereinement à Paris pendant toute la guerre son œuvre de penseur et d'écrivain, tandis que Gide, Mauriac, Aragon, Breton, Bernanos désertaient ou boudaient mesquinement.

Cousteau – Et tels que nous connaissons les Fritz, tu peux être sûr qu'ils l'auraient préféré aux épileptiques de *Je Suis Partout*... Rien que pour cela, je me consolerais presque d'avoir été battu. Ça serait par trop moche d'être dans le même camp que ce zigoto... Mais s'il n'est pas douteux que Sartre se serait adapté sans trop regimber au fascisme triomphant, il y aurait tout de même été quelque peu gêné aux entournures, il n'y aurait pas été tout à fait authentique.

Rebatet – Tandis que notre défaite a vraiment permis à Sartre de se « réaliser », de s'épanouir, de se croire tout permis, de se montrer tel qu'il est.

Cousteau – Et surtout de tricher sans vergogne. J'aime beaucoup son essai sur la question juive. Il s'y surpasse. Toutes les opinions, explique-t-il en guise d'introduction, sont licites et sacrées, mais l'antisémitisme n'est pas une opinion, c'est un délit de droit commun. Va donc discuter avec un énergumène qui te met hors la loi dès que tu cesses d'être de son avis ! Ça me rappelle ma première séance chez Zousmann.

Rebatet – Décidément nous parlons énormément de ce bon Zouzou !

Cousteau – J'avais invoqué pour me justifier, l'armistice et le gouvernement de Vichy. « Je vous préviens, me dit-il presque paternellement, qu'aucun tribunal n'admettra votre argumentation : il n'y a pas eu d'armistice et il n'y a pas eu de gouvernement de Vichy. » Sartre procède de la même manière avec les Juifs : les Juifs n'existent pas. Ils sont une invention de l'Antisémitisme (l'Antisémitisme étant une sorte d'abstraction antérieure aux Juifs, comme Dieu le Père est antérieur à la créature).

Rebatet – Ça n'est pas mal...

Cousteau – Mais Sartre va plus loin : ces Juifs dont il vient de s'époumoner à démontrer qu'ils n'existent pas, qu'ils sont une création de l'esprit, il affirme néanmoins qu'ils sont supérieurs (ces gens qui n'existent pas !) aux non-Juifs. Si ça n'est pas de la malhonnêteté intellectuelle, c'est que les mots n'ont plus de sens... Et tu penses bien que pour un lascar qui manie le sophisme avec autant d'impudeur, c'est un jeu de démontrer n'importe quoi, et plus spécialement que les collaborateurs (sa bête noire depuis qu'il n'en est plus) sont des éléments « marginaux » qui procèdent d'un « phénomène de désassimilation identique à celui de la criminalité. »[126]

Rebatet – Il y a en effet une malhonnêteté foncière à employer toutes les ressources de la dialectique, à écraser le lecteur sous les plus austères abstractions pour soutenir que Baudelaire s'explique tout entier par sa mauvaise conscience bourgeoise ou qu'un auteur qui ne pense pas démocratiquement ne peut pas écrire de la bonne prose. Je t'ai déjà parlé de cette étonnante affirmation. Elle vient en conclusion d'une grande étude de Sartre *Qu'est-ce que la Littérature ?* qui est très intelligente par endroits. Mais ce genre d'intelligence est bien celui de l'escroc qui est capable d'employer des trésors d'ingéniosité et de talent pour soutirer un chèque à son prochain. Et la malhonnêteté de Sartre n'apparaît pas seulement dans ses « *non-fiction books* » comme disent les bibliothécaires américains.

Cousteau – Bien sûr ! C'est dans ses romans que Sartre atteint au maximum d'improbité. Parce que là, le truquage est encore plus facile. Mais le dernier est tout de même un peu gros... Tu as cette description de

---

[126] *Situation* III.

l'arrivée des Frisous à Paris en juin 1940, dans le troisième volume des *Chemins de la Liberté*...

Rebatet – Je pense bien !

Cousteau – Si Sartre se contentait d'engueuler les Boches, ça serait en somme la règle du jeu. Il est antifasciste. Les Nazis le débectent. Parfait. Mais Sartre n'engueule même pas les Boches. Il est beaucoup plus vicelard que ça. Il les fait accueillir par Daniel[127]... Dans ce Paris écrasé par la défaite, souillé par l'envahisseur, humilié dans sa chair et dans son âme par l'entrée triomphale de l'ennemi, un homme se réjouit, un seul, mais sans réserve, passionnément, avec des transports d'allégresse érotique. Littéralement, il mouille à la vue des Allemands. Cet homme que la défaite de son pays inonde d'un pareil bonheur, c'est un pédéraste, le Pédéraste avec un grand P. Là, mon vieux, la tricherie est énorme. Sartre-penseur exalte le Pédéraste en soi. Sartre-romancier recourt à l'arsenal des préjugés populaires que flétrissent les *Temps Modernes* pour mieux accabler les collaborateurs, pour que collaboration et pédérastie s'identifient dans l'esprit du lecteur. D'un côté, il magnifie Genêt la tantouse. De l'autre, il traite les collaborateurs d'enculés... Comment veux-tu qu'on joue avec un monsieur qui tire sans cesse de ses poches des cartes biseautées ?

Rebatet – C'est pourtant ce que se sont empressés de faire tous les jocrisses qui ont voulu contrer Sartre : les jésuites qui font de la scolastique avec lui, le Boutang[128], l'antique pet-de-loup Gabriel Marcel qui lui répondent à coup de philosophie, et quelle philosophie ! ou encore

---

[127] Daniel est le pédéraste des *Chemins de la Liberté*. Dans cet ouvrage et dans l'ensemble de son œuvre, Sartre insiste lourdement sur le droit qu'a chaque citoyen d'être ou de n'être pas pédéraste, il écarte comme une indécence toute espèce de jugement de moralité, il explique que le discrédit qui s'attache aux pédérastes est un résidu de grossières superstitions qui déshonorent ceux qui y adhère.

[128] Pierre Boutang, un temps secrétaire de Maurras (il est un peu plus jeune que Rebatet), agrégé de philosophie, choisit pendant l'Occupation de ne pas rompre avec Maurras et de rester à Vichy. D'où l'hostilité que lui voue Rebatet.

ce pauvre Maulnier. Celui qui vise le plus juste, en somme, c'est ce vieux serpent de Mauriac quand il siffle que Sartre est laid comme un pou et qu'il louche... Mais tu me parles de *La Mort dans l'âme*. Voilà encore un bouquin qui m'a fait grand plaisir, le plaisir qu'on a à voir l'ennemi commettre une gaffe irréparable. Tu as vu cette scène du clocher : Mathieu[129] pour se réaliser, tirant les *Dernières Cartouches* sur les Boches, le 18 juin ! Huit cents pages, non dépourvues de talent, du reste, la grande œuvre romanesque de M. Sartre pour aboutir à un chromo d'Alphonse de Neuville.

Cousteau – J'aurais voulu voir la gueule des disciples, au Flore, à la Rhumerie Martiniquaise, le jour où ils ont lu ce petit texte...

Rebatet – Il y a eu un gros engouement pour Sartre en 1945, chez les jeunes gars qui avaient été ballottés entre la collaboration et le gaullisme, le surréalisme et les curetons, et qui attendaient de l'existentialisme une espèce de bréviaire de l'anarchie. On ne peut pas leur en vouloir, hein ? Mais on ne me fera jamais croire que les dits gars béent d'admiration devant le bigle atteint de délire démocratique qui passe du charabia hégélien aux feuilletons tricolores, le tout hérissé de plus de majuscules que *Les Quatre Vents de l'esprit* de Hugo. Or, si Sartre perd l'audience des « intellectuels », que lui restera-t-il : ce ne sera évidemment pas la classe ouvrière qui n'a jamais lu et ne lira jamais une ligne du socialiste Sartre, de la progressiste Simone de Beauvoir. Je te dis que cette bande n'ira plus très loin. Ou alors il faudra qu'elle change drôlement de route.

Cousteau – Tu me le faisais remarquer l'autre jour : la tare majeure de ces farceurs camouflés en anarchistes, c'est qu'ils sont essentiellement des moralistes.

---

[129] Mathieu, intellectuel de gauche est le personnage dans lequel Sartre a mis le plus de lui-même. Mathieu est détaché, en principe, de toutes les disciplines traditionnelles, ennemi nominal de tous les conformismes et vaguement marxiste sans jamais s'être tout à fait engagé !

Rebatet – Ce camouflage-là, lui aussi, est une escroquerie.

Cousteau – On comprend qu'ils aient eu au début un certain succès auprès des jeunes gens en leur expliquant qu'il ne tirait point à conséquence de culbuter sa mère, de chier sur les moquettes et de voler aux étalages, que l'important était de se « réaliser » par n'importe quel moyen : *catch as catch can*. Là-dessus, on leur dit :

« D'accord, je vais me réaliser dans la SS. » Et tu les vois aussitôt bondir comme un Mauriac dans un bénitier, se tordre les bras et glapir que c'est l'abomination de la désolation, qu'on ne peut se « réaliser » décemment que dans les brigades internationales. Si tu demandes pourquoi, tu te fais drôlement engueuler. Scrogneugneu ! Garde à vous ! Repos ! Foutrai d'dans ! Jugulaire Jugulaire ! Et pas de rouspétance. On se « réalise » dans les brigades internationales parce que c'est l'ordre du colonel. En quelque sorte l'impératif catégorique de feu M. Kant qu'on baptise « historicité » pour relever la sauce. Grâce à l'historicité, tu ne peux plus lever le petit doigt sans que ton geste soit affublé d'un coefficient de moralité. Quoi que tu fasses, c'est historique ou antihistorique, c'est-à-dire Bien ou Mal. Jadis, selon les canons de la morale traditionnelle, il y avait encore quelques secteurs neutres. Avec Sartre, il n'y en a plus. Il te plonge vingt-quatre heures sur vingt-quatre dans la morale. Et quelle morale !

Rebatet – La morale de Hugo, mon vieux ! La morale de Béranger : « À genoux devant la casquette Chapeau bas devant l'ouvrier... ». Un bel aboutissement pour un philosophe d'avant-garde...

Bibliothèque de la maison centrale de Clairvaux, octobre 1950.

APPENDICE DU DIALOGUE n° 15

PETIT PASTICHE ANODIN DES *CHEMINS DE LA LIBERTÉ*

Le rat était fait, le Russe chiait, le Polonais était ivre et le Portugais riait en répétant « ha, ha » sans que son interlocuteur, peu polyglotte, pénétrât ses intentions. Franco buvait la sueur du peuple dans un hanap d'argent ciselé. Le père de Daniel déboutonna sa braguette et dit à son fils : « vas-y ». Otto n'avait pas trouvé son compte et psalmodiait : « *zwei und zwanzig, drei und zwanzig, vier und zwanzig* ». Un brouillard de honte engloutissait les beaux quartiers. La verge du père de Daniel était exactement calibrée pour la bouche de son fils. Il était exactement dix-sept heures quarante au quatrième top. Toujours en riant, le Portugais répéta « ha, ha ». Daniel sentit le fruit déjà humide se raidir entre ses dents. « Comment cela peut-il s'appeler, se demanda-t-il, pas le complexe d'Œdipe en tout cas puisqu'il s'agissait alors de la chagatte de Jocaste. Ça doit être le complexe de Laïus, mais ça n'est pas sûr. » La sueur du peuple donnait des nausées à Franco. Il en avait trop bu. Il aurait préféré un peu de sang, mais l'archevêque de Tolède l'avait mis à la diète. Otto s'aperçut qu'il avait deux bonshommes de trop. Un liquide chaud, gluant et visqueux envahit le palais de Daniel. Et soudain il pensa au fascisme international. Alors, malgré sa politesse et son désir de se réaliser, il ne put s'empêcher de cracher par terre le foutre de son père.

(27.11.1949)

DIALOGUE n° 16

C'EST RATÉ

> « Si nous perdons la guerre, ce sera à cause de l'imbécillité politique des Allemands qui n'ont pas voulu agir avec bon sens et mesure et qui ont transformé l'Europe entière en un volcan en effervescence. »
>
> Mussolini, 8 octobre 1942,
> *(Journal Politique du comte Ciano)*

Les concentrations de l'espèce commune sont aussi limitées dans le choix de leurs conversations qu'ils le sont dans leurs évolutions physiques. Quatre ou cinq sujets de conversation, pas plus, constituent le fonds de la rhétorique carcérale.

On peut parler de la soupe, de son épaisseur, de ses mérites, préoccupations n° 1 de tous les prisonniers de tous les temps et de tous les pays en période de disette. Mais, en cet automne 1950, personne n'avait faim à Clairvaux et l'épaisseur de la soupe n'inspirait plus les orateurs. On peut parler aussi de son procès, de l'injustice de la justice et des répliques foudroyantes (mais presque toujours inventées après coup) dont on a accablé le commissaire du gouvernement. On peut parler également, histoire de montrer qu'on ne donne pas dans les niaiseries de l'amendement, des supplices compliqués qu'on infligera aux méchants lorsque le Père Noël aura ouvert les portes des prisons et rendu aux bons le haut du pavé.

Enfin, on peut refaire la conjoncture. C'est de tous les sujets de conversation, le plus frivole et le plus inépuisable. Depuis cinq ans, Cousteau et Rebatet entendaient leurs camarades gagner de mille manières, avec une ingéniosité jamais défaillante, la *World War Nr II*. D'habitude, ils se tenaient à l'écart de ces irritantes divagations : « Ah ! si on avait fait ceci ou cela... si Doriot avait pris le pouvoir... si la Luftwaffe avait eu des avions... si les Américains avaient été rejetés à l'eau à Salerne... si Sauckel n'avait pas créé le maquis... si les Japonais avaient attaqué les Russes... si les Espagnols s'étaient emparés de Gibraltar, etc. »

Cousteau – Si pour une fois nous faisions comme les autres ? proposa Cousteau que la pluie avait chassé de la cour des Brosses et qui ne se sentait pas d'humeur laborieuse. Si nous tentions de ramener à quelques causes simples la perte de cette guerre que le fascisme semblait avoir gagnée ?

Rebatet – Fous-moi la paix ! grogna Rebatet. Je ne m'intéresse plus à toutes vos conneries.

Cousteau – Conneries ou pas conneries, il est tout de même légitime de s'intéresser à cette guerre qu'on nous fait expier comme si c'était nous qui l'avions voulue et qui l'avions perdue...

Rebatet – Ah ! foutre non nous ne l'avons pas voulue ! Et au moment de Munich, au moment de Dantzig, on était tout prêt à nous jeter en prison justement parce que nous ne voulions de la guerre à aucun prix.

Cousteau – Ça n'est pas la moins cocasse des contradictions de nos adversaires. Ils nous vouent aux gémonies parce que nous défendons la paix et du même souffle, il nous proclament les complices de bellicistes hitlériens...[130]

---

[130] L'argument du pacifisme est toujours mis en avant par les fascistes français. S'ils s'étaient opposés à une guerre avec l'Allemagne, ce n'est pas par attachement viscéral à la paix – la vision du monde d'un fasciste est en effet basée sur le culte du rapport de force, sur la valorisation de la guerre comme

Rebatet – Et pourtant nous étions bien persuadés que les hitlériens vaincraient la France. Si nous avions été les frénétiques du national-socialisme que Mandel et Kérillis[131] dépeignaient nous aurions souhaité la guerre...

Cousteau – La guerre qui devait assurer le triomphe de nos idées, alors que nous luttions passionnément pour la paix qui elle, devait perpétuer la démocratie française.

Rebatet – Mais une fois cette guerre perdue, cette guerre qui était celle des démocrates, nous aurions été fous de ne pas profiter de la déconfiture du régime pour essayer de régénérer le pays par nos idées. Au fond, c'est toute notre histoire. Et je persisterai jusqu'à mon dernier jour à trouver que c'est une histoire honorable.

Cousteau – En tout cas, si nous avons échoué, ça n'est pas notre faute.

Rebatet – Il y a un nom qui résume toutes les responsabilités de l'échec : Hitler.

Cousteau – Curieux destin ! C'est grâce à lui que tout était devenu possible. Et c'est à cause de lui que tout a raté ! Je le pense moi aussi. Mais l'homme qui a perdu cette guerre, ce n'est pas l'écrivain de *Mein Kampf* c'est le politicien qui avait oublié *Mein Kampf* ; *Mein Kampf* ne l'oublions pas, a été écrit en prison, donc – nous en savons quelque chose ! – dans les meilleures conditions possibles de lucidité et de clairvoyance. Adolf taulard avait clairement distingué ce qu'il fallait faire pour gagner la guerre. C'était simple, du point de vue allemand, il fallait

---

source de reconnaissance et de virilité – mais parce que l'Allemagne, en se dotant d'un régime dont ils approuvaient les valeurs, ne pouvait plus être considérée comme un pays ennemi.

[131] Georges Mandel (ministre de l'Intérieur en 1940, qui ordonna à la police de perquisitionner chez les leaders de *Je Suis Partout*) et Henri de Kérillis (un des rares députés de droite à avoir voté contre les accords de Munich, qui attaqua violemment *Je Suis Partout* peu avant la guerre), sont les deux hommes politiques envers lesquels Cousteau et Rebatet nourrissent une haine tenace.

ménager l'Angleterre, détruire la France ou s'en faire une alliée et éviter par-dessus tout de se battre sur deux fronts. Adolf, capital-stratège, a fait exactement le contraire, et même pis...

Rebatet – Il laisse la France debout avec un gouvernement, il n'occupe pas l'Afrique du Nord, ce qui le prive du contrôle de la Méditerranée. Il aurait été beaucoup plus sage de proposer la paix à Pétain. On nous a expliqué que la paix avec la France n'était pas possible, à cause de la sécurité militaire du Reich. Pourtant le maintien de l'état d'armistice et d'une occupation ennuyeuse n'a pas empêché le débarquement en Afrique, l'espionnage à haute dose, la constitution des maquis, il n'a pas rendu plus efficace le Mur de l'Atlantique. Mais la paix avec la France jurait sans doute trop avec les thèses de *Mein Kampf.*

Cousteau – Adolf n'avait pas suffisamment oublié *Mein Kampf* pour faire une politique originale.

Rebatet – Il se l'est suffisamment rappelé pour nous emmerder avec les deux zones, les prisonniers de guerre qu'il a gardés, le S.T.O., les contributions et les réquisitions. J'incline aussi à penser qu'il avait des idées morales. Il estimait sans doute que le peuple français devait expier un peu le crime d'avoir déclaré la guerre à l'Allemagne, et manger à son tour du pain noir. Mais on ne fait pas de politique avec ces sentiments-là.

Cousteau – La politique allemande à l'égard de la France a été, du point de vue allemand, et aussi du point de vue du fascisme international, la pire politique possible. Tout le monde reconnaît aujourd'hui que les Allemands auraient eu intérêt à ne pas s'arrêter à Bordeaux, à foncer droit sur Alger, à occuper Gibraltar, à faire de la Méditerranée un lac italo-hispano-allemand... Cette politique postulait l'occupation de toute la France.

Rebatet – Hitler n'en a pas compris la nécessité.

Cousteau – Ce fut sa première faute grave. Et, soit dit en passant, les Résistants sont bien mal venus de reprocher à Pétain et à Laval d'avoir encouragé Hitler à commettre cette faute qui l'a sans doute empêché de gagner la guerre. Deuxième faute grave, presque consécutive : l'abandon de l'offensive contre l'Angleterre. Tous les stratèges en cage à poule de cette taule te diront qu'Hitler aurait dû foncer sur l'Angleterre dès juillet 1940. Après coup, c'est facile à dire. Mais là, je crois que Hitler a des circonstances atténuantes. L'entreprise était sans doute malaisée.

Rebatet – On pourrait dire alors que la première faute a été de consentir à une guerre que voulaient les Anglais sans avoir les moyens de battre les Anglais chez eux. Il est évident qu'en 1940, Hitler n'a pas eu ces moyens. Il lui manquait une flotte, il lui manquait 100 000 parachutistes ; Churchill avait eu l'intelligence de ne pas prêter ses avions aux généraux français et il les a eus sous la main pour défendre le ciel anglais.

Cousteau – L'Angleterre a pourtant eu chaud aux fesses, pendant tout le mois de juin 1940.

Rebatet – D'après tous les témoins oculaires, il n'y avait pratiquement rien sur les côtes de la Manche. Il aurait peut-être suffi à Hitler de quelques milliers de tonnes de bateaux, de trois ou quatre divisions de parachutistes pour se propager jusqu'à Édimbourg, ce qui n'aurait guère retardé son entrée à Paris. Liddell Hart s'en est ouvert aux généraux allemands qu'il a interrogés. Les généraux ont laissé entendre qu'Adolf tenait à ménager l'Angleterre – toujours les réminiscences incomplètes de *Mein Kampf*. Il espérait que les Anglais traiteraient après la défaite française. Faute de psychologie en même temps que faute de stratégie. En tout cas, l'opération militaire contre la Grande-Bretagne n'était plus possible après le 15 juillet. Dès lors, il fallait attendre, laisser pourrir la guerre anglaise, tout en mettant sur pied une puissante armée d'invasion, un camp de Boulogne avec la technique moderne. La campagne de Russie a été beaucoup plus difficile à monter, elle a coûté beaucoup plus cher.

Cousteau – Et cette campagne-là a été une faute bien plus grave que les précédentes, la faute capitale, dirais-je, si Adolf, cinq mois plus tard n'avait pas déclaré la guerre à l'Amérique. Sur le moment, d'ailleurs, j'avoue que je ne me suis pas du tout rendu compte de l'énormité de cette faute.

Rebatet – Ni moi non plus ! J'étais emballé par la péripétie. Toujours le cinéma, l'opéra, l'art ! Et la morale. Le châtiment du bolchevisme.

Cousteau – Aujourd'hui, en tout cas, avec le recul ces neuf années et tout ce que nous avons lu sur la question, aucun doute n'est possible : Staline ne songeait nullement à attaquer l'Allemagne. Ça n'est pas son genre. Son comportement actuel à l'égard des Américains nous le confirme. Hitler pouvait poursuivre sa guerre contre l'Angleterre en toute tranquillité, organiser l'Europe conquise et la rendre invincible... Là, en tout cas, il ne s'agit plus d'une motion nègre-blanc à la manière radsoc, d'un compromis entre la fidélité à *Mein Kampf* et l'oubli de *Mein Kampf*. La règle de *Mein Kampf* était formelle : pas de guerre sur deux fronts !

Rebatet – Et il y avait le précédent de Napoléon qui était tout de même un peu voyant, qui aurait dû inspirer quelque prudence à Dudule !

Cousteau – L'opération eût été payante si elle avait réussi en quelques semaines. Ratée, elle a conduit l'Allemagne à sa perte. On n'a tout de même pas le droit de risquer le destin d'un pays et d'une révolution lorsque l'entreprise est aussi hasardeuse.

Rebatet – La campagne de Russie a séduit Adolf parce que c'était une entreprise de fantassin. *Marschieren*, Marschieren ! Cette notion d'Adolf fantassin est d'ailleurs en train de devenir classique. On apprendra ça dans vingt ans pour le certificat d'études. Adolf n'aimait pas l'eau, il ne s'est jamais intéressé à ce qui se passait de l'autre côté de l'eau. C'est toute l'histoire de l'admirable Afrika Korps. Le Fûhrer s'est conduit avec Rommel comme les ministres républicains avec les coloniaux français : pas de matériel, des renforts par petits paquets. Nous écrivions à tire-larigot des papiers expliquant que le Fûhrer rosserait les Anglais beaucoup plus radicalement en Egypte que chez eux.

Cousteau – Nous avions plus d'imagination que lui.

Rebatet – Il n'a jamais pensé à ça. Avec dix divisions de renfort, il prenait le Caire, débouchait dans le Moyen-Orient, chipait les pétroles perses en 1942. Il n'a pas voulu les distraire de l'infernal front russe, et avec 200 divisions il n'a pu atteindre les pétroles caucasiens. Nom de Dieu ! Qu'est-ce qu'on se tape comme stratégie en chambre. Et à retardement, par-dessus le marché, ça devient obscène.

Cousteau – Bah ! une fois n'est pas coutume. Et il est plus raisonnable de s'amuser à rechercher les causes de nos défaites que d'essayer de deviner ce que Mac Arthur fera demain contre les Mandchous... Nous avons dégagé, jusqu'à présent trois fautes majeures. Il y en a une quatrième qui – comme je te le disais tout à l'heure – est incomparablement plus grave, c'est la déclaration de guerre à l'Amérique. Là, je ne comprends plus. Il était évident – cela crevait les yeux – que Roosevelt brûlait du désir de lancer son pays dans la guerre, mais il n'était pas moins évident que le sentiment isolationniste était trop puissant aux États-Unis pour que cela se fît facilement. Les sondages Gallup révélaient que 90 % des citoyens étaient favorables aux ennemis de l'axe, mais fermement hostiles à toute intervention armée. Jamais Roosevelt n'aurait obtenu de son parlement l'entrée en guerre des États-Unis.

Rebatet – Il y a eu Pearl Harbour !

Cousteau – Certes, mais c'était une agression japonaise. Hitler n'avait pas à prendre les crosses des Japonais. Ceux-ci, d'ailleurs se sont bien gardés d'entreprendre la moindre action contre les Russes. Et rien, en somme, ne forçait Dudule à aller au devant des désirs de Roosevelt. L'Amérique aurait continué à vendre à l'Angleterre des avions « *cash and carry* » mais elle n'aurait pas entrepris de braquer toutes ses forces – et quelles forces ! – contre l'Allemagne et de l'anéantir systématiquement. Le jour où Hitler a déclaré la guerre aux États-Unis, il a vraiment perdu la guerre. Et plus je réfléchis, moins je comprends les raisons de cette décision catastrophique. Tu les comprends, toi ?

Rebatet – De sang-froid, non. Rétrospectivement, c'est tout à fait démentiel. Mais que m'aurais-tu répondu en décembre 1941, si j'étais venu te dire : « Je ne vous quitterai pas, je continuerai à faire des papiers contre le bolchevisme, les démocrates chrétiens et les bourgeois, mais je ne parlerai plus de collaboration avec Hitler, parce qu'Hitler a signé son arrêt de mort. On ne collabore pas avec un mort en sursis. »

Cousteau – Je t'aurais traité d'idiot, de gaulliste.

Rebatet – Je t'aurais traité de la même façon si tu étais venu me tenir ces propos. Je considérais encore la guerre militairement, oui, comme un breveté d'État-Major. Je pensais que les États-Unis n'avaient pas d'armée et qu'avant qu'ils en possédassent une, il y aurait beau temps que le sort de la guerre serait réglé sur les champs de bataille européens. Je n'ai pensé durant cet hiver-là qu'à la campagne de Russie qui était en effet inquiétante. Robert[132] avait été assez effrayé en juin 1941. Je ne me rappelle pas qu'aucun d'entre nous ait manifesté un grand émoi en décembre. Le seul mot prophétique dont je garde le souvenir est celui de Véronique qui m'a dit : « Hitler est fou, il se met le monde entier sur le dos. » Tu penses si j'en ai tenu compte ! Nous n'étions pas plus malins

---

[132] Robert Brasillach.

qu'Hitler !

Cousteau – Oui, mais lui qui était chef d'État aurait dû l'être plus que nous. Et l'on sait maintenant que cette faute catastrophique, Hitler ne l'a pas commise, à contrecœur mais dans l'allégresse[133].

Rebatet – Hitler ne croyait pas à l'industrie, à la guerre des ingénieurs, il croyait à la guerre des grenadiers blindés. Et il aimait cette guerre-là. Il a totalement méconnu la puissance guerrière des États-Unis. C'est en tout cas, la seule explication que je voie à son geste. Cette explication n'allège d'ailleurs pas Hitler de l'effroyable responsabilité qu'il a prise. Il a perdu la guerre ce jour-là.

Rebatet s'était levé pour chercher une date dans l'*Histoire de la Guerre* de Galtier-Boissière, résistant mais indéfectible ami des emprisonnés de *Je Suis Partout*. Il fit la grimace :

Rebatet – Merde ! Écoute-ça : « Maintenant la guerre est définitivement gagnée. Et l'avenir nous prépare deux phases : la première sera le sauvetage de l'Allemagne par les Alliés ; quant à la seconde, je crains que ce ne soit une grande guerre entre les Russes et les Américains. » Sais-tu qui a dit ça ? Le Grand Con, le 7 décembre 1941, après l'attaque de Pearl Harbour. Ce jour-là, au moins, il n'a pas été aussi con que nous. C'est vexant à constater.

Cousteau – Ce n'est pas vexant, parce que c'est faux !

Rebatet – Comment ! c'est faux ?

Cousteau – Oui, c'est faux. Ces propos sont *prêtés* à de Gaulle par le

---

[133] Dans son journal politique, à la date du 8 décembre 1941, Ciano note : « Coup de téléphone de Ribbentrop pendant la nuit pour me dire combien il est *ravi* que le Japon ait attaqué l'Amérique. Il est même tellement heureux que je ne puis m'empêcher de le féliciter. »

colonel Passy [134]. Ça prouve peut-être que le colonel Passy était intelligent...

Rebatet – Oh ! intelligent ! Un colonel français !

Cousteau – Intelligent, s'il a imaginé ce propos de De Gaulle au lendemain de Pearl Harbour. En tout cas, par définition même, le Grand Con, est incapable d'avoir jamais proféré une parole qui ne fût pas de la dernière stupidité. Je ne crois donc pas à cette déclaration prophétique. Tout ceci ne change d'ailleurs rien à l'affaire. Hitler a perdu la guerre, définitivement, au lendemain de Pearl Harbour. Et toutes les fautes secondaires, les erreurs stratégiques, les erreurs psychologiques, sont, par comparaison, sans importance. Parce que, volontairement, il s'est mis à dos à la fois la Russie et l'Amérique, Hitler était foutu. Il ne pouvait plus que prolonger l'agonie, Certaines fautes mineures l'ont précipitée.

Rebatet – Avoir toléré Vichy jusqu'à la fin au lieu d'avoir encouragé une révolution française. Avoir traité les Russes à la schlague au lieu de les libérer... Il y a eu aussi le système des « poches » et de la défense sur place que lui ont reproché si amèrement ses généraux et qui lui a coûté des centaines de milliers de bons soldats. Et aussi les erreurs techniques au sujet de la Luftwaffe par exemple. Mais tout cela a été secondaire. Il aurait très bien pu gagner en se trompant sur des détails s'il ne s'était pas trompé sur l'essentiel. Il a cru sans doute très longtemps aux armes secrètes, il en possédait au moins les embryons, mais l'Allemagne n'était plus en état de les fabriquer, parce qu'il l'avait livrée aux bombardiers américains. Il a fait de très grandes choses jusqu'en 1941. Et puis, il a été dépassé par les événements qu'il avait mis lui-même en marche, il est devenu la proie de ses nerfs, il a perdu les pédales.

Cousteau – Et c'est juste à ce moment-là, en 1941, très exactement, au

---

[134] Le colonel Passy (de son vrai nom André Dewavrin) était le chef du B.C.R.A., les services spéciaux de la France Libre.

moment où Hitler perdait les pédales que nous nous sommes lancés avec frénésie dans la collaboration.

Ce jour-là, les deux amis, écrasés par cette constatation, n'en dirent pas davantage.

Bibliothèque de la maison centrale de Clairvaux, octobre 1950

Dialogues de « vaincus »

DIALOGUE n° 17

LITTÉRATURE

« Nous pensons, nous sentons aussi d'une façon plus raffinée, plus variée que les anciens. »
Aldous Huxley

Louis le SS, le front sourcilleux, les deux coudes sur la table, les deux poings fermés sur les oreilles, mastiquait avec une solide régularité *Les Données fondamentales du Surréalisme* de M. Michel Carrouges. De temps à autre, il comptait le nombre des pages qui lui restaient à lire, et annonçait avec optimisme : « Bon, j'aurai fini pour la soupe... Lucien, ajoutait-il, je retiens *Vipère au Poing,* pour ce soir. Je l'aurai terminé demain matin, je tortillerai *La Mort du petit cheval,* entre dix heures et trois heures, je m'enverrai le "Renaudot" avant le dîner, et j'aurai la soirée libre pour le "Goncourt" qui vient d'arriver. » Il avait déjà absorbé dans la semaine un livre sur le Maréchal Rommel, une nouvelle histoire de la littérature française, pris une vue suffisante des trois derniers romans de la N.R.F. Les deux énormes tomes du *Jésus-Christ* du P. de Grandmaison, les trois volumes de *La Guerre et la Paix* de Tolstoï, quelques fascicules très denses de l'*Histoire de la philosophie* de Bréhier, attendaient en piles compactes ce valeureux lecteur, comme les divisions de réserve que les généraux gardent massées à portée de leur main. D'autres livres de moindre épaisseur, surréalistes, naturalistes, classiques, existentialistes, nègres, italiens, juifs, américains, s'alignaient en bon ordre sur un pupitre, et ceux-là pouvaient être comparés aux files de grenades qui ornaient les étagères, les cheminées et les dessus de buffet des miliciens aux temps héroïques.

Le SS fermait *Les Données fondamentales du Surréalisme* et prenait une petite goulée de Sartre avant d'aborder le noir récit d'Hervé Bazin. Il avait mis sur la table ses belles jambes grecques et se balançait sur deux pieds de sa chaise : c'était la position des lectures frivoles. Il existe ainsi différentes positions pour le tireur couché, assis, debout. Comme on était aux dernières semaines de l'année, Louis le SS procéda ensuite à une petite récapitulation : « Bilan assez honorable. J'aurai lu à peu près 300 livres en 1950. » Rebatet, subrepticement faisait un calcul aussi rapide que ses capacités en arithmétique le lui permettaient : 90 000 pages, 3 millions 150 000 lignes, 141 millions 750 000 signes ! Et l'on pourrait presque doubler en comptant les quinze revues littéraires mensuelles, les revues américaines et les relectures innombrables.

En face du lecteur intrépide, le Pouhète-Pouhète[135], assis sur le bout des fesses, les épaules à la hauteur de son front hugolesque, s'écrasait vigoureusement le nez avec le gras du pouce, puis, lâchait d'un seul trait d'encre une rafale de trente vers sur son papier, avec le trémoussement des roustons et des cuisses qui accompagnait toujours chez lui l'inspiration. Rafale après rafale, il avait déjà craché quelque cinq cents vers, versets et versiculets depuis le matin. Sa santé morale et physique exigeait l'expulsion quotidienne d'un bon millier de lignes poétiques, au moins d'apparence et d'intention. Le Pouhète, dont l'œuvre, à vingt-huit ans d'âge, se calculait par armoires, par bahuts et par malles, pratiquait l'alexandrin académique, tous les mètres réguliers – en s'autorisant quelques entorses dont Rebatet le blâmait âprement – l'ode pompière, le lied allemand, le haï kaï, le psaume biblique, la légende arabe, la tragédie classique, le fabliau, la geste, la ballade française, la chanson symboliste, le refrain mistralien, le sonnet hermétique, le sonnet gongoriste, le sonnet ronsardique, la prose lyrique, la farce ubuesque, l'image surréaliste. Il avait déjà été, en vers, symphoniste, coloriste, fresquiste, aquafortiste,

---

[135] Résistant provençal, engagé dans la S.S, puis devenu paysan bavarois, et arrêté dès son retour en France, après que son avocat lui eût assuré qu'il n'avait plus rien à craindre et que l'épuration était terminée.

sculptural, architectural, électrique, cacophoniste, il avait été anacréontique, homérique, euripidien, sinisant, « mille et une nuitisant », médiéval, villonesque, dantesque, pétrarquiste, racinien, goethéen, hoffmanesque, beaudelairien, rimbaldien, mallarméen, péguyste, claudéliste, aragonien, et éluardesque. Accessoirement, il avait imité Soung-Chi, Yuan-Tseu-Tsai, Mao-Tse-Toung, Hâfiz, Al Gazali, la Chanson de Roland, Louise Labé, Maurice Scève, Jean de la Céppède, Sponde, Théophile de Viau, Rabindranah Tagore, Kleist, Eickendorf, Uhland, Jean Aicard, Rosemonde Gérard, Louis le Cardonnel, Emile Verhaeren, Rodenbach, Appolinaire, Rainer Maria Rilke, Gérard Hauptman, d'Annunzio, St John Perse, Benjamin Péret, Charles Maurras et Horst Wessel. On comptait, parmi ses œuvres principales, un *Chœur de l'été*, un *Lohengrin*, une *Salomé*, une *Phèdre*, une *Iphigénie*. Cependant, tout en continuant un *Ulysse*, il donnait, depuis quelque temps dans des fantaisies peuplées de fous coiffés d'un fromage, de pendus accrochés aux cages d'ascenseurs qui semblaient amorcer fort heureusement la nouvelle manière de cet aède : celle peut-être d'un Prévert qui ne se croirait pas obligé de chanter la classe ouvrière, l'école laïque, les colonels maquisards, les banquiers juifs, les Droits de l'Homme, l'Égalité, la Liberté et la Fraternité.

On avait appelé Cousteau pour entendre le dernier morceau du Pouhète-Pouhète qu'il protégeait contre les sévices de Rebatet, et dont il goûtait beaucoup la poésie depuis qu'elle ressemblait à de la prose un peu loufoque.

Rebatet – La taule ne nous offre pas seulement l'exemple des sociétés primitives dit Rebatet à Cousteau, en lui montrant les deux garçons. Voilà un raccourci de toute la vie littéraire : ici le producteur, à côté le consommateur, tous deux d'une ardeur égale. Quels beaux rouages ! Si tout allait aussi bien dans le boxon qu'on appelle le monde libre !

Les deux amis laissèrent, dans la bibliothèque, le SS et le Pouhète-Pouhète à leurs chères études et regagnèrent la chambrette de Cousteau. ! C'était un havre envié qui, abrité des curiosités malsaines de l'Administration

Pénitentiaire, eût pu se prêter, mieux qu'aucun autre recoin de la Centrale, à des ébats sexuels. Mais — nous l'avons expliqué dans un dialogue antérieur — ni Cousteau ni Rebatet n'avaient le conditionnement psychosomatique qui leur eût permis de profiter de cette aubaine. La bienheureuse chambrette ne servait qu'à des ébats culturels. Et, ce jour-là, tout naturellement, c'est vers la littérature que s'orienta la conversation :

Cousteau – J'ai toujours cru que je méprisais la littérature. J'employais volontiers l'expression « ... et tout le reste n'est que littérature » pour signifier que le reste ne comptait pas, n'avait pas d'intérêt. Ça n'était pas vrai, bien sûr. En fait, je n'ai jamais complètement dédaigné la littérature, mais je m'étais mis ça dans la tête, j'en avais fait une sorte de système.

Rebatet – Voilà que tu fais de l'autocritique !

Cousteau – Si tu veux. Ce n'est pas un des moindres avantages de ces années de méditations carcérales que d'être arrivé à m'apercevoir que je m'abusais sur mes propres sentiments. Du moins en ce qui concerne la littérature de grande classe. Il y a la vie, certes, mais je sais maintenant que la transposition littéraire de la vie peut être plus vraie que la vie même. Je le niais. J'en conviens aujourd'hui.

Rebatet – La fiction, c'est en somme ce qui donne le choix et la liberté, c'est-à-dire deux des conditions essentielles de l'œuvre d'art. L'auteur qui prend un interprète – puisque le héros de roman, bien souvent, n'est pas autre chose – pourra s'exprimer beaucoup plus aisément par sa bouche que s'il le faisait directement. S'il a tant soit peu d'imagination, il pourra agencer à son gré les épisodes, tailler dans la vie brute, négliger un développement qui serait interminable dans le compte rendu d'une histoire vraie. Je prends l'exemple de nos démêlés de *Je Suis Partout,* en 1943. C'est un sujet balzacien, dramatique au premier chef, tout y est, la finance, la politique, les amitiés qui s'effondrent[136]. J'ai gratté un certain nombre de notes à ce sujet : elles sont ennuyeuses au possible. Ça sera un document utile, ça ne fera jamais un chef-d'œuvre de prose. Par contre, je vois assez bien un roman, une partie de roman du moins, où l'on resservirait toute cette histoire, en laissant tomber les circonstances trop spéciales, en prenant l'essentiel, c'est-à-dire les réactions véridiques d'une dizaine de personnages, les uns et les autres assez représentatifs d'un type humain.

Cousteau – Bon exemple ! Le drame de la scission de *Je Suis Partout* est, en soi autrement riche de possibilité littéraire que *César Birotteau*. Mais tout dépend de celui qui récrirait.

Rebatet – Tout est là !

Cousteau – Lorsque je te disais tout à l'heure que j'en étais arrivé à admettre que la littérature pouvait être plus vraie que la vie, je parlais, bien entendu, de la littérature de tout premier plan dont les manifestations sont, en somme, assez rares. Au-dessous d'une certaine altitude, je conserve tous mes préjugés contre la fiction. Des mémoires médiocres sont tolérables, on y trouve toujours, par ici, par là, quelque chose à glaner. Mais je ne peux absolument plus supporter un roman médiocre, ou même simplement un roman de bonne facture moyenne, alors que je lis avec intérêt des monceaux de récits historiques souvent bien mal rédigés. Neuf prix Goncourt sur dix me font bailler, et je m'émerveille que tant de gens perdent leur temps à ingurgiter ces flots de vocables inutiles. En somme, pour résumer mon sentiment en termes de « petites annonces » : « Si pas *Liaisons Dangereuses* ou *Le Rouge et le Noir*, s'abstenir... ».

---

[136] Pour ce qui est du conflit avec Brasillach, se reporter à la présentation de Robert Belot, *supra*, p. 16.

Rebatet – Putain ! tu n'es pas encourageant.

Cousteau – Je sais. On peut répondre que je supprime pour le romancier toute possibilité d'apprentissage.

Rebatet – Tu réclames un chef-d'œuvre au premier essai. C'est beaucoup d'exigence. Mais tu n'as peut-être pas tellement tort. En somme, ne peut-on pas juger, dès le premier roman d'un auteur, s'il a le don ou non, celui d'animer des personnages issus de lui, mais devenus indépendants de lui ? Il me semble bien que Flaubert, Dostoïevski, Balzac, Stendhal donneraient raison à cette thèse...

Cousteau – Balzac ?

Rebatet – C'est vrai. Balzac a bigrement pataugé jusqu'à trente ans.

Cousteau – Et j'exige qu'on ne m'oblige pas à lire les navets de jeunesse des grands hommes.

Rebatet – Je suis d'ailleurs comme toi, j'ai toutes les peines du monde à terminer ou même à commencer la plupart des romans contemporains. Le genre devient de plus en plus un véritable fourre-tout. Sous couleur de fiction, chacun met, vaille que vaille, en style indirect sa petite histoire, ses petites idées, sa petite métaphysique.

Cousteau – La démangeaison d'écrire tient beaucoup plus de place dans tout ça que les choses qu'on a vraiment à dire.

Rebatet – Ça n'est pas exactement la question. Dostoïevski n'avait pas tellement d'idées originales, infiniment moins que Gide. Ce n'était pas un intellectuel si considérable, sa culture n'allait pas très loin. Mais il était capable de tirer de sa peau des assassins, des ermites, des puceaux, des débauchés, des juges d'instruction, des généraux, de les faire tenir debout comme s'il avait été lui-même tous ces gens-là. Le problème du roman, c'est un problème de paternité littéraire, de fécondation, si tu veux : créer des hommes vivants avec ses propres contradictions et ses expériences, voir un type et s'imaginer le *dedans* de ce type. Il a suffi à Dostoïevski d'être introduit trois ou quatre fois chez un juge pour imaginer Porphyre.

Cousteau – Que n'aurait-il pas fait de Zousmann !

Rebatet – Ça nous entraîne à une autre constatation de la dernière banalité, mais vraiment trop oubliée : il ne peut y avoir de roman si le romancier n'a pas une expérience déjà longue de la vie, et un certain recul. Tous ces garçons de 25 ans qui noircissent sept cents pages avec leur première pépé et leurs déboires de résistants gâchent leur encre.

Cousteau – Tout ce que tu dis là n'est peut-être pas d'une originalité fracassante, mais c'est l'évidence même.

Rebatet – Le truisme coule à flots de ma bouche, je le sais. Mais je constate qu'à force d'avoir oublié les vérités élémentaires, les contemporains pataugent en plein bourbier. Si l'on veut raisonner un peu sainement de littérature comme de politique, il faut repartir de certains lieux communs enfouis sous la broussaille des critiques, des systèmes, des fantasmagories intellectuelles. Quand on lit qu'une dizaine d'auteurs contemporains prennent pour sujet de roman un romancier incapable d'écrire un roman, et que ça n'a plus l'air d'étonner personne, on est en droit de dire que ce sont les lieux communs qui redeviennent des paradoxes audacieux.

Cousteau – Cette planète de cinglés sera peut-être stupéfaite un jour de découvrir les *Maximes* de La Rochefoucauld, les *Fables* de La Fontaine…

et le *Proust-Digest*[137]...

Rebatet – Ça n'est pas demain la veille...

Cousteau – Quoiqu'il en soit, pour en revenir à nos propos de tout à l'heure, tu penses bien que l'embouteillage de la fiction par de jeunes auteurs moyennement doués, me laisse tout à fait indifférent.

Rebatet – C'est d'ailleurs un phénomène ancien. On déplorait déjà l'inflation romanesque au temps de Mme de Scudéry.

Cousteau – Possible, mais je ne suis pas client : c'est un point de vue de consommateur. Je reconnais pourtant que dans ces premiers romans, il y a presque toujours de bonnes choses. Parce que l'auteur a généralement sa propre histoire à raconter, parce que les choses vues ou vécues ne sont jamais tout à fait mauvaises.

Rebatet – Seulement, ça n'est pas ça la littérature.

Cousteau – Ou, si tu veux, ça n'est pas *que* ça, c'est *plus* que ça. Ces premiers romans d'adolescents illustrent très bien ma thèse : de mauvais mémoires valent mieux qu'un bon roman... et moins, naturellement qu'un excellent roman. En somme, il faudrait renverser l'ordre établi : il faudrait persuader à ces jeunes gens que démange le besoin de la chose imprimée qu'ils ont intérêt à écrire *d'abord* leurs souvenirs, sans la moindre affabulation, et *ensuite,* plus tard, lorsqu'ils auront l'expérience de la vie, et s'ils acquièrent la maîtrise de la langue, de vrais romans.

Rebatet – Tu viens de toucher à une idée qui n'est pas géniale non plus, mais qui est un de mes dadas : que tout le monde ou presque, à partir d'un certain degré d'instruction et de lectures, serait capable d'écrire un livre

---

[137] Recueil de *Maximes* et de *Pensées* de Marcel Proust, composé par Cousteau à Clairvaux et encore inédit à l'heure actuelle.

plein d'intérêt, un livre *sur soi*. Je pourrais te citer dix exemples de copains qui se sont trituré les méninges pour agencer des intrigues vaseuses et vides, quand ils n'avaient qu'à écrire leurs propres singularités pour nous donner au moins une analyse psychologique passionnante.

Cousteau – Mais ce petit boulot réclamerait une sincérité totale, une objectivité quasi scientifique.

Rebatet – Il est démontré que personne, ou peu s'en faut, n'en est capable. Dès qu'on se met en scène soi-même, on éprouve le besoin de se draper plus ou moins. À part Stendhal qui n'écrivait que pour lui, quel est le type qui nous a fait l'aveu d'un fiasco érotique ? Comme nous le disions tout à l'heure, la transposition est infiniment plus commode. Mais il faut en avoir le talent. Faute de ce talent, les auteurs se promènent dans leurs livres avec de faux nez plus ou moins bien ajustés. Nous sommes privés de documents précieux sans que tous ces romans enrichissent notre littérature.

Cousteau s'était absenté quelques instants pour aller ouvrir la porte au chat Corydon qui miaulait à fendre l'âme. Dès qu'il eût donné satisfaction à cette bête exigeante[138] il reprit l'entretien :

Cousteau – L'inflation des œuvres médiocres que nous constatons chaque jour ne doit pas nous faire perdre de vue une autre vérité de base qui est à l'honneur de la littérature contemporaine... Tu sais combien je suis peu progressiste, aussi peu progressiste que possible...

---

[138] Cousteau, ennemi endurci des chats avait été apprivoisé par Corydon, chat de gouttière dont les mœurs à tort ou à raison, étaient suspectes. Et comme il n'est pas dans la nature de Cousteau de rien faire à demi, il s'était pris d'une telle passion pour cet animal qu'il était littéralement devenu son esclave, et qu'il lui obéissait avec exactitude et célérité.

Rebatet – Personne ne t'accusera de ça !

Cousteau – Tu sais que je ne manque jamais une occasion de rabâcher que l'homme ne change pas, que l'histoire recommence, et que c'est toujours la même chose... Mais, honnêtement, je suis tout de même obligé de constater qu'en littérature, il y a progrès. Pas pour la masse de la production, pour les têtes de file, naturellement. S'il fallait recommencer la querelle des anciens et des modernes, il serait par trop facile d'accabler les anciens. Crois-tu, par exemple que l'*Antigone* de Sophocle supporte la comparaison avec l'*Antigone* d'Anouilh ? Le Grec en sort anéanti. Et ne crois-tu pas qu'il y a autrement de choses dans le *Chéri* de Colette que dans le *Phèdre* de Racine qui est pourtant la meilleure tragédie du XVIIe siècle ?

Rebatet – Je le crois, je le crois. J'ai même poussé la chose très loin. Je me demande cependant si notre point de vue n'est pas celui de tous les « modernes » c'est-à-dire des gens qui vivent avec leur siècle, que ce soit le XVIe ou le XXe, qui s'intéressent d'abord au mouvement d'idées ou de formes dont ils font eux-mêmes partie, avec une prédilection pour ce qui vient de se faire, trente, cinquante, au maximum cent ans avant eux. Il y a l'énorme question de l'usure des mots et plus encore des images. Nous ne pouvons plus savoir tout ce que ces poncifs représentaient pour ceux qui les ont vu naître.

Cousteau – Je passe souvent pour un barbare, tu le sais, parce que les plus beaux morceaux de la langue dramatique du XVIIe siècle me donnent une irrésistible envie de rigoler. Tous ces « appas », ces « feux », ces « flammes » ces « coursiers » qui truffent les vers de Racine ! À tel point que j'ai souvent souhaité que Racine fût traduit en prose étrangère moderne, en anglais par exemple, pour pouvoir le goûter sans réserve.

Rebatet – Je suis résigné à tout pour ce qui concerne ton sens poétique. Permets- moi de te dire que là, tu vas tout de même loin.

Cousteau – Pas du tout. La traduction, c'est un test : *Hamlet,* en prose française ne perd rien de sa perfection. La traduction, c'est l'épreuve de l'universalité. C'est aussi, lorsque la langue d'origine a vieilli, un rajeunissement.

Rebatet – D'accord, pour l'épreuve de l'universalité. Baudelaire l'a subie avec succès, il semble bien que ce soit le poète le plus lu, sur la surface du globe, dans toutes les langues.

Cousteau – Mais Racine a été recalé.

Rebatet – Les étrangers qui l'ont lu en anglais ou en allemand n'y ont rien vu. C'est un produit de terroir à déguster sur place, comme certains vins délicats. Mais en admettant que les livres et les tragédies classiques ont représenté pour les contemporains beaucoup plus de choses que pour nous, je pense cependant que notre littérature est infiniment plus riche. Notre littérature, c'est-à-dire ce qu'on a publié de meilleur depuis Stendhal. Je ne veux pas dire que la découverte de l'homme ait commencé littérairement avec le XIXe siècle. Mais, on doit bien l'avouer, les notations psychologiques il faut les pêcher à la petite cuiller, chez Racine et même chez Molière. Qu'est-ce que ces broutilles à côté de *Madame Bovary* de Proust tout entier...

Cousteau – Ou seulement d'*Un Amour de Swann...*

Rebatet – Nos livres sont bien plus substantiels que ceux des « Anciens » et leur champ ne cesse de s'élargir. La libération du vocabulaire, la destruction des tabous sexuels et moraux permettent enfin de parler de la vie telle qu'elle est. En ce moment, il y a baisse du niveau, ça tient au brouhaha des dix dernières années, les torpilles des bombardements ébranlent encore les esprits quand les maisons qu'ils ont démolies sont déjà reconstruites...

Cousteau – Reconstruites en Allemagne, peut-être, mais pas en France...

Rebatet – L'avalanche des médiocrités ne doit tout de même pas nous faire oublier que Montherlant est encore bien vivant, que Marcel Aymé est en pleine forme, que *Le Voyage au bout de la nuit* de Céline n'a pas dix-huit ans d'âge. Un demi-siècle qui va de Gide à Céline, en passant par les quinze bouquins de Proust, par Romains, par Valéry, par Anouilh, par Montherlant, il a une assez belle gueule. Il me semble qu'il remue un peu plus d'idées, de bonshommes et d'images que le XIXe siècle tout entier. On peut y désigner, à coup sûr, cinquante bouquins qui ont tous les caractères du classicisme, de ce qui durera, fond et forme. *Chéri* évidemment, est de ceux-là. Toute cette bibliothèque me paraît infiniment plus intelligente, véridique, variée, et pour tout dire, sérieuse, que ce qu'on faisait il y a 200, 300 ans.

Cousteau – Je l'ai toujours pensé. Vois ces rayons de ta « *library* » où les bouquins sont étiquetés « C.L. » ou « L.I.T. »[139]. Quel cimetière ! Avec la partie historique, c'est la section la plus complète de cette bibliothèque de taule.

Rebatet – Mais ces ouvrages n'en deviennent pas plus lisibles pour cela.

Cousteau – Je crois qu'il serait très décourageant de dresser un inventaire de ce qu'on peut encore lire aujourd'hui avec plaisir, avec profit, pas seulement pour passer le bac ou préparer une thèse. À la suite de notre dialogue sur l'assassinat politique, j'ai voulu me replonger dans *Cinna*.

Cousteau – C'est hallucinant. Pas possible d'être plus pompier, plus con,

---

[139] « Classiques » et « Littérature ». Nul ne saura jamais les mobiles qui poussèrent un prédécesseur lointain de Rebatet à classer certains bouquins dans une catégorie plutôt que dans l'autre. Insondable mystère de la bibliographie pénitentiaire à laquelle on doit, entre autres joyeusetés, de voir figurer Sainte-Beuve sur les rayons des ouvrages religieux.

plus nul. Et dire qu'on enseigne aux mouflets que c'est le chef-d'œuvre des chefs- d'œuvre !

Rebatet – Le cas Corneille est monstrueux. Cet idiot-là n'a strictement rien à dire et il n'est même pas capable de le dire clairement. Ses personnages sont élémentaires, et cependant, les trois quarts du temps, on ne comprend rien à ce qu'ils disent. Rostand lui est bien supérieur, il sait raconter une histoire, et il a, au moins, du pittoresque. Que Corneille ait pu apparaître en novateur, et créer effectivement une forme, ça prouve qu'en fait de littérature, vers 1636, en France, on en était encore à l'Age de pierre !

Cousteau – Ce n'est pas ce qu'on dit dans les manuels. Que fais-tu des fabliaux, de Villon, de la Pléiade, de Rabelais, de Montaigne ?

Rebatet – Je garde trente vers de Villon. Personne n'en connaît davantage. La Pléiade...

Cousteau – Je n'ai pas du tout d'opinion sur la Pléiade.

Rebatet – Moi, j'en ai une. C'est une blague, cinq ou six copains, calés en grec qui chopinaient ensemble, qui ont formé un « groupe ». Comme il n'en existait pas d'autre à l'époque et qu'ils ont su organiser leur publicité, on a parlé d'eux. Mais, à ce compte-là, il y a cinquante cénacles du Quartier Latin qui auraient aussi bien mérité l'immortalité. C'est insupportable, cette mythologie de Ronsard et de Du Bellay. Le retour à la mythologie était charmant chez les peintres florentins du XVe siècle, ils croyaient réellement à Vénus. Chez les rimailleurs français, c'est déjà du chiqué, de la pure rhétorique. Je m'étais payé le Ronsard complet, de la « Pléiade », justement...

Cousteau – Moi aussi, mais je ne suis pas allé bien loin dans ma lecture...

Rebatet – J'ai dû être plus patient que toi. Je me disais que les professeurs avaient dû omettre les plus jolis vers dans leurs morceaux choisis. Mais les morceaux choisis sont bien le meilleur, et je les ai relus ici : ils m'horripilent. Ça n'est que de la description, et toujours avec les mêmes accessoires. Thierry Maulnier a remis plus ou moins à la mode une tapée de poètes du XVIe, Sponde, Maurice Scève. Ce sont des types qui cherchent la cent-unième manière de dire que leurs belles les font d'amour périr. Merde ! j'ai pris horreur du fin lettré qui passe un an à chercher deux hémistiches acceptables au milieu des Iris, des Cypris, des rossignolets. La littérature est une chose sérieuse. Ça n'est pas une amusette pour normaliens... J'aime bien Rabelais...

Cousteau – Pas moi. J'ai de l'estime pour l'homme et pour ses idées, mais, par tempérament, je suis peu apte à goûter l'anarchie tracassante de son verbe, et le mélange d'humanisme et de plaisanteries de corps de garde.

Rebatet – Moi, je conserve une grande tendresse pour Rabelais, peut-être parce que j'ai commencé à le lire vers quinze ans et que je connais sa langue, ce qui devient rare. Celui-là, c'est un écrivain, un de ceux, tout compte fait, qui a exprimé le plus d'idées à son époque, et des idées qui me vont : la justice est une foutaise, les gens du haut clergé sont des drôles, les conquérants sont des emmerdeurs qui finissent par perdre la boule. Rabelais a créé un style qui dure et qui amuse encore, un certain rythme jovial et dru de la phrase, un emploi cocasse de l'adjectif. Tu le retrouves chez Balzac, chez Flaubert, chez Léon Daudet, chez Bloy, chez Marcel Aymé, chez Céline. C'est une assez belle descendance ! La saveur de notre ami Paraz tient pour une bonne partie à son accent rabelaisien. Je suis moi-même de cette famille-là, je ne renierai jamais notre vieux maître, même si les jeunes gens n'y comprennent plus rien... Montaigne ? Hou ! hou ! Montaigne...

Cousteau – Tu sais combien je fus déçu, l'an dernier, en m'attaquant au

« Montaigne-Digest »[140]. Ce n'est pas tellement la langue qui m'a rebuté, cette langue en pleine gestation, mal assurée, fluide... Et j'étais prêt à passer sur l'horripilante multiplication des citations latines. Ce qui est tout à fait inacceptable, chez Montaigne, c'est la nullité de la pensée elle-même. De plates homélies de morale petite-bourgeoise pour manuels d'éducation civique... Faut pas voler, faut pas se mettre en colère, faut pas tromper sa femme : c'est vilain. Ça fait pleurer la Sainte Vierge...

Rebatet – Ou la Conscience Universelle...

Cousteau – Quant à la fameuse « sagesse », ça se résume au « P'tet ben qu'oui, p'tet ben qu'non » que ce Bordelais tenait peut-être d'un ancêtre normand. Y'a du pour et y'a du contre... *In medio stat virtus !*... Bref, le système de perpétuelle conciliation qui était celui de mon vénéré professeur de philosophie Paulin Malapert, système que je contrais si furieusement dans mes devoirs que ce pédagogue avisé en était arrivé à prévoir que je finirais sur l'échafaud[141].

Rebatet – Je ne suis jamais arrivé à lire Montaigne, ce qui s'appelle lire. Remarque que j'ai été consciencieux. J'ai fait l'expérience avec trois éditions différentes des *Essais*... En somme, Rabelais excepté, la littérature française commence vraiment avec le XVIIe siècle. Le Grand Siècle !

Cousteau – Tu sais que je n'ai pas la moindre attirance pour ce siècle-là. Il est solennel. Et dès que quelque chose est solennel, je deviens injuste.

---

[140] Encouragé par la confection de son « Proust-Digest », Cousteau avait pensé que ce serait faire un emploi judicieux de ses loisirs carcéraux que de réduire ainsi d'autres grands écrivains à l'essentiel. Il s'était d'abord attaqué à Montaigne. Mais n'y trouvant que des lieux communs, il avait rapidement renoncé à son entreprise.

[141] En réalité, cette apostrophe « Vous finirez sur l'échafaud ! » s'adressait collectivement à Jean Lasserre et à Cousteau. Tous deux se sont retrouvés à Fresnes, et il s'en est fallu de très peu que la prédiction ne se réalisât.

Je ne vois plus que le solennel et je rigole.

Rebatet – Je suis, moi, plein de respect pour cette époque : la place Vendôme, Versailles, les Invalides, Louis XIV, dictateur à vingt ans, tous ces talents qui surgissent dans tous les ordres, jusqu'à l'art des jardins, de 1660 à 1690. Chapeau ! Mais qu'en reste-t-il littérairement ? Je ne parle pas des noms, je parle de ce qu'on aime relire, à un âge de la vie où on ne se laisse plus snober, de ce qui garde du poids et du suc. Nous sommes d'accord sur Corneille...

Cousteau – N'y revenons pas.

Rebatet – La pompe de Racine te fait marrer. Je ne la défends pas. J'aime Racine comme j'aimerais une certaine musique aux modulations presque imperceptibles. Cette musique, avec toutes ses conventions, reste encore le langage le plus naturel de toute la tragédie classique. Andromaque, Bérénice, Phèdre sont de vraies femmes. Racine était dessalé, il avait deviné beaucoup de choses. De nos jours, ce serait certainement un analyste pénétrant...

Cousteau – En prose !

Rebatet – Certainement en prose.

Cousteau – Molière est très sympathique.

Rebatet – Très sympathique. Il était contre les médicastres, les mercantis, les zazous, les philosophards, les psychiatres, les Mauriac, les sartriens de son époque. Ça m'embête lorsqu'il ne me fait pas rire, lorsque je le trouve mauvais, comme ça m'embêterait d'être déçu par le livre d'un bon copain. Mais c'est souvent bien bâclé, bien mécanique, ce théâtre. J'ai une prédilection pour *L'École des Femmes*. Il me semble que c'est une de ses comédies les plus vivantes...

Cousteau – Peut-être parce que c'est l'histoire de son mariage.

Rebatet – Boileau était un type sympathique aussi, du goût, du bon sens, de l'intelligence. Un bon critique. Pourquoi a-t-il écrit tout ça en vers !

Cousteau – Et quels vers !

Rebatet – Bossuet, c'est le néant somptueusement drapé de notions philosophiques et historiques qui feraient rigoler aujourd'hui un élève de 3e. La mère Sévigné, c'est une collaboratrice pour petits journaux à échos ; les potins de la Commère. Mme de la Fayette, ça m'a toujours fait bailler à la dixième page. La Rochefoucauld, ça n'est pas mal, je crois que ça t'a fait réfléchir à seize ans, comme moi ; on en garde toujours un souvenir reconnaissant. Mais à côté de Proust !

Cousteau – Même à côté de Proust, ça se tient. C'est vigoureux, c'est sain, c'est vrai. Et ça se relit toujours avec plaisir. C'est tellement étonnant un bonhomme qui dit les choses comme elles sont, qui voit les hommes comme ils sont. La Rochefoucauld m'a appris une bonne fois pour toutes que les gens agissent par intérêt et par vanité, même ceux qui ont l'air d'être pleins d'abnégation et d'altruisme, même les saints et les héros, même ceux qui se sacrifient : ils trouvent plus de plaisir d'amour propre dans leur sacrifice que dans une prudente abstention. C'est simple, mais il faut le savoir. Tous les farfelus prédicants, blablatants, sublimisants, hautles cœursisants, qu'ilmourûtisants et admajoremdeigloriamisants...

Rebatet – Voilà que tu parles comme Prévert, maintenant !

Cousteau – C'est l'influence du Pouhète-Pouhète... Ne fais pas attention... Qu'est-ce que je te racontais ?... Ah ! oui... Je flétrissais les abrutis avaleurs de parapluies sacrés par opposition à La Rochefoucauld qui demeure, dans l'énorme confusion de cette planète, un de mes maîtres à penser... Et, tiens, un autre bonhomme de ce siècle qui résiste à l'épreuve du temps, c'est La Fontaine. On compromet tenacement sa gloire en obligeant toutes les générations scolaires à ânonner ses fables.

Rebatet – De quoi vous dégoûter à jamais du personnage.

Cousteau – Mais à quarante ans, on découvre soudain que ce fléau de l'enfance est un auteur considérable. Remarque que j'ai du mérite à en convenir : tu sais mon horreur de la poésie, ou si tu veux, de la versification. Il suffit qu'une chose soit dite en alexandrins – ou en octosyllabiques, peu importe – pour que, selon mon humeur du moment, j'en éprouve un malaise physique ou l'envie de rigoler. Mais, justement, les vers de La Fontaine ne me font pas cet effet-là. Leur irrégularité, l'alternance des mètres longs ou courts selon les commodités du récit – alors que chez les autres c'est le récit qui dépend des exigences de la versification – rendent les vers de La Fontaine aussi séduisants que de la prose. Et les *Fables,* tout comme les *Maximes* sont à mettre dans le monument de la littérature raisonnable.

Rebatet – Il arrive tout de même que La Fontaine donne, comme tout le monde dans le bourrage de crâne.

Cousteau – Je reconnais que le « Travaillez, prenez de la peine » n'est pas très honorable. C'est « Faites travailler les autres » qu'il fallait dire pour rester sérieux. Mais ces sortes d'obscénités sont plutôt rares. La Fontaine est l'écrivain français qui a constaté que « Notre ennemi, c'est notre maître », et celui, surtout, qui a proclamé, deux cent cinquante ans avant que les Prussiens osassent en convenir : « La raison du plus fort est toujours la meilleure. » Pour ces simples mots, il mériterait une gloire éternelle, et que sa devise fut gravée dans le marbre des édifices publics. « La raison du plus fort est toujours la meilleure », ça pèse autrement lourd dans la balance de la sagesse universelle que tout Jean-Jacques, et tout Hugo, et tout Michelet, l'ensemble étant lesté de tous les bouquins de droit, passés, présents et à venir... En général, je ne suis pas très fier des idées dites françaises, mais un tel aphorisme, ça a de quoi vous rendre patriote.

Rebatet – Entièrement d'accord pour les *Fables*. Mais le reste de La Fontaine, c'est de la versification. Les anecdotes des *Contes* pourraient être drôles en vingt lignes. En cinq cents vers, elles sont poussiéreuses. La Bruyère est un académicien élégant. Descartes est un grand homme, le premier philosophe de l'ère chrétienne qui ait rompu les obscénités de la scolastique, qui se soit pratiquement passé du Bon Dieu.

Cousteau – Que les démocrates professionnels l'aient annexé ne doit pas nous empêcher de le considérer comme un libérateur.

Rebatet – Mais il est beaucoup trop pâteux pour qu'on lui donne droit de cité dans la littérature. Le plus grand prosateur du XVIIe siècle, j'en suis fâché, mais c'est cet animal de Pascal. Je ne parle pas des *Provinciales,* devenues illisibles de par leur sujet

Cousteau – Dire qu'en cinquante ans, elles avaient eu un million de lecteurs, selon Voltaire !

Rebatet – En tout cas, tout ce qui concerne la condition de l'homme dans *Les Pensées* reste sensationnel de langue et de fond. Pascal ne l'a, du reste, pas fait exprès, les morceaux qu'il a travaillés et développés sont bien moins bon que ses gribouillages... Gide vante beaucoup Retz qui apprend, en effet, comment on peut se passer d'adjectifs. Ce style est tout de même bien sec, avec une quantité infinie de qui et de que. Reste Saint-Simon qui est d'une haute qualité.

Cousteau – Attention ! On peut se demander si Saint-Simon appartient à la littérature. Du moins à ce que nous appelons la littérature. Ce mot implique, à mon avis – et je crois que c'est aussi le tien – une création personnelle, une transposition de la réalité...

Rebatet – Certes.

Cousteau – Or, Saint-Simon s'est borné à raconter son siècle. Magnifiquement, certes. Et avec une mauvaise foi si constante qu'il est malaisé de le considérer comme un historien authentique. Mais son œuvre relève tout de même beaucoup plus de l'histoire que de la littérature.

Rebatet – Disons que c'est un grand écrivain qui ne s'occupait pas de littérature. Mais si on le met à part, il ne reste pas grand-chose sur le rayon du Grand Siècle : la valeur de quatre ou cinq in-16. Je crois que je serais plus généreux avec le XVIIIe. Enfin voilà un siècle de prose ! Une prose bien supérieure à celle du XVIIe, raccourcie, délestée, moins indigente. On n'a jamais mieux écrit le français. Mais évidemment, il ne faut pas être d'une exigence intraitable quant au contenu de ces formules si élégantes, si vives.

Cousteau – Je te concède que ça ne va jamais très loin. Mais c'est si joliment dit. Et dans un si bon esprit ! Là encore, je me sens redevenir patriote. Ce persiflage léger et brillant, ce refus de rien prendre au tragique, ce cynisme de gens bien nés, ce souci de mettre l'élégance et le raffinement au-dessus de la morale, cela a été le reflet d'une France qui avait atteint son plus haut degré de civilisation. Parce que c'est ça, la civilisation, et ça ne peut rien être d'autre : une couche de vernis sur la brute éternelle. Au XVIIIe siècle le vernis atteint la perfection.

Rebatet – Je t'ai déjà fait remarquer que ça s'était très mal terminé, que les badinages des philosophes avaient déchaîné les monstres de 1793.

Cousteau – Tant pis. Lorsque je relis *Les Lettres Persanes*, *Candides*, *L'Ingénu* ou *Les Liaisons dangereuses*, j'ai la sensation de me retrouver dans un monde où la vie valait la peine d'être vécue, un monde intellectuellement confortable, à côté duquel le monde de Hugo, de Zola et de Sartre n'est qu'un absurde cauchemar.

Rebatet – Le XVIIIe siècle, c'était la civilisation, le cosmopolitanisme. Mais combien faut-il ajouter de bouquins aux trois ou quatre chefs-d'œuvre que tu viens de nommer ? Voltaire est un artiste exquis ; il est exact, d'ailleurs, comme Gide l'observe, qu'il se fait la partie belle en évitant toujours de dire des choses un peu compliquées.

Cousteau – Et il y a chez lui un déchet terrible.

Rebatet – Que veux-tu ? C'est avant tout un journaliste. Toute une partie de ce qu'il a écrit est tombée avec l'actualité ; une autre partie, les imbéciles tragédies, les épopées, est tombée par excès de prétention. Ce qui reste se situe entre ces deux champs de ruine. On aurait sans doute l'essentiel de Voltaire en six ou sept volumes, ce qui n'est déjà pas si mal en somme. Et je crois qu'il faudrait y ajouter les trois quarts de sa correspondance, son chef-d'œuvre très mal connu. On ne cite dans les anthologies que les plus anodines. C'est une mine d'impertinences ravissantes et réconfortantes pour les esprits sains.

Cousteau – Marivaux ?

Rebatet – Marivaux, quoiqu'on en puisse dire, c'est la gentille comédie de salon, toujours le même sujet à fleur de peau. J'aime beaucoup Beaumarchais. Quelle jolie prose de théâtre, quel mouvement, quel naturel ! Hélas, il ne s'est pas contenté de faire *Le Barbier* et *Le Mariage de Figaro*. J'avais acheté son théâtre complet, des trucs moralisants, à la manière de Sedaine, effroyable ! Qu'est-ce que tu penses de Diderot ?

Cousteau – Je pense que ce géant auquel on continue à tresser des couronnes universitaires est proprement illisible. Comme le sont, d'ailleurs, tous les autres encyclopédistes. Comme l'est Jean-Jacques lui-même – aux *Confessions* près qui sont un chef-d'œuvre -. T'es-tu jamais attaqué à *La Nouvelle Héloïse* ? C'est à pleurer. Mais pas au sens où l'entendaient les contemporains. Les lecteurs de *La Nouvelle Héloïse* versaient littéralement des torrents de larmes, de vrais torrents de larmes, tellement ils étaient délicieusement émus.

Rebatet – Ça allait si loin que Stendhal lui-même a pleuré sur ce bouquin dont le succès m'apparaîtra toujours comme un des déshonneurs du genre humain. Je n'en ai pas lu plus de cent pages, mais ça me suffit.

Cousteau – Et les contemporains pleuraient aussi sur les malheurs de Paul et de Virginie ! Ça, c'est l'aspect imbécile du XVIIIe siècle finissant. C'est, en littérature, l'amorce des cornichonneries fracassantes du romantisme, en politique l'amorce des fleuves de sang répandus pour démontrer que l'homme est naturellement bon. Le XVIIIe siècle que je chéris est celui des aristocrates sceptiques et raffinés, pas le XVIIIe siècle des traine-patins auxquels nous devons tes immortels principes.

Rebatet – À moi de te dire : attention ! Tu sors de la littérature. Diderot ne me paraît pas seulement négligeable à cause de sa sottise politique, mais parce qu'il n'a jamais été foutu de finir un livre et même un conte, que *Le Neveu de Rameau*, *Jacques le fataliste* tombent à plat aussitôt après les quelques pages brillantes qu'on cite toujours, que *La Religieuse*, *Les Bijoux indiscrets* qui ont une réputation quasi porno sont des bouquins affreusement mornes. Il y a aussi *Les Salons*, où Diderot juge les tableaux d'après leur valeur éducative et morale...

Cousteau – Quand on pense que ces sornettes-là font encore partie de tous les morceaux choisis !

Rebatet – Il y a cent recueils de lettres de cette époque bien supérieurs à tout Diderot. Ce qui domine incontestablement le XVIIIe siècle, ce sont

Les Liaisons dangereuses, cette prose parfaite qui devient un instrument d'analyse psychologique. Et de quelle psychologie ! Et un roman par lettres, le genre impossible par excellence, qui est cependant un vrai roman, où chacun parle sa langue propre, se dessine. Dire que ce Laclos n'a jamais rien fait d'autre ! C'est un bouquin miraculeux à tous points de vue.

Cousteau – Nous ne pouvons pas terminer cet inventaire du XVIIIe siècle sans dire un mot de Rivarol. Je le tiens, tu le sais, pour un des plus grands écrivains français. Mais ça n'est pas l'avis des fabricants de manuels scolaires et de morceaux choisis... Voilà le cas type d'un bonhomme dont la gloire posthume est compromise par la politique...

Rebatet – Généralement, c'est le contraire...

Cousteau – Naturellement les critiques qui ont les intestins démocratiques ne manipulent cet infâme réactionnaire qu'avec répugnance. Mais les bien-pensants ne l'ont pas annexé pour autant comme ils ont adopté Joseph de Maistre...

Rebatet – Joseph de Maistre est disqualifié pour avoir écrit *Du Pape*. Il justifierait, et je le déplore, l'horreur qu'inspire aux progressistes le beau mot « réactionnaire ».

Cousteau – C'est Robespierre lui-même qui a proclamé que l'athéisme était aristocratique. En tout cas, Rivarol, lui, demeure aussi étranger aux funambules catholiques que le Brotteau des Ilettes des *Dieux ont soif.* Il est contre toutes les sottises révolutionnaires, mais il est aussi contre les impostures de l'« Infâme ». Tout au plus concède-t-il, sur la fin, qu'après tout la religion est bonne pour le peuple. Pour le peuple, mais pas pour lui, et ça n'est guère donner dans le christianisme que d'assigner aux curés les mêmes fonctions sociales qu'aux gendarmes...

Rebatet – Ce fut la grande idée de la Restauration...

Cousteau – Et les petits machiavels voltairiens qui rentrèrent à Paris dans les fourgons de Wellington et de Blücher se prirent si bien à leur propre jeu qu'ils se convertirent eux-mêmes sans convertir le « peuple ».

Rebatet – Peut-être que, s'il avait vécu, Rivarol eût fait le même virage.

Cousteau – C'est bien possible, mais il est mort à temps et il demeure, ce qui n'est point commun, l'homme qui, à cette époque de confusion, refusait à la fois les « ténèbres » de l'Église et les « lumières » de l'Encyclopédie. Il est notre véritable grand ancêtre, à toi et à moi... Mais tu vas me reprocher de faire encore verser notre débat dans la politique : je ne te parlerais pas comme ça de Rivarol s'il écrivait comme Paul Vialar ou comme Maxence Van der Mersch. Lis sa correspondance, ses articles, ses maximes : sa prose s'égale à celle des meilleurs de ce siècle où tout le monde écrivait bien.

Rebatet – Nous gardons Rivarol, nous le citons, nous lui rendons justice... Dommage qu'il n'ait pas connu le romantisme, il l'aurait bien arrangé ! Mais nous avons l'opinion d'un de ses disciples, de Stendhal, l'homme qui apparaît maintenant le plus en avance sur son temps, parce qu'il n'a donné dans aucune des modes de ce temps, qui continuait les types les plus intelligents du XVIIIe siècle, avec une sensibilité qu'ils n'avaient jamais possédée, et qui les continuait au milieu des mâchicoulis du romantisme. Chateaubriand le faisait rigoler ou lui donnait mal au cœur.

Cousteau – Comme il avait raison !

Rebatet – Chateaubriand est encore plus illisible que Bossuet. Les éminents lettrés me font bien marrer avec toute leur copie sur le génie de Chateaubriand. Je voudrais savoir depuis combien de temps, ils ont relu les *Martyrs, Le Génie du Christianisme,* ces monceaux d'insanités redondantes, que nous, nous avons relus. Chateaubriand m'irrite d'autant plus qu'il a restauré la bondieuserie.

Cousteau – Erreur ! Il n'a rien restauré du tout. Quoiqu'il en prétende – et il le prétend sans arrêt – le christianisme était revenu à la mode au lendemain de la Révolution, avant la parution du bouquin de Chateaubriand. Le châtelain de Combourg n'a pas modifié le courant de l'histoire, il n'a fait que profiter de la mode pour vendre sa salade.

Rebatet – Alors, il est encore plus écœurant que je ne pensais. C'est un épicier adroit, comme M. Daniel-Rops qui ne va pas à la messe, mais qui publie à 300 000 exemplaires *Jésus en son Temps,* parce que la mode, après cette guerre-ci est à un certain obscurantisme. Mais Chateaubriand a au moins écrit les *Mémoires d'outre-tombe,* qui sont de première bourre.

Cousteau – Certes, le style de cet ouvrage est magnifique. Mais quelle indigence de pensée, quelle accumulation de stupidités. Et je sais de quoi je parle : je viens de lire ces *Mémoires* de la première à la dernière ligne. Combien de critiques parisiens peuvent en dire autant ?

Rebatet – Outre les conneries, il y a pas mal de mensonges dans ces *Mémoires...*

Cousteau – Oui, mais ça n'est pas le plus grave : tous ceux qui racontent leurs souvenirs en font autant...

Rebatet – Ce que je persiste à apprécier dans les *Mémoires d'outre-tombe* dont je n'ai pas un souvenir aussi frais que toi, c'est l'allégresse que met Chateaubriand à vilipender ses contemporains, comme Saint-Simon. Quand on a cessé de bander, c'est la plus grande source d'inspiration, ça, le fiel qu'on a amassé pendant toute sa vie.

Il y eut un silence. Cousteau pensait que dans un avenir encore lointain – car Rebatet demeurait parfaitement apte et idoine à la tumescence – son ami ferait lui aussi, bonne ration aux contemporains. Abandonnant ces perspectives délectables, il revint au sujet du débat :

Cousteau – Quoique nous pensions de Chateaubriand et de ses complices, les Romantiques sont tout de même bien utiles !

Rebatet regardait Cousteau avec quelque stupeur.

Cousteau – Oui, s'ils n'eussent pas existé, on n'aurait pas le modèle standard de ce qu'il ne faut pas faire, de ce qu'il ne faut faire sous aucun prétexte. Tu sais mon goût du pastiche, tu sais que je ne me console d'avoir lu, au cours de ma vie, tant d'œuvres littéraires ennuyeuses que parce que cela me permet de goûter pleinement les *« A la manière de »* de Reboux et Muller. Eh ! bien, avec les romantiques, on n'a pas besoin de pastiches. On est dans le pastiche. Lorsque je m'ennuie – c'est rare, mais ça arrive – je n'ai qu'à étendre la main vers le rayon Hugo. Jamais je ne suis déçu...

Rebatet connaissait le refrain. Il connaissait l'hugophobie à fleur de peau de son ami. Mais sa courtoisie naturelle le retint de manifester de l'impatience.

Cousteau – Peux-tu imaginer en littérature quelque chose de comparable à *Lucrèce Borgia* ? On a fait des tas de pièces, des tas de bouquins aussi mauvais, mais pas de cette sorte-là, pas avec cette perfection dans le mauvais goût, dans l'emphase à porte à faux, dans la vulgarité de l'antithèse, et jamais avec un tel sérieux, une telle suffisance. Les pitres professionnels connaissent bien les effets comiques qu'on peut tirer du contraste entre la solennité de l'exécutant et le ridicule de l'exécution. Seulement les pitres professionnels ne sont jamais tout à fait drôles : on devine plus ou moins le procédé. Tandis que Hugo, lui, est absolument nature. Il ne le fait pas exprès. Plus ses trucs sont grotesques, plus il est content de lui, roucoulant, pontifiant. Remarque bien que je ne parle pas de ses idées politiques qui lui ont valu, bien plus que ses vers, tant d'avenues un peu partout. Les idées politiques sont encore plus saugrenues. Mais l'art tout court est atroce.

Rebatet – Tu es beaucoup plus calé que moi sur Hugo, fit Rebatet modestement. Moi, je peux dire qu'il y a trente ans que je ne l'ai pas rouvert, le Hugo artiste en tout cas. Il semble qu'il y ait des tableaux assez colorés assez fantastiques dans les derniers recueils, *Dieu, La Fin de Satan*. Mais au bout de vingt alexandrins, j'en ai marre.

Cousteau – Il y a de bons vers chez Hugo – et, à l'inverse de ce que tu penses, ces bons vers, je les situe, moi, plutôt dans les œuvres de jeunesse, dans *Les Odes*, dans *Les Ballades*, dans *Les Orientales* que dans les grands machins du pontife vieillissant – mais ces bons vers, il les a refaits cent fois. Et puis, *Les Contemplations, La Légende des siècles*, c'est de la description, toujours de la description.

Rebatet – Je ne peux plus supporter ça.

Cousteau – Moi non plus.

Rebatet – Le XIXe siècle est plein de descriptions : les gens de 1830, *Salammbô, La Tentation de Saint Antoine*, Michelet, tous les naturalistes, c'est mort pour moi, je pense que je n'y remettrai plus jamais le nez. Pour que la littérature m'intéresse, il faut qu'elle me montre ce qui se passe dans les bonshommes, ou que le monde extérieur soit le prolongement de ces bonshommes, serve à les expliquer comme dans la première scène de *Bouvard et Pécuchet*. C'est pourquoi Stendhal garde toute sa fraîcheur, tandis que Balzac que j'ai beaucoup aimé me laisse souvent sur ma faim.

Cousteau – Moi aussi. Dans ses réussites les plus admirées, il y a toujours des imperfections qui gâchent mon plaisir. C'est à côté du chef-d'œuvre. Ce n'est jamais le chef-d'œuvre.

Rebatet – Balzac est pourtant un grand bougre qui a vu magnifiquement la vie sociale. Mais justement, du social, j'en suis saturé. Ou alors, que ce soit *L'Affaire Toulaev*... *Madame Bovary,* à mon sens, tient bien mieux le coup que les meilleurs Balzac. Je voudrais relire *L'Education sentimentale*. J'ai toujours défendu Flaubert, je n'ai jamais compris comment un garçon tel que Brasillach pouvait le détester, il devait l'avoir lu très mal. Mettre un petit bouquin d'amateur comme *Le Grand Meaulnes* au-dessus d'un livre dense, d'un boulot impeccable comme *Madame Bovary,* c'est vouloir faire aller la littérature la tête en bas.

Cousteau – Rappelle-toi qu'en 1939, dans notre petite bande de *Je Suis Partout,* j'étais le seul à vociférer contre *Le Grand Meaulnes*. Et toi, monstre, tu me traitais de béotien !

Rebatet – C'est un des remords de ma vie. Je n'avais pas rouvert *Le Grand Meaulnes* depuis l'âge de 18 ans. J'en parlais d'après de vagues souvenirs. Au nom de la poésie et de la jeunesse. Je l'ai relu en toute connaissance de cause : un effondrement...

Cousteau – Ne t'excite pas sur *Le Grand Meaulnes,* Lucien, je t'assure que tu ne m'apprendrais rien... Nous parlions de Flaubert...

Rebatet – Il est absurde d'avoir confondu Flaubert avec ses disciples, tous ces types tristes, superficiels qui passaient huit jours au cirque, dans une gare, dans un grand magasin, avec un bloc-notes pour se documenter Alphonse Daudet, Maupassant, Goncourt, Zola... Je ne dis pas du mal du *Journal* des Goncourt, pour ce que j'en ai lu, c'est très divertissant, très raisonnable à bien des points de vue. Il faudra absolument que tu lises un jour ou l'autre le tome sur la guerre de 1870...

Cousteau – Dommage que ça n'existe pas ici. Mais à la première occasion, je suivrai ton conseil... Et, de mon côté, je te conseille de lire la correspondance de Mérimée. Son œuvre romanesque est honorable, mais ses lettres sont bien supérieures. Seulement, on n'en parle jamais, parce que Mérimée, selon l'éthique de la démocratie, pensait mal : il était pour les Sudistes pendant la guerre de Sécession, il se fichait de la personne humaine mexicaine lorsqu'on assiégeait Puebla, et, en 1870, il était éperdument munichois, ce qui était tout de même moins idiot que le gambettisme !

Rebatet – Je lirai sûrement la correspondance de Mérimée. *Carmen* et *Colomba,* je trouve ça vraiment un peu court. J'ai toujours subodoré chez Mérimée un type de notre famille. Et c'était un copain de Stendhal... Sainte-Beuve, je ne vois pas très bien ce qu'il a à faire avec la littérature...

Cousteau – C'était un bon professeur qui disait des choses pertinentes sur les écrivains du passé, mais qui accumulait les monstruosités dès qu'il prétendait juger ses contemporains.

Rebatet – Béranger était pour lui le premier poète du XIXe siècle.

Cousteau – Alors, n'en parlons plus.

Rebatet – Le théâtre du XIXe siècle, à part les comédies de Musset : zéro. Pas de genre où le déchet soit plus effarant. Quand on pense que de 1830 à 1900, il y a eu dix générales par mois !... Je n'insiste pas sur les quatre vrais poètes de ces sept décades-là : Baudelaire, Rimbaud, Verlaine, et le Nerval des sonnets, je sais que tu es en dehors de ça, malgré les encouragements inquiétants que tu prodigues à notre Pouhète... Je ne reparle pas de Stendhal, c'est un copain, c'est le précurseur, il vit parmi nous, je voudrais que toute la littérature ressemblât à la sienne.

Cousteau – Moi aussi !

Rebatet – Je crois que le palmarès est fini. Il est, malgré tout, beaucoup plus riche pour le XIXe siècle que pour les siècles précédents. C'est une marche ascendante.

Cousteau – N'empêche que ce palmarès n'eût pas été celui de mon grand-père. Pour lui, le XIXe siècle, c'était d'abord le père Hugo, dégoulinant de gloire, et tonnant dans les nuées, bien au-dessus de tous les colosses littéraires de tous les temps. C'était Lamartine, que nous n'avons même pas mentionné, parce que ce rigolo ne relève pas, en effet, de la littérature. C'était Vigny, dont j'aime bien les *Grandeurs et Servitudes* mais dont on admirait alors *Chatterton* qui est une indicible pitrerie. C'était la mère Sand, cette socialiste à cigares dont les bleuettes berrichonnes feraient bailler aujourd'hui jusqu'aux plus intrépides lecteurs de la *Veillée des Chaumières*. La marche est ascendante, certes, mais ces auteurs-là n'y sont pour rien. L'ascension est due à des gens que leurs contemporains considéraient comme des artistes mineurs. C'est un peu inquiétant. Nous avons bien l'impression, nous aussi, que l'ascension continue sous nos yeux, grâce à Proust, à Valéry, à Montherlant, à Gide, à Marcel Aymé, à Anouilh, à Colette, à Jules Romains, à quelques autres. Qu'en penseront nos petits-enfants ?

Rebatet – Ce qui me rassure, pour la plupart de ceux que tu viens de citer, c'est qu'ils se sont imposés difficilement. Les œuvres durables mettent longtemps à faire leur trou, en général. Mais au fond, le problème de la survie littéraire est aussi insoluble que celui de la survie tout court. Et il est sans doute également absurde de s'interroger sur l'un et sur l'autre.

Bibliothèque de la maison centrale de Clairvaux, novembre 1950.

Dialogues de « vaincus »

DIALOGUE n° 18

LE PASSÉ DE L'INTELLIGENCE

> « L'intelligence est caractérisée par une incompréhension naturelle de la vie. »
> Bergson, *Matière et Mémoire*

Ce dimanche-là, à petits pas, tout ratatiné dans un vieux pardessus mastic, mais la barbe encore impérieuse et l'œil toujours vif, Charles Maurras sortait de la messe. Sous la garde d'un jeune maton champenois beaucoup plus avachi que lui, il traversait la grande cour de la détention, pour aller rejoindre près de l'infirmerie le « quartier politique » où il était enfermé toute la semaine avec des condamnés de la Haute Cour. Cousteau et Rebatet déambulaient sur le même trottoir. Le vieillard s'avança vers Cousteau avec un affable sourire, et lui serra la main, mais comme à l'ordinaire, il décocha un regard terrible à Rebatet, qui s'était rapidement écarté. Les deux ennemis se dévisagèrent ainsi quelques secondes. Puis Maurras s'éloigna derrière le maton qui traînait les pieds en agitant mollement son trousseau de clés. Cousteau et Rebatet reprirent ensemble le classique tour de la cour des Brosses, sous les tilleuls noueux dont les deux allées encadraient un assez vaste terrain, toujours encombré d'énormes grumes, dont l'utilisation par l'Industrie pénitentiaire du bois constituait un indéchiffrable problème. Pour des centaines d'arbres gigantesques, déchargés sans cesse par les camions des forestiers on ne voyait sortir des ateliers, très rarement, qu'une charrette de chaises ou de tabourets et deux fois par mois peut-être une armoire en sapin, un buffet.

Rebatet – Je devrais éviter ces rencontres avec le vieux de Martigues. Sa vue suffit à me mettre de mauvaise humeur pour toute une journée. Elle fait remonter trop de souvenirs. Je devrais me corriger de ces mouvements, mais c'est impossible. Il y a trop de choses entre cette vieille chèvre et moi.

Cousteau – Je suis loin d'avoir pour ce funeste sourdingue la répulsion viscérale qu'il t'inspire... et qui est normale puisque tu as vécu dans son intimité, alors que moi, je ne l'ai pratiquement pas connu... Mais je le lisais. Et lorsque jadis, avant d'être converti par Gaxotte, j'étais de gauche, il aurait suffi à m'ôter toute envie d'être de droite. Il était le repoussoir avec un grand R.

Rebatet – Pour moi, c'était le contraire ! C'est en lisant Maurras à vingt ans – disons, plus exactement, en le parcourant – que je me suis senti « de droite ». Je savais très bien que je n'étais pas de gauche, c'est-à-dire du côté des socialistes jaurcssiens, du groupe Barbusse, de Victor Basch et de Bougie, pour ne parler que des gens dont j'avais une expérience directe[142]. C'est en lisant – ça devait être au début de 1925 – la lettre de Maurras à Schrameck (« Monsieur Schrameck, je vous ferai tuer comme un chien ») que j'ai éprouvé ma première vibration politique... Sacré nom de Dieu, j'ai failli dire : « pulsion ». Ça devient pestilentiel cette atmosphère dans laquelle on respire depuis que tu traduis tes psychanalystes. On va être obligé de soigner ça en apprenant chaque jour cinquante vers d'*andromaque*...

Cousteau – J'aimerais mieux me soigner en relisant *Candide*... Dans *Andromaque* il y a des coursiers et des appas qui me font autant marrer que les tensions émotionnelles sous-jacentes...

---

[142] Rebatet a été l'élève de Victor Basch et de Célestin Bougie à la Sorbonne.

Rebatet jeta un œil noir, de biais sur son compagnon :

Rebatet – Barbare ! proféra-t-il. Ce qui est effroyable, c'est que tu dis probablement ce que tu penses. Est-ce vrai, oui ou merde ?

Cousteau – Évidemment, je le pense. À quoi servirait d'être en prison si on n'en profitait pas pour s'exprimer avec une franchise totale ? Comme dit (ou à peu près) le Maxime Loin d'*Uranus* : « Maintenant que je suis hors la loi, je n'ai plus besoin d'être hypocrite... ». Nous venons, de traiter Maurras de funeste sourdingue. Et nous allons coucher ces mots sur le papier. Jamais à l'époque héroïque de *J.S.P.*, nous ne nous serions permis pareille insolence.

Rebatet – Ce serait le comble si nous nous croyions encore tenus au respect devant ce vieillard malfaisant que nous avons eu dans les jambes pendant quinze ans et qui a bavé sur nous plus ignoblement que n'importe quel Juif[143]. Mes imprécations contre lui sont une des rigolades de la prison[144].

Cousteau – Il serait peut-être plus sage de ne lui manifester qu'une paisible indifférence.

Rebatet – Mais je ne suis pas seulement irrité par les misérables ragots, les stupides mensonges qu'il a bavés pour répondre à mes accusations nettes et longuement mûries. Je le hais surtout parce qu'il est à mes yeux le traître des traîtres. Je n'avais plus rien à apprendre, depuis 1934 sur ses horribles défauts, sur ses escroqueries morales, sur son odieux caractère, mais je l'ai trop admiré dans la grande bagarre pour la paix en septembre

---

[143] Au cours de son procès, à Lyon, en janvier 1945, Charles Maurras a jugé utile de flétrir les « traîtres de *Je Suis Partout* », apportant ainsi un argument supplémentaire à ceux qui réclamaient notre mort. À cette époque, Robert Brasillach était aux chaînes et les accusations de Maurras contribuèrent à le faire exécuter.

[144] Rebatet a été très dur et très irrévérencieux, dans *Les Décombres*, à l'endroit de son ancien maître Maurras. Celui-ci le lui rendit, dans des articles vengeurs.

1938, en août 1939. L'homme qui fut aussi lucide, aussi réaliste dans ces jours-là pour retourner ensuite à son vomissement est l'immonde entre les immondes.

Cousteau – Je t'avoue que la grande bataille pour la paix que tu viens d'évoquer m'a relativement peu impressionné. On sentait tellement que le vieux Maurras ne renonçait qu'à contrecœur et la rage aux tripes au carnage franco-allemand. Bien sûr, il bramait qu'il ne fallait pas se battre, qu'il ne fallait pas faire cette guerre-là, à ce moment-là. La belle trouvaille ! N'importe quel bipède normalement constitué et point aveuglé par l'antifascisme savait que la France avait tout à perdre et rien à gagner dans une aussi sotte entreprise.

Rebatet – C'est que précisément les têtes pensantes – ou supposées telles – de la IIIe République ne discernaient point l'absurdité de cette guerre.

Cousteau – Le mérite de Maurras fut donc relatif : dans le royaume des aveugles, ce sourd fut roi. Mais son pacifisme demeurait essentiellement de mauvais aloi. Il trouvait les circonstances mal choisies. Le principe ne lui répugnait point. Si la France en avait eu les moyens, il eût joyeusement conseillé que l'on tronçonnât les Allemagnes en fines rondelles, puisque la haine du Prussien demeurait la pierre de touche de sa politique, puisque, plus stupide encore que Roosevelt qui ne répudiait que l'hitlérisme, il se refusait à l'hypothèse même d'une paix véritable avec l'Allemagne quelle qu'elle fût. D'ailleurs, pour être d'inspirations opposées, la prussophobie de Maurras et l'Hitlérophobie de Roosevelt tendaient à un résultat identique : détruire les marches de l'Occident, livrer l'Europe aux Soviets... C'était bien la peine d'avoir mené l'*Enquête sur la Monarchie* et défini l'*Avenir de l'Intelligence* ![145]

Rebatet – Bon Dieu ! Tu es terrible. Avec ton implacabilité, tu m'obliges

---

[145] Il s'agit de deux livres de Charles Maurras publiés en 1900

à défendre ce sale vieux singe. Certes, tout ce que tu dis est vrai. Il y avait dans la campagne pacifiste de Maurras bien des restrictions mentales. Son munichisme ne lui faisait pas lâcher un pouce de sa germanophobie. Mais justement, j'admirais – retiens bien cet imparfait : dès le 3 septembre 1939, je n'admirais plus rien du tout – j'admirais que Maurras, constitué comme il était, sût dominer sa nature, son idéologie la plus chère. Je savais que Maurras se faisait violence, je trouvais ça épatant. Je l'avoue, pendant quelques semaines, il m'est apparu comme la personnification de la sagesse. Je dois dire que ce qui redoublait mon enthousiasme, c'est la sympathie qu'il manifestait, à la fin, pour les dictateurs, comme un critique qui, à force d'avoir ingurgité des navets se réjouit devant un bouquin qui révolte toutes ses idées, toutes ses croyances, mais qui, du moins, est bien fait. Je le verrai toujours, le lendemain ou le surlendemain du pacte Ribbentrop-Molotov, devant les commentaires de Berlin, relevant sa barbe, brandissant son lorgnon : « Comme c'est bien ! quel réalisme ! enfin, voilà qui veut dire quelque chose. »

Cousteau – Le vieux babouin pousserait de beaux cris si on lui rappelait ! ça aujourd'hui !

Rebatet – J'étais à peu près son seul confident à l'A.F. parce que le seul pacifiste vraiment passionné de la maison, avec Boutang. Maurras était redevenu le vieux méditerranéen raisonnable, mettant au-dessus de tout l'impératif du bon sens, prêt à y sacrifier sa liberté, sa vie, son honneur. Il se battait encore le 31 août, alors que nous étions les uns et les autres résignés au pire. Durant toute la première moitié de l'année 1939, il avait été plus ferme que toi et moi.

Cousteau – Il est vrai qu'à ce moment-là, nous, après l'entrée des Allemands à Prague, nous n'avions plus guère d'espoir nous ne faisions plus grand chose pour la paix.

Rebatet – Maurras, lui, était resté ferme au point de scandaliser ses fidèles les plus respectueux, MM. les officiers de marine de la rue Royale, MM. les administrateurs du Crédit Lyonnais, MM. les royalistes du Deuxième Bureau qui lui faisaient dire que ses articles pacifistes n'étaient plus tolérables ; que le temps était venu de penser à gagner la guerre. Je dis qu'un homme qui a été capable de ce courage, de cette clairvoyance est encore plus criminel que n'importe quel autre parce qu'il aurait vraiment sacrifié sa vie à la paix, mais qu'il n'a pas été foutu de sacrifier son papier quotidien et ses plus bas préjugés après le premier coup de canon. Je connais Maurras : c'est un monstre de mauvaise foi. Je me rappelle sa tristesse, sa lassitude dans les premiers jours de la guerre. Il ne croyait pas un mot de ce qu'il écrivait. Et puis, il s'est refabriqué une espèce de croyance, parce qu'il en avait absolument besoin pour écrire.

Cousteau – C'est alors qu'il déclencha cette bouffonne campagne du tronçonnage des Allemagnes en pleine drôle de guerre, une des plus indécentes clowneries de l'histoire française.

Rebatet – Il me toisait, en arrivant à l'imprimerie, selon son habitude, plantait ses yeux dans les miens. Je gardais un visage de bois, têtu, lugubre, moi qui l'embrassais presque tous les soirs, trois semaines avant. J'étais sa conscience. Le vieil animal le savait bien. Mais il n'a pas tardé de l'oublier. Il a une faculté étonnante pour chasser de son esprit ce qui le gêne. Il n'a jamais rien voulu savoir de la Russie parce que le fait russe le gênait.

Cousteau – Il paraît qu'il y a quinze jours encore, c'est notre ami Marion qui me l'a raconté, il ne savait pas qui était Mao-Tse-Tung.

Rebatet – Ça ne m'étonne pas. Il est beaucoup trop orgueilleux pour reconnaître qu'il s'est trompé, il s'est enfoncé dans des sophismes de plus en plus hideux et grotesques à mesure que sa position devenait moins soutenable. Tout cela pour n'avoir pas sabordé l'Action Française le 3 septembre 1939, ce qui eût été la fin logique et magnifique de ses campagnes. Il ne l'avouera pas, il ne l'écrira jamais. Il a encore défini sa ligne, il n'y a pas deux ans pour les quatre fidèles qu'il compte dans la taule. Elle est immuable : attente sereine du Roi, découpage des Allemagnes, reconstitution de l'Empire austro-hongrois, négation du bolchevisme... Mais j'espère bien qu'il y a certains soirs où le regret de ce sabordage manqué le taraude. J'en suis presque sûr. Je l'ai décortiqué autant qu'on peut décortiquer un pareil caïman. Il est trop intelligent pour pouvoir se mentir perpétuellement à lui-même. Il est de ce genre de criminels qui portent toujours dans quelque coin d'eux- mêmes leur châtiment. Il ne peut pas ignorer qu'il a raté son destin.

Les deux amis avaient eu le temps de faire quatre fois le tour de la cour des Brosses, de passer quatre fois devant le bureau du surveillant-chef, quatre fois devant la porte 3, hermétiquement close pour les fortes peines, quatre fois devant le Bureau Central où l'État-Major de la comptabilité œuvrait sur la fin de mois, quatre fois devant les bâtiments en construction de l'entreprise Dananas[146] quatre fois devant le surveillant nostalgique, posté, on ne saura jamais pourquoi, devant les piles de grumes, quatre fois devant les édicules nauséabonds où les truands de l'Industrie du Bois tenaient, culottes baissées, leur congrès quotidien, et Cousteau réussit enfin à placer un petit couplet.

Cousteau – Lucien, je ne voudrais pas te chagriner, mais il me semble que tu exagères singulièrement le courage que Maurras a déployé à la veille de la guerre. Sans doute, on peut lui savoir gré d'avoir pris sur lui-même pour refouler sa frénésie antiboche. Mais que risquait-il ? Si nous avions écrit la dixième partie de ce qu'il a imprimé en août 1939, nous aurions couché le soir même à la Santé. On nous avait à l'œil. Nous étions repérés comme fascistes et dénoncés par les patriotes vigilants comme

---

[146] Constructeur du mur de l'Atlantique qui, incarcéré, se mit à construire des murs pour l'administration pénitentiaire, tant il est vrai que chacun persévère dans son être.

membres de la cinquième colonne. Tandis que le père Maurras était vraiment au-dessus de tout soupçon. En 1945, on a pu lui coller l'article 75, parce qu'en 1945, tout était devenu possible à nos ennemis, même de démontrer que Bassompierre avait volé les tours de Notre-Dame et que Béraud était de la Waffen SS. Mais en 1939, on n'en était pas encore là. La bochephagie de Maurras était trop évidente pour qu'on se risquât à insinuer qu'il était à la solde de Dudule. Il pouvait tout se permettre. Même d'écrire qu'il était par trop con de se jeter à la gorge des Allemands. Cinquante ans de vaticinations contre les Chleuhs assuraient sa sauvagerie...

Cousteau cracha son chewing-gum sur une pile de planches qui séchaient sous la pluie, selon une technique inaccessible aux profanes.

Cousteau – Quand je pense, reprit-il, que ce maniaque s'est permis d'écrire que les malfrats qui ont pris la Bastille le 14 juillet 1789 étaient en majeure partie – mais oui : en majeure partie ! – des Allemands ! Tu te rends compte... Des sans- culottes (*ohne Hose* !) coiffés de bonnets rouges (*rote Mutze* !) qui chantaient sans doute : « *Ach ! Es wird gehen ! Es wird gehen ! Die Aristocraten an die Lanternen !* ». Pourquoi pas, tant qu'on y est ? C'est tellement facile d'avoir un bouc émissaire passe-partout. Chaque fois qu'il y a quelque chose qui foire, c'est la faute aux Boches. Puisque les Boches ont pris la Bastille, il n'y a aucune raison qu'ils n'aient pas assassiné Henri IV, brûlé Jeanne d'Arc et trahi Roland à Ronceveaux... Mais soyons sérieux. Il y a, vois-tu, chez Maurras, quelque chose qui me choque encore plus que sa haine des Allemands, c'est son jacobinisme. Car il n'est pas douteux, n'est-ce pas, que ce sont les jacobins qui ont inventé ce nationalisme à fleur d'entrailles dont l'Europe est en train de crever. Avant 1789, les honnêtes gens eussent trouvé ce sentiment d'une dégradante vulgarité, ils commerçaient par-dessus les frontières avec les beaux esprits des autres nations et Voltaire se fût fort scandalisé qu'on osât lui reprocher d'avoir félicité le grand

Frédéric de sa victoire de Rossbach. Par contre, dès que la canaille révolutionnaire s'est emparée de Paris, elle s'est hâtée de se proclamer patriote.

Rebatet – Les patriotes de 1793, c'étaient bien en effet les ancêtres de nos fifaillons.

Cousteau – Il est comique – et décourageant – qu'un bonhomme comme Maurras dont toute l'œuvre est braquée contre la Révolution et les Immortels Principes, ait adopté pour son usage personnel et pour celui de ses partisans ce qu'il y a précisément de plus absurde dans le système de ses ennemis.

Rebatet – Maurras a ainsi voué à l'échec, dès le départ, son entreprise de rénovation.

Cousteau – Lorsqu'on met par principe et dans tous les cas la Patrie au-dessus du parti, lorsqu'on proclame qu'il est sacrilège de se quereller en face du péril extérieur, et que les dissensions entre Français font le jeu de l'ennemi, on s'interdit toute espèce d'action. Car il y a toujours un péril extérieur : la France n'est pas une île du Pacifique. Si Franco avait eu de pareils scrupules, le *Frente Popular* régnerait aujourd'hui à Madrid. D'ailleurs, pratiquement, c'est à cela qu'a abouti l'Action Française : à cribler la République de critiques inoffensives en période de calme, et à la consolider par l'union sacrée, à l'heure du péril.

Rebatet – Ça revient à ce que nous disions avec Alain Laubreaux sous les marronniers de Vichy au mois d'août 1940 : l'Action Française vivait de la IIIe République, elle champignonnait sur son tronc vermoulu, elle crevait en même temps qu'elle. Car si l'A.F. s'est survécue grotesquement après juin 1940, c'est dans la mesure où la IIIe se survivait elle-même à Vichy. Ne parlons même pas de survie, mais plutôt de cadavres mal enterrés.

Cousteau – Je crois que c'est une formule des *Décombres*...

Rebatet – Tant pis, elle est la seule exacte. Cela explique la tolérance de la IIIe pour l'A.F. Ce qui m'y fait penser, c'est ce que tu viens de dire sur l'impunité dont Maurras était à peu près sûr. Quand je parle du courage de Maurras, je songe moins aux périls, assez problématiques, en effet, qu'il courait au mois d'août 1939 qu'à la lutte qu'il a dû soutenir à ce moment-là contre ses propres préjugés, contre l'opinion de ses disciples choisis. Maurras était en train de rendre méconnaissable la statue que l'A.F. de tradition s'était faite de lui, et cela parce que le bon sens l'ordonnait. Je connais sans doute ces milieux mieux que toi...

Cousteau – Ça n'est pas douteux...

Rebatet – Il faut savoir la stupeur où les plongeait le refus de se battre avec le Boche. Imagine nos plus parfaits tatoués se dirigeant nuitamment vers une villa vide, pleine de bijoux et de joncaille, et, au pied du mur, le chef de bande leur signifiant : « Demi-tour, on n'opère plus. » Je persiste à penser que ces semaines de 1938 et de 1939 ont eu un prix particulier dans la vie de Maurras, parce qu'il y a été d'une honnêteté intellectuelle presque entière, ce qui réclamait un effort vraiment héroïque chez ce tricheur qui ne sera jamais mieux caractérisé que par la formule fameuse : le roi des sophistes, le sophiste du roi. Et je ne crois pas outrer en pensant qu'il aurait mis sans hésiter sa vie dans la bagarre. Il a horreur de la mort, mais il n'a jamais eu froid aux yeux, je dédaigne de l'attaquer par le bas, comme il l'a fait avec moi et tant d'autres. Mais il est vrai qu'il ne craignait rien de Daladier et de Gamelin.

Cousteau – Il est tout de même curieux que la République Troisième ait été aussi indulgente avec son plus opiniâtre ennemi.

Rebatet – C'est qu'elle connaissait le chiffre des tirages de l'A.F. et elle savait que, Maurras vivant, ce chiffre ne bougerait pas. Maurras, en prenant bien soin de s'assigner des buts inaccessibles, se confinait pratiquement dans un travail de pure critique. Les hommes les moins sots de la Troisième en faisaient leur profit, étaient au fond d'accord avec le vieux (Tardieu, Frot, Monzie, Mistler, Chautemps, Maurice Sarrault, Georges Bonnet). Entre l'A.F. et la Troisième radicale et maçonnique, ce fut toujours un duel aux fleurets mouchetés, la police servant de matelas entre les deux.

Cousteau – Maurras avait pourtant des ennemis fanatiques qui s'étranglaient à son nom, qui ne rêvaient que de le découper en lanières.

Rebatet – Oui, c'était par exemple la bande des sociaux-démocrates du *Populaire*, le Rosenfeld, le Jean-Maurice Hermann (je les ai connus), les crypto-communistes du *Canard*, la Madeleine Jacob, et la clique démocrate populaire. Leur haine de Maurras était physiologique. Ce qui les révulsait, les faisait baver de rage, c'était justement ce que nous reconnaîtrons toujours à Maurras : la pertinence de son mépris pour le mythe égalitaire. Toute cette clique qui a eu accès au pouvoir grâce au Grand Con est tombée sur Maurras à bras raccourcis. Il y avait quinze ans qu'elle attendait cette occasion. Maurras a été condamné pour ce qu'il y a de valable en lui, pour tout ce qui a été raisonnable dans ce qu'il a dit et pensé. Il ne pouvait du reste en être autrement. Mais c'est tout de même singulier : alors que je le déteste si profondément je suis en train de te faire une espèce d'apologie de ce vieux salaud.

Cousteau – Mais non, tu ne fais pas son apologie. Tu mets les choses au point, tout simplement, avec ce sens de la mesure et de l'équité que seuls te refusent les esprits frivoles. Et j'accepte d'autant plus volontiers de convenir des mérites de Maurras (critique lucide de la loi du nombre, courage intellectuel en août 1939) que personnellement je ne lui dois rien. Ou si je lui dois quelque chose, c'est de deuxième main : dans la mesure où ses idées se sont décantées chez les dictateurs... Mais pour en revenir à mon dada, lorsque j'avais dix-huit ans Maurras m'inspirait une horreur sacrée, uniquement parce qu'il faisait de la pérennité des guerres franco-allemandes la base de son système et que j'étais déjà convaincu (c'est le seul point sur lequel je n'ai jamais varié) que l'Europe ne serait jamais viable sans entente franco-allemande, que c'était le premier de tous les problèmes, le seul vraiment important, celui dont dépendaient la guerre et la paix, la vie et la mort.

Rebatet – Aujourd'hui, bien sûr, dans un univers soumis aux Russes et aux Américains, la ligne bleue des Vosges a cessé d'être le nombril de la planète.

Cousteau – Mais la persévérance que met Maurras à vouloir refaire, malgré tout, les traités de Westphalie n'en est que plus cocasse. Ma femme me disait tout à l'heure au parloir que le dénommé Boutang défaille d'épouvante dans *Abcès de la France*[147] à l'idée qu'il va de nouveau y avoir des divisions blindées allemandes entre les Mongos et les Deux Magots. Je ne trouve pas de mots pour qualifier ce plongeon dans la psychopathie délirante.

Rebatet – Le cas Boutang appellerait en effet un traitement mental. Si j'avais cinquante lignes à publier pour qualifier cet olibrius, je dirais qu'il est infiniment au-dessous des ministres de Tauriol. Nous avons rigolé souvent en observant que ces loustics se voyaient conduit à défendre la politique de Richelieu. C'est très rigolo en effet. Mais eux du moins ne croient pas à ce qu'ils font. Il n'y a de germanophobes chez les individus de la IVe que quelques vieilles haridelles de droite comme Louis Marin. Les autres ont été amenés à vitupérer provisoirement l'Allemagne parce qu'elle était fasciste. L'antifascisme et l'antibochisme ont ainsi coïncidé.

Cousteau – Cela aurait tout de même dû ouvrir les yeux aux

---

[147] C'est-à-dire *Aspects de la France*, qui accueille la signature du maurrassien Pierre Boutang.

Maurassiens.

Rebatet – La IVe a adopté l'antienne de l'Allemagne « éternelle » pour pouvoir nous écraser d'avantage, pour appuyer son épuration, pour nous couper plus sûrement de ces nationaux, comme on disait, qui furent nos clients. Aujourd'hui, les sous-produits démocratiques de la IVe sont entêtés parce qu'il va falloir qu'ils admettent le réarmement de cette Allemagne dont ils ont stigmatisé pendant quatre ans les instincts de proie, l'impérialisme, etc., qu'ils ont identifiée avec le fascisme. Mais ils se foutent absolument du « danger allemand » en soi.

Cousteau – Leur seule inquiétude – cela crève les yeux – c'est de reparaître devant les électeurs avec un écriteau de pro-nazis.

Rebatet – Et nous avons déjà pu voir que les communistes ne se gênent pas pour leur en accrocher un énorme. Un véritable républicain français ne regarde jamais au-delà des frontières : il regarde sa circonscription. Il sait que les Américains vont recréer une armée allemande, que c'est une bonne affaire pour la France qui va se décharger sur les Chleuhs de ses principaux devoirs européens, qui trouvera derrière la nouvelle Reichswehr une sauvegarde. Ses protestations, au Républicain français, sont de pure rhétorique, un alibi à l'usage du corps électoral. C'est vil, c'est hypocrite, c'est tout ce que tu voudras, mais du moins, jusqu'à un certain point, c'est de la politique. Chez les Maurrassiens du dernier carré comme Boutang, la gueulante est absolument gratuite. Ils n'ont même pas l'excuse de justifier une enveloppe, de défendre un siège de député ou de conseiller d'arrondissement.

Cousteau – Lucien, conclut Cousteau, tu me fais plaisir. Il est bon d'entendre de temps en temps des vérités raisonnables. Mais au point où en est cet univers mal foutu, le pilpoul[148] maurassien n'a plus aucune

---

[148] Mode d'argumentation relevant de la casuistique talmudique.

importance, et nous avons tort de nous exciter. Allons voir si la soupe est servie.

Bibliothèque de la maison centrale de Clairvaux, novembre 1950

DIALOGUE n° 19

LE FLÉAU DE DIEU

« Pour le bien de l'humanité, les Russes devraient être exterminés comme des parasites nuisibles. »
Dostoïevski, *Les Possédés*

En ce temps-là, les vaillantes troupes des libres Nations Unies étaient tombées sur un os. La promenade des *U.S. Marines* au-delà du 38e Parallèle s'était transformée en une combinaison de l'Anabase et de Ronceveaux, et les gens de Lake Success, si pressés d'en découdre avec les toutes petites nations agressives contemplaient la masse chinoise avec une nostalgie éperdue des accords de Munich. Tous les coups de pied dans le cul qu'on voudra, mais pas la guerre ! Ou du moins, pas tout de suite ! Encore un petit instant, monsieur le bourreau ! Le principe toutefois était acquis. Nul ne doutait plus qu'en définitive, il faudrait se battre. Avec la splendide incohérence qui les rend inimitables, les démocraties d'Occident improvisaient fiévreusement des plans de défense, sans toutefois s'accorder sur la contribution qu'on octroierait magnanimement aux méchants Boches. Des divisions ou des escouades ? Et seraient-ils armés, ces méchants Boches de sarbacanes, ou leur tolérerait-on des fusils à pierre ? Idéologiquement, la croisade s'annonçait mieux, car les vieillards sublimes ont toujours de l'avance sur les militaires. Pour sonner le rassemblement des paladins de la personne humaine, il ne manquait pas une métaphore.

Cousteau – Alors, Lucien, tu es prêt ? demanda Cousteau qui, las de la solitude de sa chambrette [149] était venu tailler une bavette à la bibliothèque.

Rebatet inscrivait, sur un registre, des livres de piété en langue allemande, don d'une association confessionnelle qui avait trouvé ce moyen détourné d'aggraver la condition pénitentiaire. Il sauta sur l'occasion qui lui était offerte de s'arracher à cette besogne répugnante.

Rebatet – Prêt pour quoi ? Pas pour la liberté anticipée. Tu ne vas pas, toi aussi, te mettre à parler de l'article 17[150] ?

Cousteau – Il est bien question de l'article 17 ! Je te demande si tu es prêt à défendre la civilisation chrétienne contre l'hydre mongolo-marxiste.

Le visage de Rebatet se crispait d'un méchant rictus.

Cousteau – Tu ne serais pas le seul... Vois nos petits camarades de la Tour pointue. Ils ont été condamnés pour avoir arrêté des communistes. Et après six ans de taule, ils brûlent du désir de se sacrifier pour notre France immortelle en recommençant à arrêter des communistes. On t'attend peut-être dehors, toi aussi, pour recommencer à bouffer du Popoff.

Rebatet – On pourra m'attendre longtemps, très longtemps.

Cousteau – Il y a pourtant des tas de gens, hors de cette enceinte, qui, nous jugeant sur notre activité antérieure, sont persuadés que nous brûlons du désir de recommencer à donner de la voix et qui comptent sur

---

[149] Depuis qu'il était chef-traducteur, Cousteau était autorisé à coucher dans son bureau, privilège inappréciable.

[150] L'article 17 de la loi répressive dite « d'amnistie » prévoit une libération anticipée des détenus dont la tête reviendra aux messieurs-dames de la IVe. La population pénale, depuis six mois, ne parlait plus que de l'article 17. Cousteau et Rebatet n'en parlaient jamais.

nous pour le faire.

Rebatet – Nous nous sommes déclarés contre le bolchevisme quand on pouvait l'écraser dans l'œuf. C'était l'époque où on l'accueillait à la S.D.N. Nous avons continué plus tard quand la plus puissante armée du monde l'attaquait, et surtout quand on avait quelque chose à mettre à la place, le fascisme auquel nous croyions. Nous avons depuis des années déjà mis au point ce que nous ferions en cas d'invasion russe. Pas plus d'hésitation qu'en 44 devant les Fifis : nous foutons le camp, séance tenante, avec la Bidassoa pour objectif.

Cousteau – En cas de bolchevisation, nous sommes de la première charrette parce que la propagande l'exige.

Rebatet – Mais ce n'est pas sur cette question vulgaire et toute personnelle de vie ou de mort que l'on peut réédifier ses idées politiques. Je ne m'engagerai certainement pas pour restaurer la démocratie universelle sur les ruines du bolchevisme. Ce n'est pas parce que je dois être tué par les Bolcheviks que la démocratie cessera de me puer au nez.

Cousteau – Nous en avons parlé bien souvent et l'on en discutera à perte de vue sans jamais cesser de tourner en rond : en 1945 les Bolcheviks avaient la possibilité de rallier à leur cause la plupart des gens de chez nous. Un vrai fasciste est beaucoup plus prédisposé à la discipline marxiste qu'à la chienlit démocratique.

Rebatet – Les Bolcheviks ne l'ont pas voulu. Ils ont fait tout ce qu'il fallait pour rendre le ralliement impossible.

Rebatet – Ont-ils eu tort ? Ont-ils eu raison ? Je n'en sais rien. Mais maintenant, il est trop tard. Ils ont mis trop d'acharnement à accabler nos camarades, il y a trop de sang entre nous... et eux-mêmes se sont trop engagés pour pouvoir se dédire. Mais je pense comme toi : nos petites convenances ne doivent pas influer sur notre jugement. Ça serait donner raison aux abrutis qui étaient contre la collaboration parce que la tête des Allemands ne leur revenait pas. Puisque nous sommes repliés sur Sirius, rien ne m'empêchera de dire que dans cette IIIe guerre, les Bolcheviks me dégoûtent plutôt moins que leurs ennemis.

Rebatet – Il y a évidemment un très gros reproche à leur faire, à ces zigouilleurs de Polonais, à ces antisémites, à ces anticléricaux. Le gros reproche, c'est qu'ils sont russes.

Cousteau – Il est certain que ça n'arrange rien. Le socialisme d'État, ça n'est pas déjà très rigolo, mais lorsqu'il est administré par les personnages des *Possédés*, c'est la mort du petit koulak... Pourtant, dans le phénomène qui nous occupe, c'est-à-dire le bolchevisme actuel, le fait russe ne m'apparaît pas prédominant. L'URSS est russe, certes, et nationaliste, oh ! combien... Mais le gouvernement soviétique ne gouverne pas d'une manière spécifiquement russe. Sans cela, il se serait cassé la gueule depuis longtemps. Les Russes – pour moi, du moins – sont d'abord des cinglés qui discutent du sens de la vie et se comportent dans l'existence pratique d'une façon tellement extravagante qu'elle échappe à toute prévision. Je n'ai pas tellement l'impression que les dirigeants soviétiques, à commencer par Iossip Vissarionovitch soient des zazous. Ils seraient plutôt très exactement le contraire.

Rebatet – Alors, ce sont des Russes, plus russes, patriotiquement qu'aucun Russe ne le fut jamais, mais, comment dire ? déslavisés par le bolchevisme ? C'est possible. Le bolchevisme est certainement sorti du monde des *Possédés,* mais on a bien l'impression que les Chatov et les Kirilov ne hantent guère les corridors du Politburo. Le charme slave ne me paraît pas jouer un rôle dominant dans les succès de M. Molotov. Cependant, je me méfie.

Cousteau – Tu as raison. Moi aussi, je me méfie. En principe les Russes sont capables de tout, absolument de tout. Il est possible que Staline mort, les maîtres de l'URSS recommencent à faire les rigolos comme Raskolnikoff, Aliocha... ou Raspoutine. Mais pour l'instant, ce qui les distingue justement de leurs adversaires occidentaux, c'est leur esprit de suite, leur réalisme glacé, leur prodigieux sang-froid, c'est qu'ils sont dans la tradition des grands politiques, la tradition de Machiavel, de Richelieu, de Frédéric II, de Bismarck, de Disraeli. À Yalta, c'était Roosevelt *(for the people, by the people)* le rigolo et Staline était le monsieur sérieux. Un Russe sérieux, c'est tout de même assez nouveau dans l'histoire. Personnellement, j'aurais tendance à penser que les dirigeants soviétiques poursuivent une politique nationaliste parce qu'ils sont russes, et qu'ils sont sérieux parce qu'ils sont Bolcheviks.

Rebatet – En relisant tout Dostoïevski, l'autre hiver, je pensais constamment à sa date de naissance, 1821. Pour un auteur français, cette date signifie que son grand-père était contemporain de Marivaux, de Voltaire, son trisaïeul contemporain de La Fontaine, de Pascal, et l'arrière-grand-père de ce trisaïeul contemporain de Rabelais. Pour Dostoïevski, elle signifie que son grand-père était contemporain des moujiks, et puis encore des moujiks et puis de rien d'autre. La Russie intellectuelle a pour ainsi dire commencé avec Dostoïevski. Eh bien, regarde jusqu'où il est allé, que ce soit en profondeur, en habileté technique ou en extravagance.

Cousteau – Surtout en extravagance !

Rebatet – Si tu veux, mais les notions les plus audacieuses et les plus dévergondées des plus vieux pays sont aussitôt assimilées, dégurgitées par ce sauvage. Ce qui nous a tant irrités chez les Russes que nous avons connus, c'était peut-être un état intermédiaire, celui du primitif qui est en train de faire sa crise de croissance intellectuelle, du barbare transplanté qui attrape toutes les véroles des civilisés.

Cousteau – Le bolchevisme aurait tout d'un coup mis fin à cette espèce d'adolescence ?

Rebatet – Je donne cette explication pour ce qu'elle vaut, je n'ai connu de Russes bolcheviks qu'indirectement. En tout cas, voilà un pays qui a eu l'expérience de la corruption bourgeoise la plus avancée, du socialisme, qui est bien une des formes de cette corruption, et qui a fait de ce socialisme l'armature de la plus fantastique tyrannie. On dira ce qu'on voudra, mais quand on brûle les étapes et que l'on va au bout des choses avec cette rapidité, c'est le signe d'une sacrée vigueur, d'une jeunesse indiscutable.

Cousteau – En tout cas, nous ne pouvons plus dissocier le bolchevisme du russisme, pas plus que nous ne pouvons dissocier le capitalisme de l'américanisme. Dans un camp et dans l'autre, le phénomène national et le phénomène politique se confondent étroitement, avec toutes les conséquences que cela comporte. Nous avons répété à satiété, qu'en définitive, c'est dans l'univers capitaliste qu'il serait le moins déplaisant d'achever nos jours.

Rebatet – C'est certain. Il n'y a pas d'alternative. Dans l'univers bolcheviste-russe, on ne nous laisserait pas vivre du tout.

Cousteau – C'est dommage. Non que je sois tenté de me rallier. Mais je conserve pour l'univers bolcheviste-russe une certaine estime, alors que je n'en ai aucune pour l'univers capitaliste-américain. J'imagine que c'est à cause de la ligne générale que je comprends (sans l'approuver) et des méthodes que j'admire (en sachant que j'ai tout à en redouter).

Rebatet – Oui, comprendre, c'est énorme. Tiens, vois-tu, en ce moment même, dans cet imbroglio américano-chinois, nous ne savons pas grand-chose du dessous des cartes. Nous en savons tout de même un peu plus long sur les désirs immédiats de Truman – se tirer d'un guêpier sans perdre la face, négocier un Munich tout en mobilisant l'Amérique – que sur les intentions prochaines de Joseph qui sont d'une parfaite obscurité ! Cependant je ne comprends rien aux propos et aux gestes des Américains. C'est cette fameuse diplomatie démocratique qui m'a toujours fait l'effet d'une pantomime d'homme soûl. Quand on croit avoir pigé ce que les démocrates veulent, patatras, le lendemain l'hypothèse est renversée.

Cousteau – C'est que les démocrates eux-mêmes ne savent pas ce qu'ils veulent, ou bien sont à chaque instant empêchés dans leurs volontés.

Rebatet – Au contraire, comme le jeu de Staline est intelligent ! C'est lié, logique, souple, c'est un filet qui se fait sous nos yeux, pour emberlificoter tout l'Occident. Je le constatais déjà, avec une espèce de désespoir comique en 1939. Je voulais bien, moi, avoir une certaine estime pour Daladier et Chamberlain, mais je ne comprenais pas un mot de ce qu'ils disaient. Sitôt que Dudule ou ses copains ouvraient la bouche, par contre, je me retrouvais entre gens de ma langue. Qu'est- ce que tu veux, ça finit par créer des sympathies, ces choses-là.

Cousteau – Question de tempérament. Déjà, avant la guerre, lorsque j'allais en Allemagne, en Italie ou chez Franco, j'éprouvais, sitôt la frontière franchie, une sensation de délivrance. Parfaitement ! De délivrance. Je me sentais délivré d'une souillure : l'air qu'on respire dans les démocraties a quelque chose d'excrémentiel qui est absolument incompatible avec mon confort intellectuel. Peu m'importe d'être libre si mes ennemis le sont aussi. Certains mots : personne humaine, droit de l'homme, conscience universelle, etc. me font voir rouge, me donnent envie de tirer sur la foule... ou de foutre le camp.

Rebatet – Avec Joseph, pas de danger qu'on fasse joujou avec ces fariboles. Pas de danger que le trèpe ouvre sa gueule. C'est déjà ça.

Cousteau – Voilà un état gouverné raisonnablement par des gens qui savent ce qu'ils veulent et qui le veulent sans faiblesse, sans romantisme, sans scrupules juridiques, qui ne tolèrent ni discussion ni opposition, qui savent que tous les moyens sont bons pourvu qu'ils soient efficaces. Ces méthodes sont tellement satisfaisantes pour l'esprit que je regrette bien sincèrement de ne pouvoir concéder au but poursuivi par M. Staline la même admiration. Mais là je ne suis plus du tout d'accord.

Rebatet – Parce que Staline reste un marxiste ? C'est en effet l'espoir que conservent tous les démocrassouillards. Nous l'avons dit cent fois : il suffit d'observer depuis trente ans le comportement des Herriot, des intellectuels progressistes, de la canaille humanitaire, du Sartre devant l'URSS : régime cruel, redoutable, assuré cependant de toutes les indulgences parce qu'il poursuit peut-être l'amélioration du sort des travailleurs. C'est encore cet espoir qui avait mené à Moscou des ingénus comme Gide ou Céline.

Cousteau – Le vocabulaire de Joseph leur donne toujours raison.

Rebatet – Oui, mais Joseph nous donne tout de même le droit de penser que son vocabulaire fraternel est à peu près aussi sincère que celui des églises chrétiennes qui président depuis deux mille ans à tous les grands massacres, au nom du pardon des offenses.

Cousteau – N'oublions pas que les Églises n'ont été décentes que dans la mesure où elles ont trahi leur vocabulaire, dans la mesure où les Papes-Centaures de la Renaissance démentaient par leur faste l'idéal de pouillerie des peigne-culs nazaréens.

Rebatet – Mais le fait que le vocabulaire chrétien s'est maintenu intact à travers toutes les palinodies ecclésiastiques permet à l'Église de replonger à n'importe quel moment dans l'éthique tchandala.

Cousteau – Je crains que le bolchevisme russe ne subisse la même fatalité. L'État soviétique est magnifiquement hiérarchisé, il a toutes les apparences de se fabriquer une aristocratie et, dans la pratique, il saccage allègrement tous ces grands principes démocratiques qui nous puent au nez. Mais son idéal inlassablement rabâché reste immuable. Son idéal, c'est l'alignement de l'humanité au niveau le plus bas, l'alignement sur le balayeur, l'alignement sur le nègre.

Rebatet – S'il est admis que le nègre est au-dessous du balayeur !

Cousteau – C'est d'ailleurs exactement le même idéal que l'idéal des démocrates libéraux, progressistes, capitalistes qui se préparent à en découdre avec M. Staline. Des deux côtés, on parle en définitive le même langage, on a le même but, on se propose le même avilissement. Il est alors permis de se demander pourquoi des gens qui sont tellement d'accord sur la nécessité de ramener l'humanité entière au plus bas commun dénominateur sont tellement pressés de se trancher la gorge. Simple malentendu, de toute évidence...

Rebatet – Ce que tu dis du nivellement communiste, nous l'observons partout où les Russes se sont installés depuis 1945 : ils détruisent, sans hâte mais sûrement toute la couche sociale qui représente la civilisation. C'est la première étape, celle qui nous conduirait droit au poteau, ou du côté d'un bagne sibérien. Mais pourquoi ne parlerions-nous pas, nous aussi, de l'avenir puisque tout le monde en parle ? L'avenir des démocraties, je le connais : elles vont d'une guerre idiote à une autre guerre idiote, entre les deux guerres, elles plongent encore un peu plus bas dans la merde. Impossible d'imaginer qu'elles se corrigent ; pour se corriger, il faudrait qu'elles décident elles-mêmes leur disparition.

Cousteau – L'Amérique fasciste, en somme.

Rebatet – Autant croire au Messie. Je t'avoue que j'imagine beaucoup moins difficilement une société nouvelle issue du bolchevisme. Qu'est-ce que le bolchevisme, en pratique ? C'est l'anéantissement d'une bourgeoisie tarée, n'ayant pas eu la force de se défendre, par une bourgeoisie nouvelle, le Parti.

Cousteau – Malheureusement, cette nouvelle bourgeoisie ne vaut pas encore l'autre. Elle a une bien sale gueule, cette nouvelle bourgeoisie. A part les militaires qui sont sauvés par l'uniforme, les autres caïds se croient obligés – toujours à cause de la puissance des principes proclamés ! – de se faire des dégaines de prolos, de porter des casquettes et des pantalons en tire-bouchon. L'élite russe est laide, systématiquement. Elle pratique un snobisme inversé, elle aligne son apparence sur celle des mineurs du Donets, alors qu'ailleurs, en Angleterre, par exemple, c'est le mineur du Lancashire qui tente de ressembler aux privilégiés de l'enclosure d'Ascot. Ce parti-pris de médiocrité ne peut pas ne pas avoir sur l'art en général des conséquences désastreuses. L'art soviétique contemporain, celui qui plaît aux nouveaux barines (ou pour lequel les nouveaux barines sont contraints d'affirmer leurs préférences, ce qui revient au même) c'est l'art du calendrier des postes.

Rebatet – A qui le dis-tu ! Rappelle-toi ma consternation devant le reportage de *Paris-Match,* le mois dernier. J'en ai été écœuré trois jours. Ces chromos, ces gueules ! tout ce que le mot petit-bourgeois peut contenir de plus ridicule, de plus laid, de plus bas. Mais c'est justement sur ces images que j'ai réfléchi : le Parti, c'est la nouvelle bourgeoisie russe, bourgeoisie caricaturale. Mais ce n'est déjà plus le moujik, le terrassier. Les filles vont au pensionnat, elles ont les cheveux tirés et des blouses pudiques comme les pensionnaires les plus dévotes de la catholicité. Les garçons vont au Prytanée, ils en sortiront avec l'épaulette. La classe privilégiée se crée.

Cousteau – Elle s'accrochera évidemment à ses privilèges.

Rebatet – Imagine le bolchevisme vainqueur de l'univers. Voilà réglée, sous tous les climats, radicalement, la fameuse question sociale, réglée par la reconstitution d'un formidable et impitoyable esclavage, comme dans toutes les époques brillantes. Le christianisme est liquidé aussi.

Cousteau – Et également les zazous d'art, les philosophes quintessenciés, les parlementaires français, communistes au premier rang.

Rebatet – Ma foi, je ne détesterais pas tellement naître, à la fin de ce siècle, dans une société pareille. Elle aurait des atouts, elle me dégoûterait moins qu'une planète totalement américanisée, à direction puritaine. Il resterait bien entendu à meubler d'art et de pensées cette société nouvelle. Mais pourquoi refuserait-on à une petite bourgeoisie de fonctionnaires la possibilité de s'affiner ? L'esthétique stalinienne peut bien disparaître avec le génial chef. On connaît des fils d'épiciers qui sont devenus des décorateurs exquis. Le bolchevisme de l'an 2000 qui aurait à peu près tout détruit, ne souffrirait pas de notre criticisme maladif, de notre esthétisme ; il pourrait retrouver la naïveté et la verdeur des époques créatrices.

Cousteau – Cette évolution est dans le droit de la logique. S'il doit renaître du chaos contemporain une civilisation digne de ce nom, elle a plus de chances de surgir d'un monde soviétisé que de l'anarchie libérale. Car si la victoire russe doit résoudre automatiquement tous les problèmes en donnant à la société des cadres rigides, la victoire américaine ne résoudrait rien.

Rebatet – Ce serait, à l'échelle de la planète, l'incohérence totale dont les démocraties nous offrent aujourd'hui l'amusant spectacle, les luttes des factions, les crises économiques cycliques, les rivalités nationales, la paralysie parlementaire.

Cousteau – Oui, je préfère le règne du commissaire du peuple à celui des gangs électoraux et des trafiquants de pétrole. Mais ça, c'est l'avenir, un avenir qui ne nous concerne pas, qui ne peut pas nous concerner, qui est donc comme s'il n'existait pas. Dans l'immédiat, le bolchevisme est la plus épouvantable perspective que puisse avoir l'homme de cette moitié du XXe siècle. Même lorsqu'il participe au système. Même lorsqu'il en est un des Jules. Ils ne doivent pas s'amuser tous les jours, les ministres du Père des Peuples ! Pas un qui soit à peu près assuré de n'avoir pas demain la nuque trouée... Alors, à plus forte raison, aux échelons inférieurs...

Rebatet – Oui, il y en aura de l'instituteur katynisé, du général flingué, du ministre dessoudé avant d'arriver au bolchevisme bourgeois ! Et de l'homme de lettres expédié à la mine. Tiens, de riches natures les hommes de lettres communistes de 1950 ! Aragon, Ehrenbourg, et si l'on peut dire, Claude Roy ! J'ai trouvé une définition de l'intellectuel communiste qui me paraît assez satisfaisante : c'est un monsieur qui sait d'avance ce qu'il devra penser de n'importe quoi, ce qui s'appelle n'importe quoi sans exception. Un jésuite espagnol du XVIe siècle, par comparaison, jouissait de libertés dadaïstes. Le bolchevisme, pour un temps indéterminé, c'est le massacre dans la nuit.

Cousteau – Il y a trente ans que nous le savons et nous n'en avons jamais douté un instant.

Rebatet – Nous avons le droit d'en tirer quelque gloire, ma foi, puisqu'il apparaît que cette fermeté dans le bon sens est un phénomène assez rare. Mais justement, je n'éprouve plus aujourd'hui le besoin de rappeler à mes contemporains ces notions de bon sens. J'estime que j'ai suffisamment fait mon travail de sirène d'alerte. Je t'avoue carrément que lorsque je pense maintenant au bolchevisme, ce n'est pas pour frémir, mais pour admirer que ce système destiné à me tuer soit un système d'ordre. Tout ordre, si monstrueux soit-il, me semble préférable à la chienlit démocratique.

Cousteau – Tout ordre est finalement fécond.

Rebatet – Depuis que le fascisme est mort, il n'y a plus d'ordre que chez les Rouges. Et le chef des Rouges, c'est Joseph, le plus grand homme politique de ce siècle, cela ne fait plus de question pour moi.

Cousteau – Ce qui est comique, c'est qu'après nous être foutus, toi et moi, pendant quinze ans, des scribes reptiliens qui fourbissent pour la *Pravda* les hyperboles à la gloire du chef génial, nous en arrivons tout naturellement – et en pleine liberté – à dire exactement la même chose. Nous ne disons pas que Staline est bon, qu'il est tendre, qu'il est beau, qu'il est humain, qu'il est artiste, qu'il est modeste, qu'il a inventé le fil à couper le beurre et le calcul différentiel, mais nous disons qu'il est génial.

Rebatet – Nous le disons sans rire.

Cousteau – Nous le disons avec admiration. Staline dépasse de très loin tous les meneurs d'hommes de ce siècle. A côté de lui, Churchill est bricoleur et Roosevelt un polichinelle. Quant à Dudule, avec sa manie wagnérienne d'entrer dans les villes au pas de l'oie... mettons que ce soit un petit garçon. Où, quand et comment, à notre connaissance, Staline a-t-il commis une faute ? Jamais. Cet homme d'acier n'a pas de nerfs. Il va vers le but qu'il s'est assigné, inexorablement, sans hâte, sans courir de risques, avec, toujours, toutes les chances de son côté. Lorsqu'il faut ruser, il ruse. Lorsqu'il faut reculer, il recule. Lorsqu'il faut broyer l'obstacle, il le broie. Quel artiste ! Quel virtuose ! Mais nous l'avons dit mille fois depuis que nous occupons nos loisirs à marquer les points...

Rebatet – Il était dans l'ordre des choses que les plus véridiques panégyristes de Staline fussent des fascistes. Parce que les fascistes seuls peuvent le louer d'être un despote. Il y a des moments où je suis bien fatigué de ce siècle. Pourtant, il nous aura été donné de voir un homme s'installer lui-même au rang d'un Dieu. Il faut remonter très loin pour voir ça, jusqu'à l'Egypte et à Babylone. Je ne consentirais vraiment à militer de nouveau contre Joseph que dans un parti où l'on proclamerait : « Nous allons lui casser la gueule mais c'est un type épatant. »

Cousteau – Ce parti, hélas, n'existera jamais... Et les raisons de notre admiration pour Staline sont devenues inavouables sur l'ensemble de la planète. Les Bolcheviks ne toléreraient pas nos louanges, puisque, par définition, nous sommes des rats visqueux. Quant aux bourgeois d'Occident, ils sont condamnés, de plus en plus, au conformisme antistalinien, qui se substitue si comiquement au conformisme antihitlérien. Vois les journaux américains qui sont en pleine *preparedness*[151]. Ils ne se cassent pas la tête à trouver des injures nouvelles. Ils ressortent toutes les vieilles invectives dont les Juifs les avaient pourvus dès 1933 et dont ils ont criblé Adolf jusqu'en 1945. Maintenant, c'est Joseph qui sert de cible, mais ni le vocabulaire ni la technique n'ont changé. Peu importe, d'ailleurs. Les destins des bourgeois d'Occident finiront bien par s'accomplir. Et ces bourgeois ne paieront pas seulement leur russophilie de la World War nr II. Ils paieront leur délire de 1917.

Rebatet – Je viens de te passer le *Journal* de la première guéguerre de Paul Morand ; je crois qu'il t'amusera. Tu les retrouveras d'après nature, tous les aristos et bourgeois exultant devant la Révolution russe, la comtesse Anna de Noailles en tête. Morand dit qu'il a trouvé trois personnes, trois, qui n'avaient pas bonne opinion de cet événement. Et il avait des relations, le jeune Morand.

---

[151] Mot difficile à traduire qui désigne la période de bourrage de crâne qui précède inévitablement une guerre préméditée.

Cousteau – C'est toujours la même chose. En 1789, toute l'aristocratie française se pâmait d'aise devant les cahiers de revendications des États-Généraux. Quatre ans après, elle était tronçonnée ou traquée... Il n'y a pas de pays où la Révolution russe ait été acclamée avec autant d'enthousiasme qu'aux États-Unis. Le tsar était l'abomination de la désolation Kerensky était à lui tout seul Washington, Jefferson et Lincoln. Et maintenant les Américains ont bonne mine ! Exactement comme les jacobins allemands qui acclamèrent la révolution française avant d'être pillés par les soldats de l'an II, mais je ne porte à l'Amérique qu'un intérêt accessoire. Ceux que je surveille du coin de l'œil, ce sont les bourgeois français. Eux aussi ont flirté avec le bolchevisme depuis 1917 et ils se sont toujours refusés, dans leur ensemble, aux seules mesures de salut. Ils étaient libéraux, ils étaient antifascistes. En 1941, lorsque l'URSS fut en guerre contre l'Allemagne, ils entrèrent en transe et se mirent à brûler des cierges pour la victoire russe. Puis, ils furent trop heureux, en 1944, de prêter la main aux communistes qui avaient entrepris de nous anéantir.

Rebatet – Pour les bourgeois, l'arrivée à Paris des grands alliés slaves serait un petit peu plus moche que le plus moche des retours offensifs de la SS.

Cousteau – Un Gauleiter nazi, libre de se venger à sa guise n'arriverait pas à faire à la bourgeoisie française le centième du mal que lui feraient les Popoffs. Il se fatiguerait, il se laisserait apitoyer... Tandis que le bolchevisme, c'est un laminoir d'une efficience irréprochable. Rien ne lui échappe. Tout ce qui dépasse est broyé. Ensuite le bourgeois ne repousse plus... Et après tout nous avons tout fait pour empêcher cela. Alors tant pis pour ceux qui ont tout fait pour que cela devint possible...

Bibliothèque de la maison centrale de Clairvaux, décembre 1950.

DIALOGUE n° 20

AMOUR SACRÉ DE LA PATRIE...

> « La France contemporaine étant ce qu'elle est, un Français ne peut être quelqu'un de bien que s'il s'oppose. »
>
> Montherlant, *Le Solstice de Juin*

L'Assemblée Nationale discutait de l'« amnistie ». Le grand débat que tous les concentrationnaires français attendaient depuis six ans, comme les Hébreux le Messie. Car on avait commencé à croire à l'Amnistie, dans les prisons, dès août 1944. L'amnistie était devenue quelque chose de fabuleux, de quasiment métaphysique, le symbole même de l'Espérance, le synonyme du renouveau et de la joie de vivre. Il s'attachait à l'amnistie une foi naïve, tenace, ombrageuse dont Cousteau et Rebatet s'étaient toujours affligés. Ils portaient à leurs compagnons de chaînes une affection bourrue et ils plaignaient ces pauvres gens de s'exposer aussi légèrement à ses déceptions cruelles. Cousteau et Rebatet savaient qu'il n'y avait rien à attendre de la Chambre de la Résistance, que les parlementaires maquisards persévéreraient dans leur être. D'où leur sérénité, leur légèreté d'esprit, leur détachement. N'espérant rien, ils ne redoutaient rien.

Mais ils n'avaient tout de même pas prévu que le projet d'« amnistie » – puisque projet d'amnistie il y avait – dépasserait aussi largement les prévisions les plus pessimistes et que les parlementaires français trouveraient le moyen d'appeler « amnistie » une loi répressive instituant de nouvelles catégories de délits, permettant d'incarcérer tous les suspects, tous les hérétiques et dont aucun article ne faisait sortir de prison, de plein droit, un seul prisonnier. C'était presque trop beau pour être vrai. Pourtant ce projet-canular apparaissait encore aux Parlementaires patriotes d'une extravagante générosité. On leur eût proposé de faire passer sous l'Arc de Triomphe la Division *Das Reich* qu'ils ne se seraient pas étranglés d'une plus véhémente indignation. « Enlever aux traîtres, d'un seul coup, quinze ans d'indignité nationale ! Vous n'y pensez pas ! Cinq si vous voulez. – Transigeons à dix... ». Depuis près d'un mois cette discussion de marchands de tapis se poursuivait dans un fracas de vocables nobles et d'injures poissardes : « Nos glorieux morts !... Fumier... La France généreuse !... Ta gueule, chéquard !... Les sublimes sacrifices de la Résistance !... Va te faire enculer !... L'heure est venue de faire l'union des Français !... Bande de vaches !... ». À la différence de leurs camarades obstinés à se cramponner à l'illusion contre l'évidence, Cousteau et Rebatet s'amusaient beaucoup.

Cousteau – Il est tout de même pénible, dit Cousteau, de constater que ce débat est très exactement à l'image de la France contemporaine.

Rebatet – A l'image même...

Cousteau – Ce que nous disons là ferait certainement bondir 99 pour 100 des citoyens libres de la IVe République.

Rebatet – Ils protesteraient que notre détention est déplorable, ridicule, qu'ils sont contre. Et ils entameraient les couplets bien connus sur l'indécence du Palais- Bourbon, des clowneries qu'on y donne. Moi, je te préviens, je ne marche plus. J'ai eu la faiblesse de distinguer pendant près de quinze ans entre la France légale et la France réelle. C'est une des grosses erreurs de ma vie. J'en suis heureusement revenu depuis un bon bout de temps. Il n'y a pas vingt députés aptes à leur fonction sur six cents, et cela depuis les premiers jours de la Troisième. Mais ces minables ont été choisis par l'ensemble du peuple français.

Cousteau – La profession n'a jamais attiré les gens de qualité.

Rebatet – Mais ce sont les électeurs qui ont rendu cette profession encore plus dégradante que dans n'importe quel autre pays.

Cousteau – Moi aussi, j'ai marché dans la mystification du pays réel et du pays légal... C'était tellement commode... Ça arrangeait si bien les choses... On pouvait dénoncer l'abjection des gouvernants tout en conservant son estime aux gouvernés... D'un côté il y avait les macaques officiels et de l'autre une France idéale, transcendantale, métaphysique, parée de toutes les vertus, répandant une odeur de sainteté...

Rebatet – Sans cette fiction-là, comment pourrait-on être patriote ? Du jour où l'on s'aperçoit que Moch, Herriot et Francisque Gay, c'est *vraiment* la France, ça devient autrement ardu...

Cousteau – Mais je vais plus loin. Je ne me suis pas contenté de découvrir que la France réelle et la France légale ne font qu'un. J'estime qu'en définitive la France légale se situe plutôt à un cran au-dessus de la France réelle. Les hommes d'État sont souvent contraints par la nécessité à se comporter avec un minimum de décence et d'intelligence et de ne pas trop tenir compte de la volonté populaire. Ils seraient bien pires s'ils s'y soumettaient fidèlement.

Rebatet – C'est une vérité magnifique. Il y aurait un bel éditorial à faire sur ce thème : « Éloge du Parlement français ». Il ne faudrait tout de même pas aller trop loin. Car si les Parlements se maintiennent au pouvoir, c'est toujours en flattant les goûts fonciers des citoyens. J'insiste sur le mot : goût. Je ne parle pas de croyances. Les Français n'en possèdent plus guère, ils sont trop vieux pour ça. En tout cas, ils ne croient pas à la démocratie comme y croit, candidement et imperturbablement l'Américain moyen. Mais ils en ont le goût, le vice, si tu préfères. S'ils ont les dernières institutions politiques du monde, c'est parce que ces institutions émanent en somme d'un vice de la majorité nationale.

Cousteau – C'est en effet une affaire de goût. Seulement, le goût des Français ne leur fait pas adopter indistinctement l'ensemble de leurs propres principes. Des trois inconnues qui constituent l'équation inscrite au fronton des édifices publics, une seule leur est vraiment chère. Au fond, ils se foutent de la Liberté et ils ignorent totalement, ce que peut bien être la Fraternité, mais ils ont le goût passionné de l'Égalité. Et l'Égalité est l'essence même de la Démocratie. « Pourquoi lui et pourquoi pas moi ? ». Oui. Pourquoi ? Alors, on tend à s'aligner sur le balayeur.

Rebatet – Et ça donne de jolis résultats : la seule démocratie du monde qui n'ait pas d'autre frein que la roublardise professionnelle de vieux ministres. D'ailleurs, le mot, démocratie, est encore trop distingué pour le régime français, puisqu'il désigne aussi les régimes suisse, Scandinave, américain même, dont les représentants sont des Solon et des Richelieu si on les compare à l'Herriot, au Reynaud, au Bidault. Il faudrait prendre l'habitude de marquer la différence et de ne jamais oublier que la France est en démagogie, et qu'elle y est, sauf quelques éclipses, depuis 1789.

Cousteau – Les origines de ce régime l'ont marquée beaucoup plus profondément qu'on ne pense. Elles sont fâcheuses ces origines. Et loin d'en rougir, la France – légale ou réelle – s'y complaît. Ce n'est point par hasard que sa fête nationale est le 14 juillet, c'est-à-dire la commémoration d'une émeute menée par la canaille la plus vile. Et dans quelles conditions ! Rien ne manque à cette glorieuse journée. D'abord le recrutement des insurgés qui n'étaient point d'honnêtes artisans comme on voudrait nous le faire croire, mais des truands sans aveu, alléchés par des perspectives de pillage. Ensuite, militairement parlant, c'est un exploit-bidon : la Bastille ne s'est pas plus défendue que Von Choltitz, de Launay n'a tiré qu'un *seul* coup de canon et il a tout de suite ouvert ses portes sur la promesse que la garnison aurait la vie sauve. Comme le dit Rivarol : « M. de Launay avait perdu la tête avant qu'on la lui coupât. » Enfin, dès que les portes sont ouvertes, en dépit des engagements les plus solennels, le premier soin des assiégeants est de mettre à mort les prisonniers. Et pour couronner ce carnage sans gloire, tartarinades, rodomontades, gonflements de biceps des pseudo-vainqueurs aussitôt constitués en association et devenus dès le 15 juillet aussi nombreux que les Résistants du 32 août. Telle est la fête nationale de ce pays. Et tous les défilés de Saint-Cyriens en casoars et en gants blancs n'y changeront rien.

Rebatet – Et s'il n'y avait que la Bastille. Mais toute l'imagerie républicaine est foncièrement mensongère. Je ne prends qu'un seul exemple : les Quarante-Huitards, symboles de la démocratie mystique, de l'idéal humanitaire. Je t'en fous, ces doux apôtres ont fait massacrer le peuple avec une férocité dont Gallifet n'a eu qu'à reprendre la tradition.

Cousteau – Tous les peuples ont eu leurs faux héros, leurs émeutiers.

Rebatet – Mais c'est tout de même une spécialité française que celle des légendes burlesques de la glorification des assassins et du dénigrement des actes honorables. En 1918, la France avait remporté une victoire incomplète, incontestable cependant. J'ai vu la quasi-totalité du peuple français cracher sur cette victoire, en concevoir une espèce de honte. Sans conteste, le mythe de la Libération est plus respecté en 1950 que le 11 novembre ne l'était en 1923.

Cousteau – Ce qui me frappe, vois-tu, c'est l'extraordinaire permanence des caractéristiques nationales. Et ceci, malgré toutes les invasions, malgré tous les métissages. Que reste-t-il de sang gaulois dans ce pays ? Pourtant, tout ce que dit César des Gaulois s'applique merveilleusement aux administrés de M. Pleven : le goût des querelles de clans, le goût des exploits individuels, le goût de la rodomontade. Tout ça se retrouve de siècle en siècle. Pas plus que le pays réel ne se distingue du pays légal, le peuple de l'ancienne France ne se distingue du peuple de la nouvelle France. La seule différence – mais j'en conviens, elle est capitale – c'est que sous l'ancien régime, les aspirations de ce peuple étaient contrariées, alors que depuis 1789, elles se donnent libres cours. Le résultat n'est pas encourageant.

Rebatet – Il y a aussi ce fait que tu rappelles souvent, et tu as raison : que la France était le pays le plus peuplé d'Europe, par conséquent le plus redouté.

Cousteau – Toutes proportions gardées, la France était dans l'Europe de jadis comme la Russie d'aujourd'hui : un machin énorme dans lequel les meilleures armées du monde s'enfonçaient sans jamais en venir à bout. Vois la guerre de Cent ans ! J'ai appris au hasard de mes lectures pénitentiaires une précision capitale que l'on se garde d'imprimer dans les manuels scolaires. C'est qu'il y avait à l'époque vingt millions de Français et seulement trois millions d'Anglais. Pendant cent ans, les Anglais ont gagné toutes les batailles rangées, et pour qu'à sept contre un les Français finissent par l'emporter, il a fallu une bergère miraculée, Saint Michel archange et le Tonnerre de Dieu. Tout au long de notre histoire, il en est ainsi. Je n'ai pas les chiffres des formidables armées que Louis XIV lança sur la petite Hollande sans parvenir à la vaincre, mais ça ne doit pas être flatteur pour l'amour-propre national. À Rossbach, les Français étaient 58 000 contre 20 000 Prussiens. À Jemmapes, ils étaient deux contre un. À Waterloo, il y avait 240 canons français contre 159 canons anglais. Et dans le Paris de 1871 qu'assiégeaient seulement 200 000 Allemands allongés en un mince cordon, il y avait 500 000 soldats français qui, à une époque où l'on se battait à la baïonnette auraient dû être capables, par leur masse seule, de réussir la fameuse percée.

Rebatet – On touvera évidemment peu d'historiens français pour faire des recherches dans ce sens. D'autres historiens pourraient répondre, non sans raison, que si la France était une nation puissante, c'est que ses rois l'avaient faite telle, qu'elle avait été la première à réaliser son unité. En tout cas, pour cette cause et pour d'autres, le prestige de la France a été énorme.

Cousteau – Nous sommes nés nous-mêmes, à une époque où ce prestige était intact, où on en était imbu, consciemment ou inconsciemment, qu'on fut patriote ou internationaliste.

Rebatet – Sans remonter si loin, il y a vingt ans, la France possédait encore avec son armée le premier instrument militaire du monde et même le plus moderne. Par un oui ou par un non, la France était encore capable de renverser le sort de l'Europe. Aujourd'hui, son trésor est à peu près anéanti, ses dettes sont devenues gigantesques. Non seulement elle a besoin sans arrêt du pognon américain, mais elle n'est même plus capable, financièrement et industriellement, de construire ses armes, les crédits lui manquent, tout comme les usines. La France de la Marne et de Verdun est obligée d'acheter ses chars, ses avions et même ses canons à l'étranger, comme les pays balkaniques autrefois. À mon avis, il n'y a pas de signe plus net de son déclin.

Cousteau – Je n'aurais pas le cœur de rire de ce déclin s'il était la conséquence de quelque phénomène naturel. Mais il est l'aboutissement logique d'un système, d'une philosophie de la vie. Et il se trouve que les Français éprouvent une tumultueuse fierté de ce qui a provoqué ce déclin. Ils chérissent par-dessus tout les causes de leurs malheurs. Ils haïssent tout ce qui risque d'en contrarier le mécanisme. Nous-mêmes, nous avons été condamnés à mort, très exactement parce que dans la mesure de nos faibles forces, nous tentions de renverser la vapeur.

Rebatet – Et même après 1940, nous avons eu la simplicité de croire qu'on pouvait encore quelque chose. Nous avons tout fait pour conserver à la France au moins une partie de ses forces, nous avons ensuite prédit les désastres qui arriveraient à une France retournant à son vice démocratique. Nous n'avons été écoutés que par une poignée de militants, et, à la fin, on nous a mis les chaînes aux pieds pendant que les fossoyeurs regagnaient leurs ministères et leurs présidences. Je reviens à ce que je te disais tout à l'heure : l'année 1930 où la France était encore si puissante et redoutée. Dix ans après, elle était au fond du fossé. La soudaineté de cette chute a laissé les Français pantois, nous les premiers. Elle a surpris même l'étranger. Le déclin français jure tellement avec ce passé qui n'a pas quarante ans d'âge que personne ne peut se résigner à l'admettre. La France, ça reste malgré tout le pays de Napoléon, de 1918, le pays où il y a Paris et Versailles, le pays qui s'était fait le second empire colonial du monde. Dans toute la politique internationale on lui conserve sa place du « Troisième Grand ». C'est une jolie chance. Mais vois comment les élus de la IVe profitent de cette chance : en faisant rater les combinaisons des gouvernements alliés, en sapant les mesures mêmes que les étrangers voudraient prendre pour la propre défense de ce pays.

Cousteau – La France est la nation qui dit « non » à tout le monde. Et qui finit toujours par tout accepter parce qu'elle n'a pas les moyens matériels d'imposer ses négations. De sorte qu'elle ne se contente pas de subir la volonté des autres. Elle se donne par surcroît le ridicule de proclamer qu'elle ne fera jamais, sous aucun prétexte, ce qu'elle fait en rechignant, un an ou six mois plus tard, et elle perd à tous coups le bénéfice moral et matériel d'une adhésion spontanée. Et ça n'est pas l'apanage de la IVe. Laval ne collaborait pas autrement avec les Allemands que Moch avec les Américains ou Barthou avec les Anglais et la S.D.N. Tout de même, quelle sclérose chez ce peuple qui fut grand...

Rebatet – C'est une sclérose. C'est aussi une décomposition des tissus, les partis à l'intérieur des partis, les socialistes de tradition jauréssienne, les socialistes de nuance blumiste, les socialistes progressistes, les M.R.P. erpéifisants, les R.P.F. émerpéisants, les radicaux de gauche, de droite, du centre, tout ça se subdivisant encore en durs, en mous, en ni durs ni mous, grands résistants et petits résistants, et faisant suite à notre propre pagaïe de collaborateurs germanophobes ou germanophiles, de déatistes d'avant-garde et d'arrière-garde, de doriotistes du Majestic et de doriotistes de l'Archevêché. On n'aperçoit de cohésion que chez les Français qui ont totalement cessé de vivre de la vie française, chez les communistes.

Cousteau – Cet émiettement des factions n'est pas seulement un phénomène de décadence. C'est une vieille caractéristique nationale que l'on retrouve tout au long de notre histoire. Nous le disions tout à l'heure : les défauts permanents des Français n'ont pas de conséquences graves lorsque le pays est puissant par sa masse et lorsque les factions sont brisées par une poigne de fer. Aucune autre nation n'a plus besoin que la France d'être gouvernée par Philippe le Bel, par Louis XI, par Henri IV, par Richelieu, par Louis XIV, par Napoléon... Même si l'on veut, par Robespierre, Robespierre est tout de même moins moche que le serrurier Capet... Ne jamais oublier que ce peuple qui a compté et qui compte encore tant d'individualités estimables est le plus sot de tous les peuples dès qu'il est maître de son destin. Et dès qu'on lui lâche la bride, il devient féroce.

Rebatet – Tous les peuples ont leurs atrocités. L'histoire d'Angleterre, par exemple, est bien répugnante. Quelle série de massacres !

Cousteau – Oui, mais depuis la reine Elizabeth, c'est pratiquement terminé, tandis qu'en France c'est permanent : croisade des Albigeois, jacqueries, dictature des Cabochiens, Armagnacs et Bourguignons, catholiques et protestants, la Fronde, la Grande Révolution, les révolutions incessantes du XIXe siècle, la Commune... C'est seulement lorsque le pouvoir central est assez fort que ces instincts sanguinaires, qui sont certes communs à tous les peuples, sont réprimés. Par malheur, en France, le pouvoir central est rarement fort.

Rebatet – C'est entendu, nous parlons des causes du déclin français : la férocité n'en est pas une. Ce serait même plutôt un signe de vitalité ! Or ce qui ne cesse de croître chez ce peuple, c'est la vitalité. Je reprendrai longtemps l'exemple de l'armée de 1940. J'étais regardé comme un phénomène, au milieu de deux mille biffins parce que je voulais m'entraîner un peu à la marche, au tir, moi, le fasciste, le pacifiste. Les autres étaient pour la plupart antihitlériens, pas tellement révoltés à l'idée que la France se fût mise en guerre, mais refusant totalement d'admettre que cette guerre devait se faire avec leur os, ou du moins leur sueur. Non seulement ils ne voulaient pas risquer leur peau, mais ils ne voulaient pas se fatiguer. Dans leur esprit, Hitler finirait sans doute par se casser la gueule, mais comme ça, tout seul, en tout cas sous leurs coups. C'est du reste ce qui est arrivé. Mais dans l'intervalle, il y a eu la grande décarrée, comme disait Laubreaux.

Cousteau – Soit. Mais inutile de se lamenter sur ce bilan négatif. Il reste tout de même à la France des côtés plaisants. Seulement les Français n'ont aucune estime pour leurs vertus réelles.

Rebatet – Nous en avons parlé bien souvent. Les Français font très bien l'amour, peut-être encore mieux que les Italiens. Ils font très bien la cuisine. Ce ne sont pas le moins du monde des qualités négligeables. Elles sont le signe d'un grand degré de civilisation, elles font la moitié de la vie pour le commun des mortels. Entre un Français bon bandeur, fine gueule et un Américain qui boit du lait avec son bifteck et baise comme un moineau, il me semble qu'on ne doit pas avoir d'hésitation pour désigner l'animal sinon supérieur, en tout cas plus évolué. Je ne voudrais pas que tu me mettes ça sur le compte d'une certaine paillardise par quoi je pèche et dont je n'arrive pas à me repentir.

Cousteau – Paillardise ! Mais tous les hommes sont paillards. La différence c'est que certains en conviennent et que d'autres le cachent. Les deux milliards et demi d'individus qui peuplent cette planète ne pensent pratiquement qu'à s'accoupler. Que les Français fassent sensiblement mieux que les autres bipèdes ce à quoi tout le monde pense, qu'ils réussissent mieux que personne le tourbillon japonais[152], voilà un titre de gloire extrêmement sérieux et dont il serait légitime de s'enorgueillir, quelque chose qui justifierait vraiment la fierté nationale. Même remarque pour la boustifaille. Ça compte dans la vie des hommes, la boustifaille. Et ça fait une foutue différence que les aliments quotidiens ne soient pas seulement des calories et des vitamines...

Rebatet – Les Français ont aussi des ressources de goût, de finesse, d'esprit. Je n'en veux pour preuves que les manifestations courantes : la mode, l'allure des femmes, la verve populaire, la causticité d'un peu tout le monde. Il est même singulier que ces qualités qui nous ont valu un si grand prestige artistique aient donné en politique si peu de diplomates dignes de ce nom.

Cousteau – Encore une fois, les Français dédaignent leurs vertus réelles. Ils tiennent à ce qu'on dise qu'ils sont hospitaliers et généreux, alors que leur « vieux bon sens paysan » les rend méfiants et parcimonieux. Ils proclament que leurs femmes sont vertueuses. Ils affirment qu'ils ont tout inventé. Et ils insistent par-dessus tout sur leur génie militaire.

Rebatet – Hé ! hé ! Piano ! Il ne faut pas nier l'histoire. Il y a beaucoup à dire de la bataille de la Marne. Mais les troupiers qui l'ont gagnée, après 400 kilomètres de retraite, ont indiscutablement fait preuve de certaines qualités militaires et même de qualités assez exceptionnelles. Du reste, les soldats français, de la Marne au 11 novembre 1918, ont fait des choses

---

[152] *Summum* du raffinement érotique pour P.-A. Cousteau. Il n'a jamais consenti à révéler le moindre détail de ce « tourbillon ».

très estimables. Il y a sans doute eu un peu d'emphase à inscrire tant de batailles sous l'Arc de Triomphe, mais enfin il est vrai que les Français les ont toutes gagnées. On a le droit de dire que ça compense Azincourt, Rosbach et Sedan. Même dans la grotesque guerre de 1870, les vieux régiments s'étaient bien battus et auraient pu tenir assez longtemps sans les manœuvres des maréchaux.

Cousteau – D'accord, d'accord, je ne nie point que les Français ont montré certaines dispositions pour la bagarre. Individuellement ils sont souvent intrépides et lorsqu'ils combattent en formations réduites ils surclassent généralement leurs ennemis. Mais ça ne dépasse pas l'échelon de l'escouade ou de la section, la section de biffe de 1914-1918 dans la merde de Verdun ou l'escouade du grand Ferré. Malheureusement, dès qu'on s'élève au corps d'armée ou à l'École de Guerre, ça devient désastreux. Il n'y a pas à ma connaissance de peuple dont les grandes opérations militaires ont été plus mal conduites. L'histoire de France commence à Alésia : un désastre. Son épopée, c'est *La Chanson de Roland,* autre désastre. Aucune nation n'a eu une succession de chefs militaires plus nuls, aucune n'a eu autant de monarques capturés, de Vercingétorix aux deux Napoléon en passant par Jean le Bon et François Ier aucune n'a eu d'état-majors plus régulièrement surpris par les inventions de l'ennemi, bombardes de Crécy ou gaz asphyxiants, adoptant des méthodes guerrières plus saugrenues, faisant charger la cavalerie blindée dans les marécages d'Azincourt ou charger les pantalons rouges devant les mitrailleuses allemandes. Aucun pays, enfin n'a eu autant d'escadres anéanties : des exploits de corsaires certes, mais chaque fois que des amiraux français ont aligné leur flotte devant l'ennemi en formation de combat, le soir même, il n'y avait plus de flotte française. Non. L'histoire militaire de la France est consternante.

Rebatet – Il y a tout de même eu Napoléon !

Cousteau – Celui-là a été l'exception. Mais il a passé comme un météore. La règle, c'est que les chefs militaires français ne savent pas faire la guerre. Mais cette guerre de 1914-1918 vient à l'appui de ma thèse. Les Français de cette génération-là ont su mourir et souffrir mais leurs opérations ont été conduites en dépit du bon sens avec un gaspillage insensé de vies humaines : presque autant de morts pour tenir 3 à 400 kilomètres de front que les Allemands pour tenir des milliers de kilomètres de fronts, à l'est, à l'ouest et au sud. Et, en définitive, la France n'a gagné que parce qu'elle avait le monde entier avec elle.

Rebatet – Finalement, dit Rebatet, après avoir un peu ruminé et grogné, nous ne prenons pas tout à fait cette question française sous le même angle. Tu recherches les traits permanents du Français. Je ne te donne d'ailleurs pas tort. Pour moi, l'histoire de France me sert surtout à établir des espèces de diagnostics. Je sais bien qu'il a suffi de quelques grands hommes, à maintes reprises, pour changer le destin de ce pays. Mais je pense qu'aujourd'hui, ces grands hommes ne suffiraient plus, ou plus exactement, ces grands hommes sont devenus impossibles. Ils peuvent naître, les institutions françaises les condamneront à l'obscurité, les rejetteront de la politique. Les grands hommes sont les antitoxines, les réactions organiques d'un corps social. Je pense, en dernière analyse, que la France est un corps trop vieux. Elle a été la première à faire son unité : cela doit se chiffrer pour les nations comme la date de naissance des individus. Il est stupide de réclamer d'elle la vigueur, l'audace, l'instinct de conquête des pays jeunes. La France a encore certaines qualités, propres du reste aux vieilles gens, aux vieilles civilisations. Elle a le scepticisme, l'esprit d'analyse, un penchant au pessimisme gai. Elle a eu la veine de conserver ses archives, ses musées, ses cathédrales, sa capitale qui est un des coins les plus agréables du monde. Ses femmes sont toujours jolies, ses tables bien garnies, sa littérature ingénieuse et savoureuse. Si la France savait accepter sa décadence, renoncer aux entreprises et aux tartarinades qui ne sont plus de son âge, tout en se soignant contre les chaudes-pisses sartriennes, picassiennes ou progressistes qui hâtent l'heure de sa décomposition, elle pourrait être encore charmante et tenir un rôle enviable dans cet univers de prédicateurs sanglants et de sauvages mécanisés. Ne proteste pas : je sais parfaitement que ce rêve est absurde.

Cousteau – Je ne proteste pas. Le rêve est absurde, mais il est séduisant. Et que cette hypothèse nous vienne à l'esprit cette hypothèse qui est une fois encore – comme tout ce que nous avons souhaité et proposé – le moindre mal, montre bien qu'en dépit de notre mise hors la loi, nous devons être, toi et moi, parmi les derniers Français possédant une sorte de sens français.

Rebatet – C'est tristement vrai ! Mais c'est cette sorte de patriotisme, la seule sage et utile pourtant, qui ferait hurler les patriotes professionnels.

Rebatet fit plusieurs fois le tour de la table avec un bruit pesant de godillots :

Rebatet – Il y a une caractéristique permanente du Français que tu oublies : le besoin irrésistible de dire du mal de son pays. Ce qui m'amènerait à dire que tu es le plus Français des Français.

Cousteau se sentit touché. Mais il accusa le coup sportivement :

Cousteau – Eh ! bien sûr, malgré la décision de la cour de Justice, je ne suis pas complètement dénationalisé. Je le dis parfois, mais ça n'est pas vrai. Si je me scrute honnêtement, je suis forcé de convenir que je reste Français, de goût, de tempérament. Ça n'est pas simple... Je sais que par de nombreuses fibres, je reste attaché à cet hexagone, je sais que je suis, de diverses manières, semblable à tous les autres Français... Et pourtant la plupart des choses qu'ils chérissent me font horreur, et sur presque tous les points, je me sens en contradiction avec l'ensemble du pays. Les seuls Français qu'il me plaît de fréquenter sont ceux qui s'insurgent contre les valeurs officielles françaises mais ces Français insurgés, je les préfère à n'importe quels étrangers... Et les seuls écrivains français que je lis avec ravissement sont des hérétiques – je pense à l'*Uranus* de Marcel Aymé, au *Royaume* de Michel Mohrt – mais ces écrivains français hérétiques me sont plus chers que les écrivains étrangers les plus séduisants. Non, tu vois, ça n'est pas simple...

Bibliothèque de la maison centrale de Clairvaux, décembre 1950.

Dialogues de « vaincus »

Déjà parus

OMNIA VERITAS

Omnia Veritas Ltd présente :

LES PAMPHLETS de LOUIS-FERDINAND CÉLINE

« ... que les temps sont venus, que le Diable nous appréhende, que le Destin s'accomplit. »

Un indispensable devoir de mémoire

OMNIA VERITAS

Omnia Veritas Ltd présente :

ÉCRITS CONTROVERSÉS
de
LOUIS-FERDINAND CÉLINE

« Jamais la littérature ne fut si facile à concevoir qu'à présent, mais aussi plus difficile à supporter. »

Aucun régime politique ne résisterait à deux mois de vérité...

OMNIA VERITAS

Omnia Veritas Ltd présente :

BAGATELLES POUR UN MASSACRE
de
LOUIS-FERDINAND CÉLINE

« Mais t'es antisémite ma vache! C'est vilain! C'est un préjugé! »

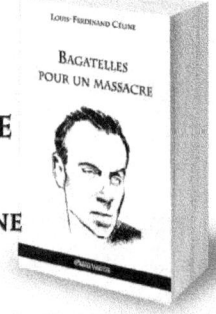

« J'ai rien de spécial contre les Juifs en tant que juifs... »

Omnia Veritas Ltd présente :

L'École des Cadavres

de

Louis-Ferdinand Céline

Le Juif peut voir venir!... Il tient toute la caisse, toute l'industrie…

Et cinquante millions de cadavres aryens en perspective…

Omnia Veritas Ltd présente :

Les Beaux Draps

de

Louis-Ferdinand Céline

« *La France plus que jamais, livrés aux maçons et aux juifs* »

Et les Français sont bien contents, parfaitement d'accord, enthousiastes

Omnia Veritas Ltd présente :

Autres pamphlets

de

Louis-Ferdinand Céline

« *Nous sommes environnés de pays entiers d'abrutis anaphylactiques* »

« Les hommes sont des mystiques de la mort dont il faut se méfier. »

www.ingramcontent.com/pod-product-compliance
Lightning Source LLC
Chambersburg PA
CBHW050125170426
43197CB00011B/1718